# 万方安和
## 皇家园林的故事

周维权 著

北京出版集团
北京出版社

# 目录

皇家气派——中国皇家园林概述 ............ 1

北京西北郊的园林 ............ 31

圆明园——一座被毁灭了的名园胜苑 ............ 115

颐和园的园林艺术 ............ 171

颐和园的前山前湖 ............ 205

杭州的西湖与北京的颐和园 ............ 251

避暑山庄和圆明园的建筑艺术 ............ 257

玉泉山静明园 ............ 273

# 皇家气派
## ——中国皇家园林概述*

颐和园内的藕香榭悬挂着一副对联:"台榭参差金碧里,烟霞舒卷图画中。"它恰如其分地状写出这座皇家园林的神韵,也形象地说明了皇家园林这个类型所独具的主要特征——皇家气派。

在世界园林史上独树一帜的中国风景式园林本于自然,外师造化,精练而典型地再现自然界山水风景之美,同时却又高于自然,中得心源,抒发情趣,借鉴于山水画的创作方法而以画入园、因画成景。所以说,它并非单纯摹仿客观的自然风景,而是经过了主观的艺术再创造的一系列立体的"烟霞图画"的集锦。

中国的奴隶社会和封建社会这一段延续几千年的漫长的历史时期,皇帝居临天下,至高无上,皇权是绝对尊严的权威。像古代西方那样震慑一切的神权,在中国相对于皇权

---

\*  选自《中国园林艺术概观》,江苏人民出版社1987年版。

而言，始终居于次要的、从属的地位。相应地，一整套突出皇帝至上、皇权至尊的礼法制度，必然要渗透到与皇家有关的一切政治仪典、起居规制、生活环境之中，而表现为所谓"皇家气派"。园林作为皇家生活环境的一个重要组成部分，当然也不例外。皇家园林之表现皇家气派，不仅在于那宏大的规模、殚费人力的筑山理水和地形整治，更主要的还在于园林的人工要素——建筑方面的"台榭金碧"的经营，包括个体建筑的内外形象、建筑群的空间组合和总体布局。历来的皇家造园，虽然也不断地吸收民间私家园林建筑的朴素淡雅的形象和活泼生动的布局，以丰富园林景观，增益园林的情趣，但这些形象和布局都是被赋予了宫廷色彩的"变体"；它们的比重有大有小，可以因地制宜、因园而异，但在宏观上必须保持着"台榭金碧"的基调，却是铁定不移。

为了追求皇家气派，营建园林就必然要耗费国币，投入大量人力物力，集中良工巧匠，荟萃造园技艺的精华。历来的皇家造园都是国家的一项浩大的土木工程，它们以山池、花木、建筑所精心构配成的赏心悦目的环境，满足了帝王奢侈生活享乐的需要，也在一定程度上反映了当时的艺术、技术和经济水平。历史上皇家园林营建规模的大小，往往成为一个朝代国力盛衰的标志。

皇家园林在古籍里面称之为苑、囿、宫苑、苑囿、御苑，如果从公元前11世纪周文王修建的灵囿算起，到19世纪末慈禧太后重建清漪园为颐和园，已经有三千多年的历

西汉长安及其附近主要宫苑分布示意图

史，可谓源远流长。在这漫长的历史时期中，几乎每一个朝代都有宫苑的建置。这些宫苑有的建在京城里面，与皇宫相毗邻，大多数则建在郊外风景优美的地方，而与行宫或离宫相结合。

汉代的皇家园林是当时的造园活动的主流，著名的上林苑囊括了长安城的东南、南、西的广阔地域，关中八水流经其中。它的规模虽然极其宏大，但却比较粗犷，殿宇台观只是简单地铺陈罗列，并不结合山水的布局，此时中国的风景式园林尚处在发展成形的初期阶段。

两晋南北朝，士大夫知识分子玄谈玩世，崇尚隐逸，寄情山水。他们惯游名山大川，欣赏自然美，探索自然风景

2
东晋南朝建康平面想象图

的奥秘；文坛上出现大量的山水诗文，山水画也开始萌芽。这些情况却给予中国风景式园林的发展以很大的影响，造园广泛普及于民间，官僚、地主、富商的私家园林大为兴盛，寺庙园林和风景名胜区也相继出现。从此以后，皇家园林与私家园林遂成为中国古代园林中的两个并行发展的主要类型。它们都是为了满足封建统治阶级的物质和精神生活的享受，都具有我国风景式园林的共性。但由于园主人在政治上和经济上所占的地位不同，也有各自特点的明显表现。

这时宫苑的规模虽不如汉代，但内容却比汉代有着更严谨的规制，又受到时代美学思潮的浸润，因而在园林里面表现出了一种以人工建构结合于精练的、典型化的自然山水

3

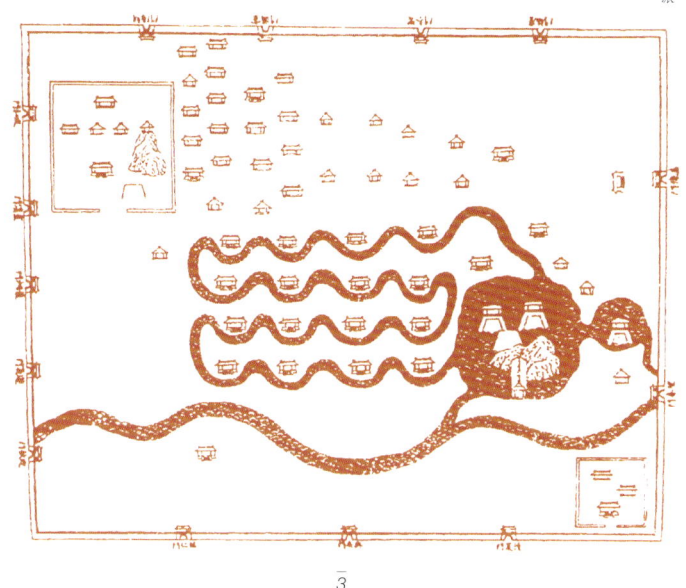

《元河南志》所附之《隋上林西苑图》
（选自傅熹年《中国古代建筑史》第二卷）

之美。这些都标志着皇家造园已升华到较高的艺术水平，为隋唐时的全盛奠定了基础。

隋唐是我国封建社会的统一大帝国的黄金时代，园林的发展也相应地进入一个全盛时期。从当时的文献记载看来，皇家园林的规模又转向宏大；而且接受私家造园的启迪，讲求山池、建筑、花木的配置设计和整体规划，注重建筑美、自然美两者的谐调统一。洛阳的西苑和骊山的华清宫，可视为这个全盛时期的代表作。

到了宋代，统治阶级沉湎于声色繁华之享受，文人、士大夫陶醉在风景花鸟的世界。园林与诗画的结合更为紧密，往往以诗见情、因画成景，造园艺术因此而独辟蹊径，

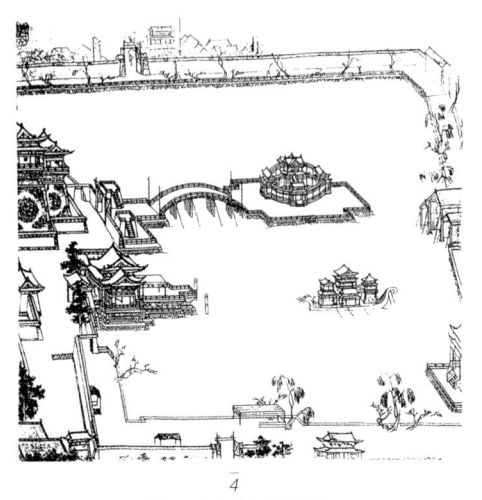

北宋画《金明池争标图》

臻于新的境界。再加上当时建筑和园艺的长足进步，叠山技艺的成熟，又为园林造景开拓了更大的可能性。这些情况在私家园林表现得非常明显，皇家园林也有所反映。

北宋东京、南宋临安、金中都有许多皇家园林的建置，规模远逊于唐代，而艺术和技法之精密细致则有过之；东京的御苑艮岳，就是这个时期最杰出的作品。

元代、明代，在封建经济和文化一向发达的江南地区，私家园林受到文人画的直接影响，更重诗画情趣，意境创造，贵于含蓄蕴藉、自然神韵，造园的艺术水平发展到了高峰的境地。而皇家造园活动却相对地处于迟滞局面，除元大都的御苑太液池，明代扩建为西苑之外，别无其他建设，直到清代，方才兴起一个皇家造园的高潮。

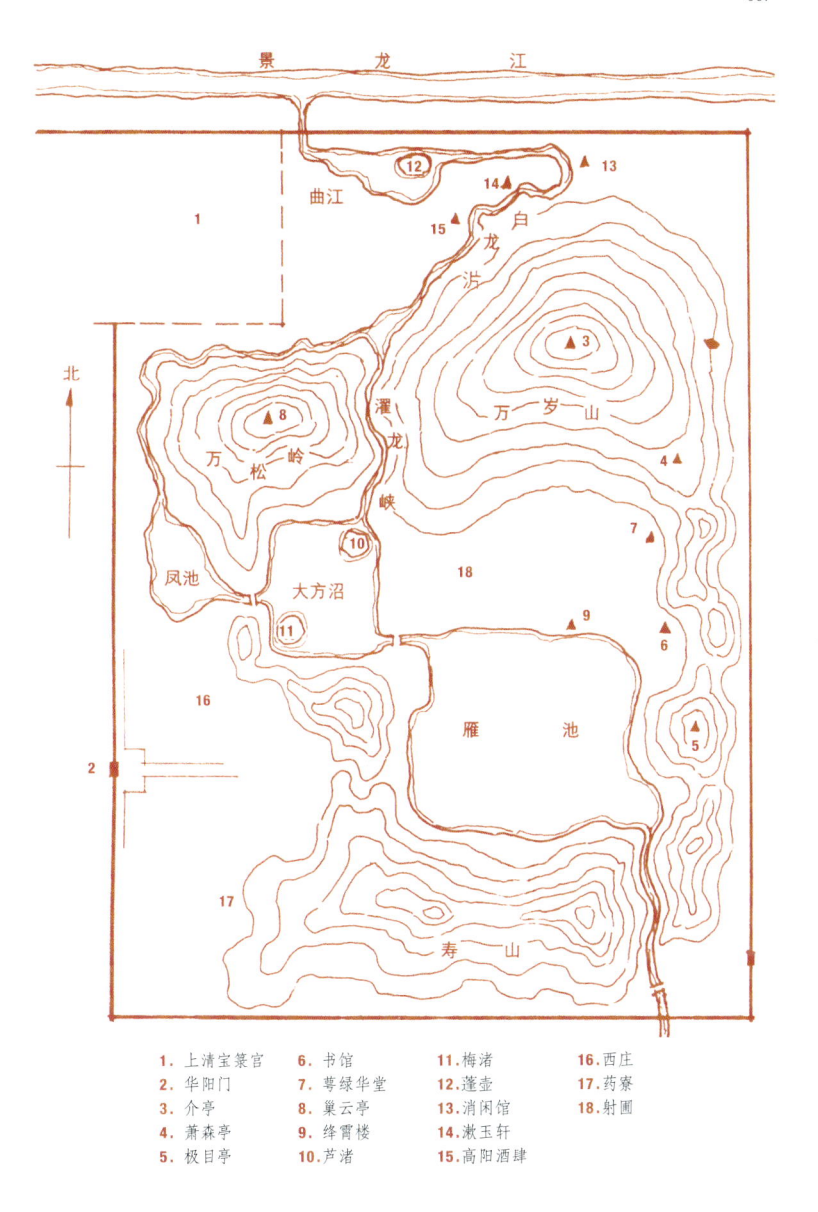

| | | | |
|---|---|---|---|
| 1. 上清宝箓宫 | 6. 书馆 | 11. 梅渚 | 16. 西庄 |
| 2. 华阳门 | 7. 萼绿华堂 | 12. 蓬壶 | 17. 药寮 |
| 3. 介亭 | 8. 巢云亭 | 13. 消闲馆 | 18. 射圃 |
| 4. 萧森亭 | 9. 绛霄楼 | 14. 漱玉轩 | |
| 5. 极目亭 | 10. 芦渚 | 15. 高阳酒肆 | |

北宋艮岳平面复原示意图

万方安和

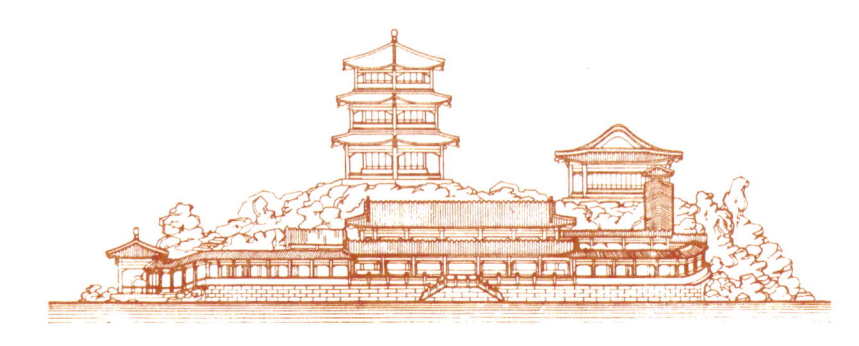

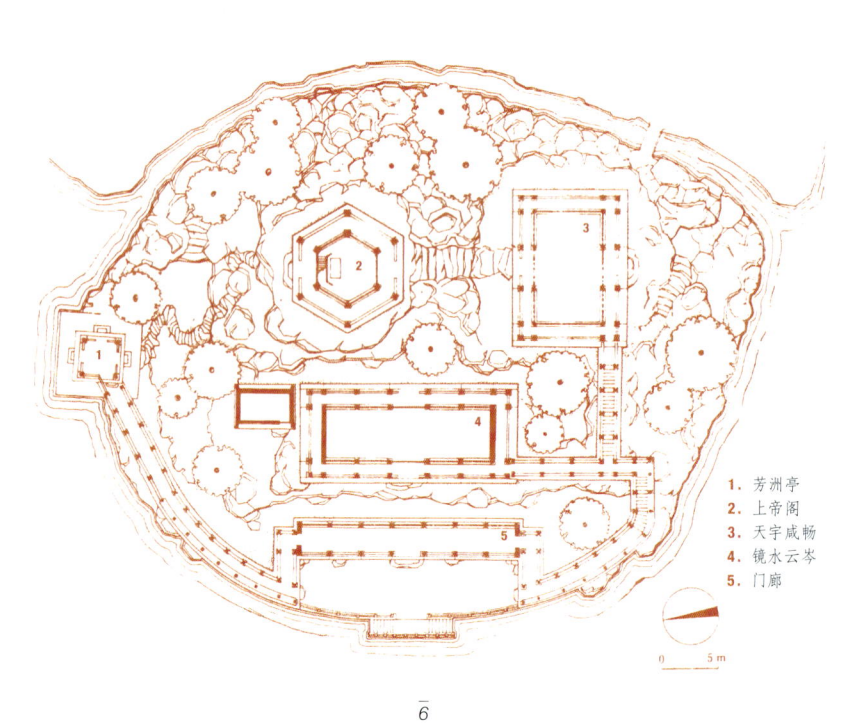

1. 芳洲亭
2. 上帝阁
3. 天宇咸畅
4. 镜水云岑
5. 门廊

承德避暑山庄金山建筑群正立面(上)和平面(下)布局

这个高潮奠定于康熙，完成于乾隆。

清王朝入关定都北京之初，完全沿用明代的皇城、宫城、坛庙等，皇家建设的重点自然就放在园林方面。加之来自关外的满族统治者很不习惯于北京城内的炎夏溽暑之苦，曾有择地另建避暑宫城的拟议。因此，待到康熙中叶政局稳定、国力稍裕的时候，清皇室便陆续在热河和北京西北郊一带空旷且风景优美的地方经营皇家园林了。

乾隆盛世是中国封建社会的最后一个繁荣时期，作为这个盛世之君的乾隆皇帝，平生附庸风雅，喜好游山玩水，对园林艺术很感兴趣，也颇有一些见解。他在位的六十年间，新建、扩建了大量的宫苑，但并不把它们等同于声色犬马之享受，而是作为艺术创作来看待。凡属重要的园林工程，他都要亲自过问，甚至直接参与规划事宜，表现出了一个内行的才能。

从乾隆三年（1738）到乾隆三十九年（1774），这三十多年间，皇家的建园工程几乎没有间断过。新建、扩建的大小园林散布在北京及其附近各地的，总计约有一千五六百公顷之多，营建规模之大，实为宋以来所未见。就园林的性质而言，有建在皇城之内的大内御苑，如西苑（三海）、建福宫花园、慈宁宫花园、宁寿宫花园；有建在郊野风景优美的地方作为皇帝长期居住、进行政治活动的离宫御苑，如畅春园、圆明园、承德避暑山庄；有建在近郊、远郊和畿辅各地供皇帝短期驻跸游玩的行宫御苑，如静宜园、静明园、清漪

7
圆明园四十景之"天然图画"
（周维权摹自《圆明园图咏》）

园、熙春园、春熙院、乐善园、南苑行宫、汤泉行宫、钓鱼台行宫、滦阳行宫、盘山静寄山庄等。就园林的形式而言，它们几乎包罗了中国古典风景式园林的全部形式：庭园、小型人工山水园、大型人工山水园、大型天然山水园。

乾隆时期的皇家园林可以说上承这个类型自唐、宋以来一脉相继的传统，又在康熙所开创的基础上有所提高、升华，成为我国封建社会后期园林发展史上与江南私家园林南北并峙的一个高峰。这个高峰的代表作品就是著名的承德避暑山庄和北京的"三山五园"，即香山静宜园、玉泉山静明园、万寿山清漪园、畅春园、圆明园。其中有的比较完整地或者部分地保留至今，有的则仅剩遗址可寻。它们在造园艺术上有着多方面的成就，集中地体现了皇家园林这个类型有别于其他类型的主要特点。

## 独具壮观的总体规划

规模宏大是皇家气派的突出表现之一,所以皇家造园艺术的精华都集中在大型的园林。清代的几座大型园林都在百公顷左右,最大的避暑山庄占地达五百六十公顷。

完全在平地起造的人工山水园与利用天然山水而施以局部加工改造的天然山水园,由于建园基址的不同,所以相应地采取不同的总体规划方式。

大型人工山水园的横向延展面极广,但人工筑山不可能太高峻。这种纵向起伏很小的尺度与横向延展面极大的尺度之间的不谐调,对于风景式园林来说,将会造成园景过分空疏、散漫、平淡的情况。为了避免出现这样的情况,园林的总体规划乃运用化整为零、集零成整的方法,把大园林划分为许多小景区,每个景区都由一个尺度比较小的山水空间,结合于一组建筑群和花木配置而自成一个相对独立的单元。这些景区各具不同的景观主题、不同的使用功能、不同的建筑形象。景区之间有曲折的道路和水系为之联络,更以对景、障景而形成似隔非隔的联系。通过这些有形的联络和无形的联系,很自然地引导人们从一处景观经由峰回路转而达到另一处始料所未及的、意趣全然不同的景观,犹如贯串全园的脉络,把众多的景区连缀为一个有机的整体。如果大多数景区都具备自成一体的小园林的格局,这就成了大园含小园、园中又有园的集锦式的规划,圆明园即是此种规划方

万方安和

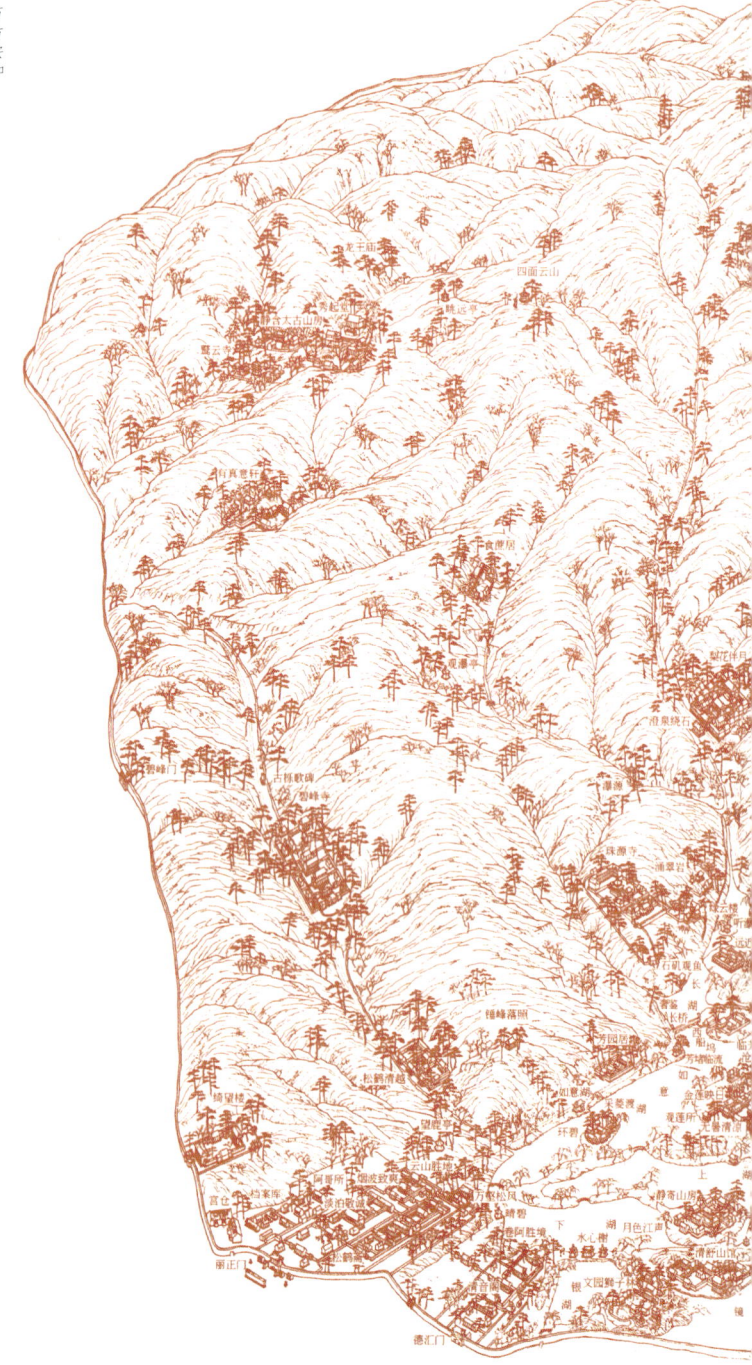

皇家气派

乾隆时期避暑山庄复原全景图
（选自汪菊渊《中国古代园林史》）

式的典型例子。

大型的天然山水园，情况又有所不同。

清王朝以关外的满族入主中原；前期的统治者既有很高的汉文化素养，又保持着祖先的驰骋山野的骑射传统。满族传统的习尚使得清朝统治者对大自然山川林木另有一番感情，至少比明代那些长年蛰居宫禁的皇帝要深厚得多。此种感情必然会影响他们对园林的看法，在一定程度上左右皇家造园的实践。康熙认为园林的最高境界应该是："度高平远近之差，开自然峰岚之势。依松为斋，则窍崖润色；引水在亭，则榛烟出谷。皆非人力之所能，借芳甸而为助。"（康熙：《避暑山庄记》）乾隆也有类似的议论："若夫崇山峻岭，水态林姿，鹤鹿之游，鸢鱼之乐，加之岩斋溪阁，芳草古木，物有天然之趣，人忘尘世之怀，较之汉唐离宫别苑有过之无不及也。"（乾隆：《静明园记》）对于造园艺术既然持这样的见解，皇家又能够利用政治上和经济上的特权把大片天然山水风景据为己有，这就大可不必像私家园林那样以"一勺代水，一拳代山"，浓缩天然山水于咫尺之地，仅做象征性而无真实感的摹拟了。所以，乾隆主持新建、扩建的皇家诸园中，大型天然山水园不仅数量多、规模大，而且更下功夫刻意经营：对建园基址的原始地貌进行精心的加工改造，调整山水的比例、连属、嵌合的关系，突出地貌景观的幽邃、开旷的穿插对比，保持并发扬山水植被所形成的自然生态环境的特征；并且还力求把我国传统的风景名胜区的那种以自然景观之美而兼具人文景观之胜的意趣再现到园林中来。

我国南北各地散布着许多风景名胜区，它们除了山水风景之外，还有大量的建筑物构成人文景观的主体——寺、塔、别墅、园林、山村、镇集、码头、桥梁以及楼、台、亭、阁等等，其中尤以寺庙最为显要，故有"天下名山僧占多"的俗谚。这许多不同类型、形式各异的建筑，历经千百年来不断兴建、改建、调整，而形成一个比较完备的区域格局和道路系统。建筑的选址和造型，一般都能与山水地貌环境相结合而成为一定景域范围内的构景中心，道路的布设很注意突出在游动中观赏景物的效果。清代皇家大型天然山水园的建筑，也包括上述的各种类型和形式，并且还特别突出寺庙的形象；建筑的布局、选址，道路的安排等方面，都取法、借鉴于风景名胜区。所不同的，清代皇家大型天然山水园林通过统一的规划，而风景名胜区则是长时期的自发形成。因此，前者所创造的景观虽本于后者，却又在许多地方高于后者，这就是清代皇家园林所开创的另一种规划方式——园林化的风景名胜区。

避暑山庄的山区、平原区和湖区，分别把北国山岳、塞外草原、江南水乡的风景名胜荟集于一园之内；如果不计周围漫长的宫墙，则整个园林就无异于一处兼具南北特色的风景名胜区了。

香山静宜园是一处具有"幽燕沉雄之气"的典型的北方

山岳风景名胜；玉泉山静明园摹拟苏州的灵岩山；清漪园的万寿山、昆明湖则以著名的杭州西湖作为规划的蓝本，为了扩大摹拟的范围，甚至一反皇家园林的惯例，沿湖均不建置宫墙。

这些大型皇家园林的规划，并不仅局限在园林本身，而且还扩大到园墙之外，着眼于周围环境全局来做出通盘的处理。避暑山庄外围的武烈河以东、狮子沟以北的群山，以及山坡上布列着十座壮丽的寺庙——外八庙，有如众星拱月，看来这个环境的规划是有意识地以园外群山以及外八庙，作为山庄的背景烘托和借景的主题，因而园内园林之景得以浑然融为一体。再如北京西北郊平原上的"三山五园"，西面以香山静宜园为中心形成小西山东麓的风景小区，东面为万泉庄水系流域内的圆明、畅春等大小人工山水园林，玉泉山静明园和万寿山清漪园则居于腹心部位。静宜园的宫廷区、玉泉山主峰、清漪园的宫廷区三者构成一条东西向的中轴线，再往东延伸交会于圆明园与畅春园之间的南北轴线的中心点。这个轴线系统把"三山五园"串缀成为整体的园林集群。在这个集群中，清漪园与圆明园、畅春园之间的距离相当于前者与玉泉山静明园之间的距离，再往西大约一倍的距离，便是小西山的层峦叠翠，山取其远而形成两个层次的景深。这样的布局形势打破了园林的界域，显示了西北郊整体的环境美，同时也为"三山五园"之间的互相借景、彼此成景创造了良好的条件。

## 突出建筑形象的造景作用

从康熙到乾隆，皇帝在郊外园居的时间愈来愈长，园居的活动内容愈来愈广泛，相应地就需要增加园内建筑的数量和类型。再者，北方气候寒冷，每到冬季百树凋零，多一些建筑的点缀，则可以减一分萧索的景象。因此，乾隆时期皇家园林的建筑分量就普遍较前增多。加之当时发达的宫廷艺术逐渐形成了注重程式化、讲究技巧和形式美的风尚，宫廷的艺术风尚势必影响及于皇家园林。匠师们也就因势利导，利用园内建筑分量的加重而更有意识地突出建筑的形式美的因素，作为表现园林的皇家气派的一个最主要手段，园林建筑的审美价值被推到了新的高度。就园内局部的景域或景区而言，建筑有极疏朗的，有非常密集的，但几乎所有的成景都离不开建筑；凡重要的景都由皇帝命名题署，如圆明园的四十景、避暑山庄的七十二景等。就园林的总体而言，建筑的作用在于点染、补充、剪裁、修饰天然山水风景，使其凝练生动而臻于画意的境界，但建筑的构图美却始终是谐调、从属于天成的自然美而不是相反。

建筑的造景作用，主要通过它的个体和群体的外观形象、群体的平面布置和空间组合而显示出来。

清代皇家园林的建筑，包罗了我国古典建筑个体和群体的全部型式，某些型式又适应于不同的造景要求而创出多样的体裁。以圆明园为例，个体建筑的型式就有五六十种之

圆明园四十景之"方壶胜境"
（周维权摹自《圆明园图咏》）

多；而一百余组的建筑群的平面布置也无一雷同，却又万变不离其宗，都是以传统的院落作为基本单元。

建在山地、坡地、临水台地等地段上的建筑群，还着重经营竖向的空间组合，顺应地形之起伏而显示它们的外轮廓形象的高低错落、活泼生动的艺术魅力。乾隆在《塔山四面记》一文中，也阐述了这个设计原则："室之有高下，犹山之有曲折，水之有波澜。故水无波澜不致清，山无曲折不致灵，室无高下不致情；然室不能自为高下，故因山以构室者其趣恒佳。"在园林的总体规划方面，很讲究建筑布局的隐、显、疏、密的安排。但凡幽邃地段，建筑力求其隐蔽，若是建筑群则空间多为内聚的组合，以表现一种含蓄的意境；但凡开旷的地段，建筑力求其显露，若是建筑群则空间多为外敞的组合，以发挥建筑的点景（点缀此处风景）以及观景（观赏他处风景）的作用。

避暑山庄的山岳区外貌丰富，内涵广博，山虽不高峻但气势浑厚饱满，为了保持这种山林野趣，建筑大多负坳临崖或架岩跨涧，取隐蔽的布置，所谓"石溪几转遥，岩径百盘里。十步不见屋，见屋到尺咫"（乾隆：《题食蔗居》）；仅在山脊和山头的四个制高点上建置小体量的亭子之类，略加点染。玉泉山平地突起，山形轮廓秀美，故建筑的点染也是惜墨如金。而在它东面的万寿山，山形轮廓呆板，少起伏之势，建筑的点染则与前者相反，采取浓墨重彩的密集方式，以建筑的构图组合来弥补、掩饰山形的先天缺陷。同样是山，建筑布局的手法却大不一样，但都能因地制宜，力求建筑美与自然美的彼此糅合、烘托而相得益彰。

建筑本身的风格也在很大程度上代表着皇家园林的风格，但这种风格亦非千篇一律。如果说，避暑山庄的建筑为了谐调于塞外"山庄"的情调而更多地表现其朴素淡雅的外观，也就是康熙所说的"无刻桷丹楹之费，喜泉林抱素之怀"，但作为外围背景衬托的外八庙，却是辉煌宏丽的"大式"建筑，就环境全局而言仍不失雍容华贵的皇家气派。西苑（三海）是大内御苑，它的建筑就更为富丽堂皇，具有更浓郁的宫廷色彩。清漪园、颐和园则介乎两者之间，在显要的部位，如前山和后山的中央建筑群，一律为"大式"做法，其他的地段上则多为皇家建筑中最简朴的"小式"做法，以及与民间风格相融糅的变体；正是这些变体建筑的点缀，使得整个园林于典丽华贵中增添了不少朴素、淡雅的民间乡土气息。

## 全面吸取江南住宅园林的诗情画意

江南的私家园林发展到了明代和清初，以其精湛的造园技巧、浓郁的诗情画意和工细雅致的艺术格调，而成为我国封建社会后期园林史上的另一个高峰。北方园林之摹仿江南，早在明代中叶已见端倪。北京西北郊海淀镇以北的丹棱沜一带，湖泊罗布，泉眼特多，官僚贵戚纷纷在这里占地造园，其中不少即有意识地摹拟江南水乡的园林风貌。例如米万钟的私园——名重京华的勺园，当时人即描写其为"郊外幽闲处，委蛇似浙村"（王铎《米氏勺园》），"米仲诏进士园，事事模效江南"（沈德符《野获编》）。清初，江南著名的造园家张然来到北京为官僚士大夫构筑私园多处；康熙年间，他奉诏为西苑的瀛台、玉泉山静明园堆叠假山，稍后又与江南画家叶洮共同主持畅春园的规划设计。江南造园技艺开始被引进皇家的御苑。

对江南园林艺术和技术的更全面、更广泛的吸收则是乾隆时期。

乾隆皇帝于乾隆十六年（1751）、二十二年（1757）、二十七年（1762）、三十年（1765）、四十五年（1780）、四十九年（1784）先后六次到江南巡行，南巡的目的主要是笼络江南士人，督察黄淮河务和浙江海塘工程。但一向爱好游山玩水的乾隆决不会放过这"艳羡江南，乘兴南游"，"眺览山川之佳秀，民物之丰美"的好机会，足迹遍及扬州、无锡、苏州、杭州、海宁等私家园林精华荟萃的地方。以他的文化素养和对园林艺术的喜爱，身处园林之乡自然会流连赞赏不已，赞赏之余，也必然要产生占有的欲望。一般的艺术品如字画古玩之类，可以携归内府，但园林里面的东西却只能弄回几块太湖石，如杭州南宋德寿宫遗址内的梅花石、扬州九峰园内的峰石，其余的不好搬迁，更不可能把整座园林带回北京。于是乃退而求其次，凡他所中意的园林，均命随行画师摹绘成粉本，"携图以归"，作为皇家建园的参考。乾隆对江南园林的倾羡之情和占有欲望，在客观上促成了康熙以来皇家造园之摹拟江南、效法江南的高潮。把北方和南方、皇家与民间的造园艺术来一个大融汇，达到了前所未见的广度和深度，因此而大为丰富了北方园林的内容，提高了北方园林的技艺水平。这种情况主要表现在三方面。

一、引进江南园林的造园手法。在保持北方建筑传统风格的基础上大量使用游廊、水廊、爬山廊、拱桥、亭桥、平桥、舫、榭、粉墙、漏窗、洞门、花街铺地等江南常见的园林建筑形式，以及某些小品、细部、装修，大量运用江南各流派的堆叠假山的技法，但叠山材料则以北方盛产的青石和北太湖石为主。临水的码头、石矶、驳岸的处理，水体的开合变化，以平桥划分水面空间，等等，也都借鉴于江南园林。此外，还引种驯化南方的许多花木。但所有这些，都不是简单的抄袭，而是结合北方的自然条件，使用北方的材料，适应北方的鉴赏习惯的一种艺术再创造。其结果，就是宫廷园林得到民间养分的滋润而大为开拓了艺术创作的领域，在讲究工整格律、精致典丽的宫廷色彩中融入了江南文人园林的自然朴质、清新素雅的诗情画意。

二、再现江南园林的主题。清代皇家园林里面的许多景，其实就是把江南园林的主题在北方再现出来，也可以说是某些江南名园在皇家御苑内的变体。例如：

圆明园内的"坐石临流"一景，通过三面人工筑山、引水成瀑潴而为小溪的布局，来凝缩、移植和摹写著名的浙江绍兴兰亭的崇山峻岭、茂林修竹、曲水流觞的构思。

狮子林是苏州的名园，元代画家倪云林曾绘《狮子林图》。乾隆南巡时三次游览此园，并且展图对照观赏。倪图中所表现的狮子林重点在突出叠石假山和参天古树的配合成景，而乾隆咏该园诗则谓："一树一峰入画意，几湾几曲远尘心。"实际上也是对倪图意境的赞赏。因而先后在北京的长春园和承德的避暑山庄内分别建置小园林，亦名"狮子

《圆明园四十景图》之"坐石临流"

林"。它们并不完全一样，也都不同于苏州的狮子林，但在以假山叠石结合高树茂林作为造景主题这一点上却是一致的。所以说，长春园、避暑山庄的狮子林乃是再现苏州狮子林的造景主题的两个变体。

此外，像圆明园内的"坦坦荡荡"一景，援用杭州西湖"玉泉观鱼"的鱼泉相戏、悠然自得的主题。避暑山庄湖区的金山亭和西苑琼华岛北岸的漪澜堂，那是分别再现镇江金山和北固山的江天一览的胜概。此外清漪园的长岛小西泠一带，

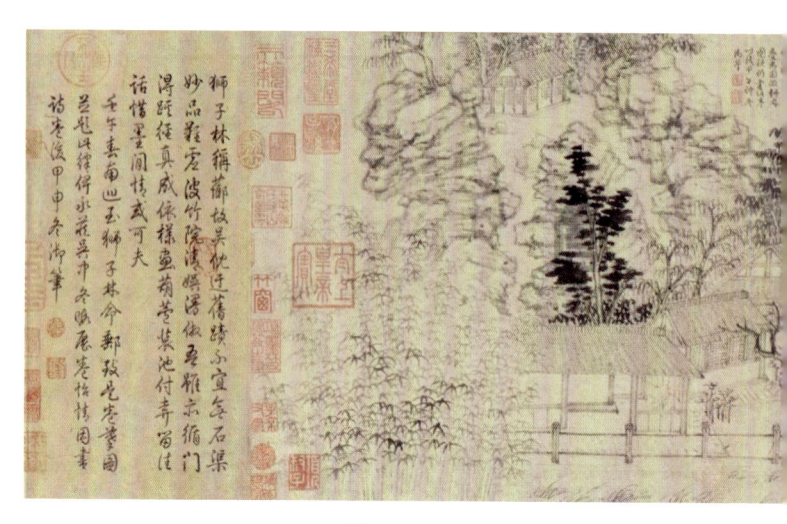

11
倪瓒所绘《狮子林图》
（黄晓供图）

12
《圆明园四十景图》之"坦坦荡荡"

则是摹拟扬州瘦西湖"四桥烟雨"的构思。凡此等等，不胜枚举。这种以一个主题而创作成为多样变体的方法，对于扩大、丰富皇家园林的造景内容起到了很重要的作用。

三、具体仿建名园。以某些江南著名的园林作为蓝本，大致按其规划布局而仿建于御苑之内。例如：圆明园内的安澜园之仿海宁陈氏隅园；长春园内的如园之仿江宁瞻园；避暑山庄内的文津阁之仿宁波天一阁；而最出色的一例则是清漪园内的惠山园之仿无锡寄畅园。但即使仿建亦非单纯摹仿，用乾隆的话来说乃是"略师其意，就其天然之势，不舍己之所长"（乾隆《惠山园八景诗序》），重在求其神似而不拘泥于形似，是运用北方刚健之笔抒写江南柔媚之情的一种更为难能可贵的艺术再创造。

| 1. 大门 | 5. 九狮台 | 9. 郁盘 | 13. 嘉树堂 |
|---|---|---|---|
| 2. 双孝祠 | 6. 锦汇漪 | 10. 清响 | |
| 3. 秉礼堂 | 7. 鹤步滩 | 11. 七星桥 | |
| 4. 含贞斋 | 8. 知鱼槛 | 12. 涵碧亭 | |

13

寄畅园平面图与惠山园平面图对比
（左页图为寄畅园，右页图为惠山园设想图，
二图选自周维权《中国古典园林史》）

027

皇家气派

北

0 10 20 30m

1. 园门  3. 就云楼  5. 载时堂  7. 水乐亭
2. 澹碧斋  4. 墨妙轩  6. 知鱼桥

## 复杂多样的象征寓意

古代，凡是与皇帝有直接关系的营建，如宫殿、坛庙、陵寝、园林乃至都城，莫不利用它们的形象和布局作为一种象征性的艺术手段，通过人们审美活动中的联想意识来表现天人感应和皇权至尊的观念，从而达到巩固帝王统治地位的目的。这种情况随着封建制度的发展而日益成熟、严谨；清王朝以少数民族入主中原，对此尤其重视。雍、乾时期，皇权的扩大达到了中国封建社会前所未有的程度，皇帝还大大加强政治思想的统治，极力宣扬纲常伦纪及忠君思想。苑囿既然是皇家建设的重点，则园林借助于造景而表现上述种种的象征寓意，就比以往的范围更广泛、内容更驳杂，传统的象征性的造景手法在清代皇家诸园中又得到了进一步的发展。例如，圆明园后湖的九岛环列象征"禹贡九州"，九州居中，东面的福海象征东海，西北角上的全园最高的土山"紫碧山房"，象征昆仑山，则整个园林无异于我国古代所理解的世界范围的缩影，从而间接地表达了"溥天之下莫非王土，率土之滨莫非王臣"的寓意。再如，避暑山庄的外围环绕着各兄弟民族建筑样式互相融糅的外八庙，有如众星拱月，则更以环园的布局作为多民族封建大帝国——天朝的象征。

园林里面的许多景，都是以建筑形象结合局部景域而构成了五花八门的摹拟："蓬莱三岛""仙山琼阁""梵天乐土""文武辅弼""龙凤配列""男耕女织""银河天汉"等等，则又是寓意于历史典故、宗教和神话传说的一种象征手法。

此外，还有借助于景题命名等文字手段，而直接表达出某些特定寓意的，如"廓然大公"、"涵虚朗鉴"、"九洲（州）清晏"[1]、"澹泊宁静"、"濂溪乐处"等，那就多得不胜枚举了。

诸如此类的象征寓意，大抵都伴随着一定的政治目的而构成了皇家园林的意境的核心，也是儒、道、释作为封建统治的精神支柱之在造园艺术上的集中反映；正如私家园林的意境的核心，乃是文人士大夫的不满现状、隐逸遁世的情绪之在造园艺术上的曲折反映一样。

上述四方面的情况是乾隆时期的皇家造园艺术的主要成就，也就是中国的皇家园林历经千百年来的发展，最后臻于高峰境地时所表现的主要特点。由于具有上述这些特点，皇家园林作为一个类型得以显示其不同于私家园林、寺庙园林和一般风景名胜区的独特的性格。我们如果在鉴赏皇家园林的时候，能够对这些特点有所理解，那么，对于所谓园林的皇家气派也将会得到更多一些的感受，更深一些的认识。

---

1　雍正皇帝题匾额为"九洲清晏"；乾隆皇帝为圆明园四十景命名时，将"洲"改为"州"。——编者

# 北京西北郊的园林

北京的西北郊，过去曾经是一个园林荟萃的地区。特别在明清两代，北方的许多名园胜苑大多集中于此，这固然由于地处封建王朝京城的近郊，但它的特殊地理环境，也是园林兴盛的一个重要原因。

大型的以天然山水为主的园林首先需要能形成山水景观的地貌条件。人为的平地造园则需要园林供水的保证。在北京城附近，西北郊一带正好具备这两个条件。

西北郊地区包括三部分。

第一部分是长河以北，西直门与海淀之间的一块海拔五十米以上的台地。这里村落稀少，风致平平，是典型的华北平原的景象。以其西北角的边缘上坐落着海淀镇，侯仁之教授称其为"海淀台地"。海淀镇早在金代便已形成聚落，是金元时北京通往塞外的要冲镇集。

第二部分为海淀台地以西和以北，昆明湖和长河以东的一大片低平原，地势陡然下降至四十五到四十七米，愈

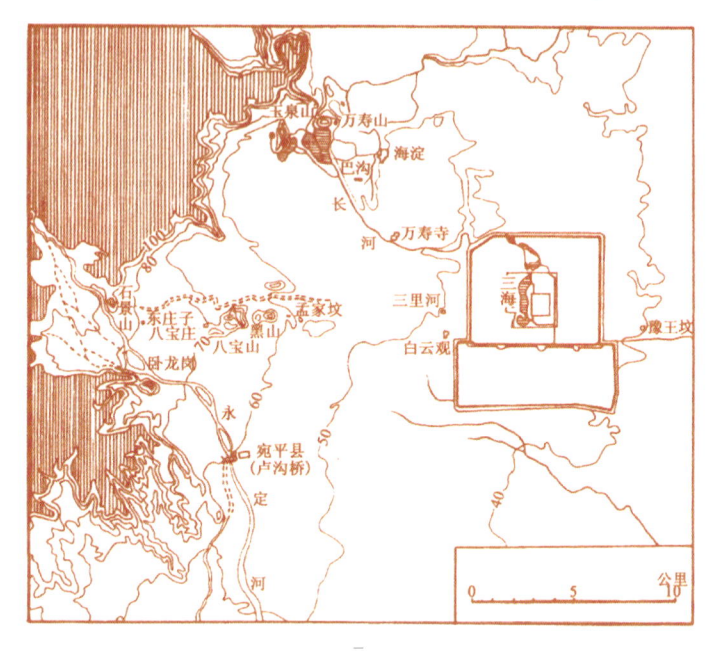

北京附近地形图
(选自侯仁之《北京海淀附近的地形、水道与聚落》)

往北愈开阔而且逐渐向北倾斜[1]。这里一望田塍纵横，林木繁茂，大小湖泊泉流布列其间，很有江南风景的味道。西面，万寿山和玉泉山双双平地凸起，远处则为西山蜿蜒连绵的峰峦，如屏如障。

第三部分是香山寿安山以及自香山东麓直达低平原西缘的平坦地带。香山向阳，山脉走向呈环抱之势，有幽静的溪谷，也有开阔的景界。西北郊的园林就全部集中在这第

---

1  侯仁之：《北京海淀附近的地形、水道与聚落》。

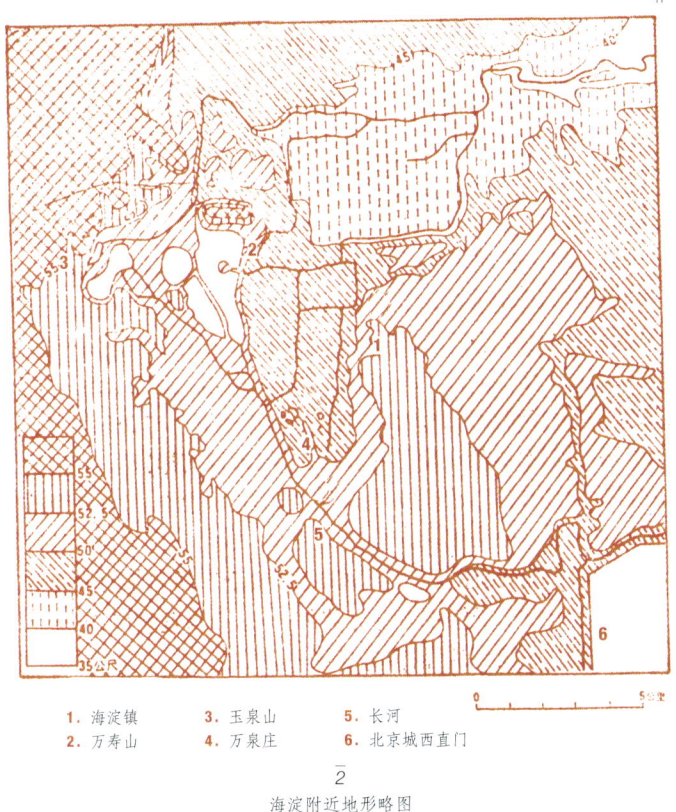

| 1. 海淀镇 | 3. 玉泉山 | 5. 长河 |
| 2. 万寿山 | 4. 万泉庄 | 6. 北京城西直门 |

海淀附近地形略图
(摹自侯仁之《北京海淀附近的地形、水道与聚落》)

二、第三部分即低平原与香山连属而成的一大片风景优美的略呈扇面形的广阔地域之内。

永定河是北京西面的一条主要河流，上源由西山以西的桑干、妫水诸流汇合而成。西山山地与平原之间高低悬殊很大，又缺乏过渡的丘陵地带。因此，上游支流多，坡度陡，水流湍急，到了平原，地势平坦则流速骤减，泥沙淤积，河床极不稳定。而西山一带雨量大而集中，河道下游的泄洪能力小，常有漫溢的灾害。到了冬季，上源补给困难，又造成下游的枯水。由于永定河的暴涨暴落，泥沙无法控制，历来企图依靠它来解决北京城供水问题的尝试都失败了。所以北京城的供水不得不另辟来源，这个来源就是西北郊的丰富的泉水。

西北郊一带泉眼很多，主要集中在玉泉山和万泉庄两地。由玉泉山泉眼导引出来的玉泉山水系往东南经长河入北京城，由万泉庄泉眼导引出来的万泉庄水系则往北流。两个水系错综交汇于低平原上，如此优越的供水条件不仅在北京甚至在北方地区都是很难得到的。因此，农民在这里开辟水田，统治阶级在这里兴建园林。同时，水系本身也结合此两者而得到不断的整治，构成一套复杂精密的水系工程，充分体现了劳动人民对于造园理水结合农田灌溉的总体规划方面的高度智慧和创造。

西北郊园林的兴起大约在北京成为封建王朝政治中心的都城以后。其发展的情况，可以分为三个时期：

第一个时期在元代以前，以行宫和佛寺为主。行宫即皇帝避暑或巡行时作短期居住用的别墅，一般都与园林结合。佛寺之兼有园林，由来已久。南北朝隋唐时代，盛行"舍宅为寺"的风习。贵族官僚经常把自己的邸宅捐献出来改作佛寺，这类邸宅的宅园也就成了佛寺的附属园林。那时，佛教——特别是流行于南方的禅宗一派——的僧侣都乐于选择远离市廛的深山水畔建立精舍梵刹，他们惯游名山大川，对于自然风景之美，都有一定的鉴赏能力。经他们筹划经营的佛寺，一般都在风景比较优美的地方，建筑也很讲究曲折幽致，结合山林野趣。其本身往往就是极好的园林，《水经注》《高僧传》等书中就有大量的记载[1]。后世流风所及，佛寺与园林常有合为一体的。所以西北郊的许多佛寺，一般都有相对独立的附园、庭园以及外围的园林化环境。这种类型，可名之为"寺院园林"。

第二个时期是明代和清代初年。这时期，除了行宫和佛寺之外，在低平原一带陆续兴建了许多私家园林，逐渐开辟为园林区，同时，还形成了以西湖（即现在的昆明湖）为中心的公共游览地。

第三个时期是从清康熙到辛亥革命。这期间，除个别的私家园林外，西北郊几乎成为皇家园林所独占的禁地。这些园林有直属皇帝的，也有皇室贵族的赐园，大大小小连成一片。如此众多的园林荟集于一地，在历史上是很少见到的。其中出现了一种宫廷与园林相结合兼有宫和苑双重功能的新形制，可名之为"离宫型皇家园林"。

西北郊的园林，在康熙朝或康熙朝以前的，早已湮灭无存，只能根据文献的片段记载和文人的诗文题咏获得一个模糊的概貌。康熙以后的颐和园尚完整地保存下来，其余有的

---

1 《高僧传》卷六"慧远传"记述东晋高僧慧远创建的庐山东林寺："洞尽山美，却负香炉之峰，傍带瀑布之壑，仿石垒基，即松栽构。清泉环阶，白云满室。复于寺内别置禅林，森树烟凝，石径苔合，凡在瞻履，皆神清而气肃焉。"

部分保存，有的则只剩遗址。清代的皇家园林一般人不得随便进入，因此极少见到文人的诗文描写。官方的文献如《钦定日下旧闻考》《顺天府志》等对园内建筑情况有详细记载，但具体形象只能从御制诗文和极少量的私人记述中得到一鳞半爪。内务府档案也有一些关于皇家园林的沿革、变化、修建、改建的材料。而最有价值的则是"样式雷"的图纸、烫样和工程做法的文字材料。其中经过整理刊行的绝大部分都是同治以后的[1]，早期的不多。原因可能是当时宫廷为保密而加以销毁，也可能原件流散各地尚未公之于世。

北京建都，始于辽金。金的中都位于现在的北京外城的西面。据史书的记载，那时中都城郊开辟为园林区的已经有两处——

一处在玉泉山和香山一带。玉泉山有辽圣宗开泰二年（1013）所建的行宫，金章宗（1190—1208）所建的芙蓉殿。金代文人赵秉文《游玉泉山》描写此地景观：

凤戒游名山，出郊气已豪。
薄云不解事，似妒秋山高。
西风为不平，约略出林梢。
林尽湖更宽，一镜涵秋毫。

---

[1] "样式雷"为清朝世代相传的宫廷建筑师，辛亥革命后迫于生计将家中收藏的大量图纸、烫样售出。刘敦桢著《同治重修圆明园史料》将有关重修圆明园的"样式雷"材料做了系统的整理发表。

披云冠山顶，屹如戴山鳌。

连旬一休沐，未觉陟降劳。

……

香山有金世宗（1161 — 1189）所建的行宫及永安寺佛寺、金章宗所建的会景楼。章宗曾多次到此避暑、游览、行猎[1]。

另一处在今北海公园一带。这里在金代原来是发源于紫竹院泉眼的一条小河高梁河下游所形成的湖泊。金世宗时辟作郊外的风景中心，大定十九年（1179）于此处建行宫——大宁宫。由于高梁河供水不足，乃于金章宗明昌元年（1190）开凿一条新的河道以导引玉泉山的泉水，使之绕过金山（即今之万寿山）之麓转而东南，用以接济高梁河的上源。这条新河名叫"金河"，大体上就是长河的前身[2]。这是西北郊水系为适应园林供水的需要而进行的第一次整理。

元代建都北京，以大宁宫为中心建成大都城，为了保证沟通南方和北方的漕运，必须解决大运河北端水源不足的问题。元世祖忽必烈采纳郭守敬的建议，于至元二十九年（1292）在昌平的白浮村筑堰，把神山诸泉[3]之水先西引然后

---

1 据《金史·章宗》记：明昌四年三月幸香山永安寺及玉泉山。承安三年七月幸香山。八月猎于香山。四年八月猎于香山。五年八月幸香山。泰和元年六月幸香山。六年九月幸香山。
2 侯仁之：《北平金水河考》。
3 神山泉在今昌平东南之白浮村龙王山，当时出水很旺。

转南,流经青龙桥,再绕过瓮山[1]而汇聚于其南面的瓮山泊(又名"七里泊",即昆明湖的前身),然后流入金河故道。沿河加筑大堤以障水南行,从和义门(今西直门)北之水门入城,流入积水潭,便穿城至通州。这一段河道名"通惠河"。通惠河在通州汇合温榆河之水,注入北运河以补给运河的水源。这是西北郊水系的第二次整理。经过这次整理之后,瓮山泊从早先的天然湖泊变成具有调节水量作用的蓄水库。水位得到控制,附近就陆续有园林建成,好山园就是其中较大的一座。元文宗天历二年(1329)在瓮山泊的西北岸建大承天护圣寺。此寺规制巨丽,寺前临湖修建了三座台阁:驻跸台、看花台、钓鱼台。元朝的皇帝经常到此游憩,是一座兼有行宫性质的寺院园林。当时到过大都的朝鲜人写的《朴通事》一书中对此有详尽生动的描述——

> 湖心中有圣旨里盖来的两座琉璃阁。远望高接青霄,近看时远侵碧汉,四面盖的如铺翠,白日黑夜瑞云生,果是奇哉。那殿一划是缠金龙木香停柱,泥椒红墙壁。盖的都是龙凤凹面花头筒瓦和仰瓦。两角兽头都是青琉璃,地基地饰都是花斑石、玛瑙墁地。两阁中间有三叉石桥,栏

---

[1] 金代的金山到元代叫作"瓮山",也就是现在的万寿山,据《日下旧闻考》引《蓟邱集》:"瓮山,相传有老父凿得石瓮,上有华虫雕刻文,中有物数十件,悉为老父携去,置瓮于山之西。留谶曰'石瓮徙,贫帝里',人不之信也。嘉靖初,瓮不知所存,嗣是物力渐耗。"

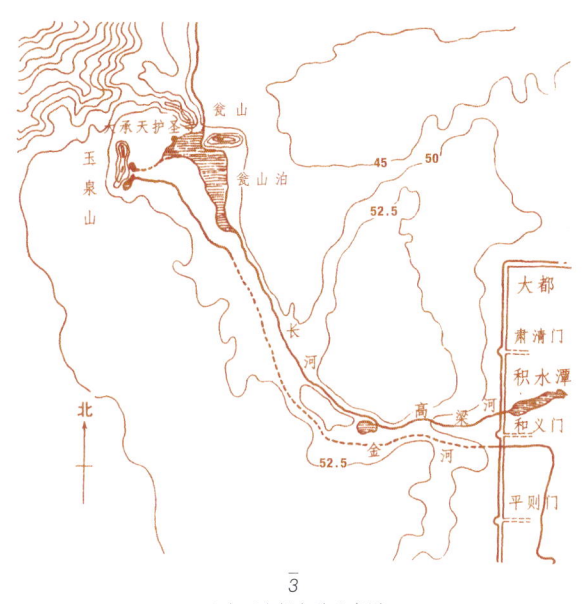

3
元代西北郊水道示意图

4
明代西北郊主要园林分布图

1. 香山寺
2. 碧云寺
3. 卧佛寺
4. 玉泉山
5. 瓮山
6. 西湖
7. 功德寺
8. 圆静寺
9. 好山园
10. 龙王庙
11. 清华园
12. 勺园
13. 海淀
14. 西直门

干都是白玉石。桥上丁字街中间正面上，有官里坐的地白玉石玲珑龙床，西壁厢有太子坐的地石床，东壁也有石床，前面放着一个玉石玲珑酒桌儿。北岸上有一座大寺，内外大小佛殿、影堂、串廊，两壁钟楼、金堂、禅堂、斋堂、碑殿。诸般殿舍，且不索说，笔舌难穷。殿前阁后，擎天耐寒傲雪苍松，也有带雾披烟翠竹，诸杂名花奇树不知其数。阁前水面上自在快活的是对对儿鸳鸯，湖心中浮上浮下的是双双儿鸭子，河边儿窥鱼的是无数目的水老鸦，撒网垂钓的是大小渔艇，弄水穿波的是觅死的鱼虾，无边无涯的是浮萍蒲棒，喷鼻眼花的是红白荷花。官里上龙舡，官人们也上几只舡，做个筵席，动细乐大乐，沿河快活。到寺里烧香随喜之后，却到湖心桥上玉石龙床上，坐的歇一会儿。又上琉璃阁，远望满眼景致。真个是画也画不成，描也描不出。休夸天上瑶池，只此人间兜率。

这段文字的描述虽不免有夸张的地方，但也可以看出大承天护圣寺以其外围的园林化环境而成为西湖游览区内一处重要景点的概貌。

明代自成祖朱棣迁都北京后，西北郊的园林建设逐渐地兴盛起来，园林分布的范围也扩大了。从香山、玉泉山逐渐往东发展，直到海淀以北，低平原的东缘。

香山经过历代几百年的经营，已是林木繁茂，清泉甘洌，成为西山风景最好的地方，所谓"西山一带，香山独有秀色"[1]。在不太大的山区范围之内，散布着十几座寺院。其中不少是由权重一时的宦官出资就金元旧址改建或拓建而成的，有的甚至作为私家园林而据为己有。这些寺院中，造园方面比较出色的是香山寺、碧云寺和卧佛寺。

香山寺于正统年间由宦官范弘耗资七十余万两白银在金代永安寺的旧址上建成。此寺规模宏大，不仅佛殿建筑壮丽，园林也占很大的比重。正如《帝京景物略》所描述的——

> 丽不欲若第宅，纤不欲若园亭，僻不欲若庵隐，香山寺正得广博敦穆。岗岭三周，丛木万屯，经涂九轨，观阁五云，游人望而趋趋。有丹青开于空际，钟磬飞而远闻也。

是一座典型的寺院园林。建筑物沿山坡布置，有极好的观景条件，所谓——

> 一径香回合，双壁互葱翠。

---

1　明神宗朱翊钧语。

> 虽矜丹碧容，未掩云林致。
> 凭轩眺湖山，一一见所历。
> 千峰青可扫，凉飙飒然至。[1]

入山门即为泉流，泉上架石桥，桥下是方形的金鱼池。过桥循石级而上，即为五进院落的壮丽殿宇。这组殿宇的左右两面和后面都是广阔的园林，散布着许多风景点。其中以流憩亭和来青轩两处最为时人所称道。流憩亭在山半的丛林之中，能够俯视寺垣，仰望群峰。来青轩修筑在面临危崖的方台上，凭槛东望，玉泉西湖以及平野千顷，尽收眼底，所谓"前两山相距而虚其襟以捧帝城"（《猴山集》）。当时，香山寺被誉为京城最佳的名胜之一："京师天下之观，香山寺当其首游也。"（《帝京景物略》）

碧云寺是在元代碧云庵的基础上先后由宦官于经和魏忠贤于明正德及天启年间扩展重建。此寺的园林以泉水取胜。从寺后的崖壁石缝中导引山泉入水渠，流经厨房，绕长廊而出正殿之两庑，再左右折复汇于殿前的石池。池内养金鱼千条，供人观赏。利用流水把殿堂院落园林化，园林用水与生活用水相结合，这种做法颇别致。所谓——

> 西山一径三百寺，唯有碧云称纤秾。

---

[1] 冯琦诗见《长安客话》。

如果说香山寺的园林设计侧重在开阔，则碧云寺着意于幽静。所以，当时人有"碧云鲜，香山古，碧云精洁，香山魁恢"的说法。

卧佛寺亦以泉胜。寺内有巨石一块，方整有如斧刃劈削的，上面建观音阁。泉自石下的罅缝流出，拍击石底，琤琮有声。石前建方池，池前植古杨树四五株，浓荫密布，木石倒影交映池中。其园林造景，又别具一格。

瓮山泊到明代改称"西湖"，以其在北京城之西，也可能寓意于杭州的西湖，所以瓮山在当时又叫作"西湖景"。由于大运河在明初建都南京的一段时期内没有漕运，它的白浮上源即西湖以北的那段水道因年久失修而淤塞，同时，昌平修建了皇陵之后也不可能再使用那段水道，遂于明成化七年（1471）废弃不用而改引玉泉山之泉水东流注入西湖以代替白浮神泉，作为通惠河的上源。长河大堤再度加固。西湖成为北京城的唯一水源，既接济漕运，又供给宫廷用水。这是西北郊水系的第三次整理。此后，玉泉山和西湖之间一水相通，二者在景观上也是互相联系的，所以当时的人都以玉泉和西湖并称[1]。对于瓮山，可能因为它"土赤坟，童童无草木"而不大引人重视。

玉泉山泉水出岩缝石罅间，潴为池，名"玉泉池"。这就是西湖的主要水源，也是明代京师的八景之一。山上早先

---

[1] "西湖在玉泉山下。"（《纪纂渊海》）"西湖去玉泉山不里许。"（《长安客话》）

金元时代的行宫都已倾圮了。在明代兴建的有上、下华严寺和金山寺。金山寺旁的龙泉是西湖的另一个较小的水源，上面建望湖亭以观赏西湖之景。

西湖西北面的大承天护圣寺于宣德二年（1427）重修后改名"功德寺"，规模宏大，前后共七进院落，也是一座供皇帝游览西湖时驻跸的寺院园林。明中叶以后，功德寺倾圮，寺前的湖面亦淤为水田，风景的重心逐渐向东移。弘治七年（1494），于瓮山南麓的中部相当于今排云殿的位置上建圆静寺。正德年间筑钓鱼台于西湖并一度以好山园作为行宫。根据文献记载，"瓮山圆静寺，左俯绿畴，右临碧波"，"圆静寺，左田右湖"，可推知西湖的东岸正好对着圆静寺。明代的西湖比现在的昆明湖小，风景却很好："西湖在……玉泉山下，泉水潴而为湖十余里，荷蒲菱芡与夫沙禽水鸟出没隐映于天光云影中，实佳境也。"（《宛署杂记》）明万历间画家李流芳的一段文字描述则更为生动——

> 出西直门过高梁桥，可十余里，至元君祠。折而北，有平堤十里，夹道皆古柳，参差掩映。澄湖百顷，一望渺然。西山匋匋，与波光上下。远见功德古刹及玉泉亭榭。朱门碧瓦，青林翠嶂，互相缀发，湖中菰蒲零乱，鸥鹭翩翩，如在江南画图中。

沿湖东岸筑长堤，堤以东是一大片水田："筑堤列塍，为畬为畲，菱芡莲菰，靡不毕备，竹篱傍水，家鹜睡波，宛然江南风气。"(《长安客话》)明末，环湖建成十座寺院，即"西湖十寺"。湖中遍种荷花[1]，沿岸堤柳环抱。绮丽的山水风景，再加上园林及各种建筑的点染，玉泉山西湖遂成为京郊的一处游览胜地，所谓"环湖十里，为一郡之胜地"。每年四月，京师居民在这里举行游湖盛会，明代的皇帝也经常到此行水猎[2]。当时著名的文人，对这里的景物多有诗文的咏赞，而且都着重描写其酷似江南的风致特点——

玉泉东汇浸平沙，八月芙蓉尚有花。曲岛下通鲛女室，晴波深映梵王家。

常时凫雁闻清唳，旧日鱼龙识翠华。堤下连云秔粳熟，江南风物未宜夸。

—— 王直《西湖诗》

珠林翠阁倚长湖，倒影西山入画图。若得轻舟泛明月，风流还似剡溪无。

—— 马汝骥《西湖诗》

左带平田右带湖，晴虹一路绕菰蒲。波间柳影疏兼密，云际山容有忽无。

---

1　"西湖莲花千亩，以守卫者严，故花事特盛。"(《潇碧堂集》)
2　"湖滨旧有钓台，武庙幸西山，曾钓于此。……万历十六年，今上谒陵回銮，幸西山，经西湖，登龙舟，后妃嫔御皆从。……锦缆牙樯，波翻涛沸。即汉之昆明太液，石鲸鳞甲，殆不过是。"(《长安客话》)

> 遗臭丰碑旧阉竖，煎茶古寺老浮屠。闲游宛似苏堤畔，欲向桥边问酒垆。
>
> ——沈德潜《西湖堤散步诗》

所谓"遗臭丰碑旧阉竖"是就宦官魏忠贤霸占的私家园林而言。

海淀镇西面和北面的低平原上，万泉庄的泉水顺自然坡势向北宣泄，注入平原的中心，然后转向东北汇入清河，在长河以东，华家屯以南汇聚为许多大小湖沼。这一带当时叫作"丹棱沜"，俗称"海淀"[1]。明初，从南方来的移民定居在这里开辟稻田，借长河的水利灌溉，经过多年的辛勤经营，把一片低洼的沼泽地改造成为风景优美的农田区，与玉泉西湖连成一片，所谓"风烟里畔千条柳，十里清阴到玉泉"（王士禛《西堤诗》）。京师的居民常到这里郊游宴饮。文人对此也颇多题咏，如区怀瑞的《友人招饮海淀不果往却寄诗》——

> 羽扇驱蝇暂不闲，焦烟赤日掩重关。输君匹马城西去，十里荷花海淀还。

每年清明节前后，过高粱桥到这里踏青，成为一时的

---

1　侯仁之:《北京海淀附近的地形、水道与聚落》。

风尚。

充足的供水和优美的风景招来了贵戚官僚们来这里占地造园。海淀附近遂逐渐成为西北郊园林比较集中的地区。

> 高梁堤上柳高十丈。……岸北数十里，大抵皆别业僧寺，低昂疏簇。绿树渐远，青青漠漠，间以水田界界，如云脚下空。
>
> ——《帝京景物略》

这些园林之中，文献记载和文人题咏最多、造园艺术上比较出色的当推清华园和勺园。它们可以视为当时北方私家园林的具有代表性的两个典型。

清华园在今海淀镇北面，京颐公路西侧[1]。园主人李伟是明神宗朱翊钧（1573—1620）的外祖父，封武清侯，是一位身世显赫的皇亲国戚。园的规模，文献记载"方十里""广七里""周环十里""缭垣约十里"等等，其说不一。根据清康熙时在它的废址上修建的畅春园的面积来推算，估计在一千二百亩左右[2]。其占地之广，在当时无疑是一座大型的私家园林。

有关清华园的诗文题咏和记载很多[3]。如果把其中描写园

---

[1] 此为畅春园的故址，畅春园是在清华园的废址上建成的。故清华园的旧址也在这里。
[2] 畅春园的面积约为清华园的十分之七，据此推算而得此数。
[3] 前燕京大学教授洪业所著《勺园修褉图考》一书，有关清华园和勺园的诗文题咏记载甚多。本文所引用的即从此书摘出。

景比较具体地加以归纳，大致可以看出该园的一个概貌。

园林的规划方面，有几段文字足以说明——

> 清华园前后重湖一望漾渺……
> ——《日下旧闻考》引《明水轩日记》

> 方广十里，中建挹海堂。堂北有亭，亭悬"清雅"二字，明肃太后手书也。亭一望尽牡丹，石间之，芍药间之，濒于水则已。飞桥而汀……汀而北一望皆荷，望尽而山，婉转起伏，殆如真山。山畔有楼，楼上有台。西山秀色，出手可抱。
> ——《春明梦余录》

> 入重门，境始大。池中金鳞长至五尺。别院二，邃丽各极其致。为楼百尺，对山瞰湖堤柳，长二十里。亭曰花聚。芙蕖绕亭，五六月见花不见叶也。
> ——《日下旧闻考》引《嫛诨》

> 山水之际，高楼斯起。楼之上斯台，平看香山，俯看玉泉，西山斯貌，两高斯亲，峙若承睫。
> ——《帝京景物略》

由此可知，清华园是一个以水面为主体的水景园，水面以岛堤分隔为前湖、后湖两部分。主要建筑物大体上按南北中轴线成纵深布置。南端为两重的园门，园门以北即为前湖，湖中畜养金鱼。前湖、后湖之间为主要建筑群挹海堂所在，这也是全园风景构图的重心。堂北为清雅亭，大概与前者互成对景或掎角之势。亭的周围广植牡丹、芍药一类观赏花木，一直延伸到后湖的南岸。后湖之中有一岛屿与南岸架桥相通。岛上建亭，名"花聚亭"。环岛盛开荷花。后湖的北岸，利用挖湖的土方摹拟真山的脉络气势堆叠成高大的假山。山畔水际建高楼一座，楼上有台阁可以清楚地观赏园外西山玉泉的借景。这座建筑也是中轴线的结束。

后湖的西北岸临水建水阁，观瀑和听水音——

> 西北为水阁，垒石以激水，其形如帘，其声如瀑。
>
> ——《日下旧闻考》引《甓诊》

湖面很大很开阔，冬天可以走冰船——

> 雪后联木为冰船……以一二十人挽船走冰上，若飞。
>
> ——《日下旧闻考》引《甓诊》

园林的理水，大体上是在湖的周围以河渠构成水网地带，便于因水设景。河渠可以行舟，既作水路游览之用，又解决了园内供应的交通运输问题——

若以水论,江淮以北亦当第一也。

——《日下旧闻考》引《明水轩日记》

园内水程数十里,舟莫或不达。

——《帝京景物略》

十里泉流分太液,数峰山影傲蓬莱。

—— 冯元仲诗

园内的叠山,除土山外,还使用多种的名贵山石材料,其中有产自江南的,造型奇巧,有洞壑,也有瀑布——

池东百步,置断石,石纹五色,狭者尺许,修者百丈。

——《日下旧闻考》引《罋讴》

剑铓螺蠡,巧诡于山,假山也。维假山,则又自然真山也。

——《帝京景物略》

屿石百座,灵壁太湖锦川百计。

——《春明梦余录》

奇石移来俨幽壑。

—— 梁清标《李园行》

锦石三千成翡翠,引来飞瀑自银河。

—— 袁中道《海淀李戚畹园大会》

植物配置方面，花卉大片种植比较多，而以牡丹和竹最负盛名于当时。大概低平原上土地卑湿，北方极少见的竹子在这里比较容易生长——

乔木千计。竹，万计。花，亿万计。
——《春明梦余录》

堤旁俱植花果，牡丹以千计，芍药以万计。
——《日下旧闻考·泽农吟稿》

竹最美，亦帝京之仅有也。
——《丹棱沜记》

园中牡丹多异种，以绿蝴蝶为最。开时，足称花海。
——《日下旧闻考·燕都游览志》

国花长作圃蔬看。
—— 袁中道诗

园林建筑有厅、堂、楼、台、亭、阁、榭、廊、桥等，形式多样，装修彩绘雕饰都很富丽堂皇——

紫衢开绣户，翠嶂拊朱楼……拂云飞阁邈，隐日曲房幽。
—— 公乃《游海甸武清园池》

夹道雕栏织画梁……珠楼十二绕鸳鸯。

—— 袁中道诗

巧堆亭榭欲迷仙。

—— 阎尔梅诗

锦堂绣幕列钟鼎，曲房密室鸣箜篌。

—— 梁清标《李园行》

侯门矜壮丽，别墅也雕甍。

—— 范景文《集李戚畹园》

清华园建成至迟在万历十年（1582）。此后，园工尚继续进行，"穿池叠山，所费已巨万，尚属经始尔"（沈德符《野获编》）。李伟以皇亲国戚之富，经营此园，可谓不惜工本。当时人从园林规模之大和营建之华丽来加以评论：所谓"李园巨丽甲皇州"（梁清标《李园行》），"天子留心增府库，侯家随意损金钱。知他独爱园林富，不问山中有辋川"（阎尔梅《游李戚畹海甸园》），"主人华贵拥金穴，为园巨万泥沙同"（梁清标《李园行》）。像这样的私家园林，当时不仅在北方绝无仅有，即使在全国范围内也不多见。所以，清康熙时在清华园的故址上修建畅春园，这个选择恐怕不是偶然的——一则可以节省工程；二则它的规模和布局能适应于离宫型皇家园林在功能和造景方面的要求。由此看来，清华园对于清代的皇家园林有一定的影响，就其规划而言，也可以说是后者的"先型"。

明代吴彬《勺园祓禊图》局部，于此可见北京西郊私家园林之盛时景致
（北京大学藏，黄晓供图）

据《日下旧闻考》卷七十九——

> 淀水滥觞一勺，明时米仲诏浚之，筑为勺园。李咸畹构园于其上流，是勺园应在清华园之东。今其园不可考，海淀之东有米家坟在焉。

可知勺园在清华园之东面，下游。但具体位置究竟在哪里，则有两种说法：一说在今北京大学未名湖一带，一说在未名湖的东南面[1]。勺园大约建成在明万历年间，稍晚于清华园。园主人米万钟，字仲诏，号友石，官太仆寺少卿，是明末万历、崇祯时有名的画家、诗人和书法家。他平生好石，家中多蓄奇石[2]。米万钟曾在江南各地做官多年[3]，看过不

---

1 见许地山《燕京大学校址小史》中的洪业《勺园修禊图考》。
2 "米氏万钟，心清欲滢，独嗜奇石成癖，宦游四方，袍袖所积，唯石而已。"（陈衍《米氏奇石记》）
3 "历永宁、铜梁、六合三县令。擢廷评。迁工部郎中。出藩省，观察江西。"（《宛平县志》）

少江南名园。晚年曾把勺园的景物亲自绘成《勺园修禊图》传世。西北郊还有米万钟的另一个园林湛园，但文人的题咏几乎全部集中于勺园，可见勺园的造园艺术自有其独到之处，而这与园主人的艺术素养又是分不开的。

勺园比清华园小[1]，建筑物比较朴素疏朗——

> 虽不能佳丽，然而高柳长松，清渠碧水，虚亭小阁，曲槛回堤，种种有致，亦足自娱。
> 
> ——叶向高《米仲诏诗序》

勺园虽然在规模和富丽方面比不上清华园，但它的造园艺术水平较之后者略胜一等。这是当时人们的口碑，也是舆论的定评。因此，"京国林园趋海淀，游人多集米家园"（冯元仲诗），"旁为李戚畹园，绮丽之胜；然游者必称米园焉"，当时有"李园壮丽，米园曲折，米园不俗，李园不酸"（《春明梦余录》）的说法。

园林的总体规划着重在因水成景，水是园林的主题。勺园也是一个水景园——

> 勺园一勺五湖波，湿尽山云滴露多。
> 
> ——王思任《米仲诏招集勺园》

---

1 "海淀米太仆勺园，园仅百亩。"（《春明梦余录》）

勺园林水纡环，虚明敞豁。

——《长安客话》

堤和桥将水面分隔为许多层次，呈堤环水抱的形势——

几个楼台游不尽，一条流水乱相缠。
——王思任《题米仲诏勺园》
堤绕青岚护，廊回碧水环。
——叶向高《过米仲诏勺园》
嘉树无虚列，环流更巧回。
——来复《米仲诏先生勺园》

建筑物配置成若干群组，与局部地形和绿化种植相结合，形成各具特色的许多景区："色空天""太一叶""松垞""翠葆榭""林于滋"。各景区之间以水道、石径、曲桥、廊子为之联络——

一望尽水，长堤大桥，幽亭曲榭。路穷则舟，舟穷则廊。
——《春明梦余录》
桥上，望园一方，皆水也。……水之，使不得径也。栈而阁道之，使不得舟也。
——《帝京景物略》

建筑外形朴素，很像南方农村的民居；多接近水面，与水的关系很密切——

> 郊外幽闲处，委蛇似浙村。
> ——王铎《米氏勺园》
> 到门唯见水，入室尽疑舟。
> ——袁中道《七夕集米仲诏勺园》
> 廊复多连户，屋里却泱流。
> ——来复《米仲诏先生勺园》
> 亭台到处皆临水，屋宇虽多不碍山。
> ——公乃《勺园》

建筑物的布局也考虑到西山的借景——

> 更喜高楼明月夜，悠然把酒对西山。
> ——米万钟《勺园》

有关的诗文中谈到山石的不多，绿化种植只提到竹子、荷花之类。可见勺园叠山没有使用特殊的石材，花卉也无名贵品种。

米万钟自作的《勺园诗》中有"先生亦动莼鲈思，得句宁无赋水山"之句。因勺园而即景生情，动了莼鲈之思，可见这座园林的景物，必定饱含着江南的情调。正如王思任

《题米仲诏勺园》诗所说,"才辞帝里入风烟,处处亭台镜里天。梦到江南深树底,吴儿唱板放秋船"。而沈德符更明确地指出,"米仲诏进士园,事事模效江南,几如桓温之于刘琨,无所不似"(沈德符《野获编》)。明末是江南园林的兴盛时期,也是造园艺术的成熟时期。《园冶》一书即刊行于此时。拙政园是当时苏州的名园之一。文徵明的《王氏拙政园记》说——

娄、齐门之间,居多隙地,有积水亘其中。稍加浚治,环以林木,为重屋其阳曰"梦隐楼"……

可知拙政园的特点是以水为主体,建筑物大部分临水畔岸,布局疏朗,以突出水石林木之美。这些也正是勺园的主要特征,与清中叶以后建筑密度大、建筑空间比重也大的私家园林很不相同。从这两座地处南、北的名园在园林规划方面的许多类似之处,可以看到北方园林摹仿江南园林的明显迹象。此后的数百年间,有意识地吸收江南园林长处以丰富北方造园艺术的内容,并结合北方的具体情况而加以融冶,这在明代是一个开端,也做出了良好的范例。而北京西北郊的地理环境,特别是丰富的水资源,则为此提供了优越的条件。

勺园与清华园,一雅致简远,一豪华巨丽,两者在园林艺术上均达到很高的造诣,但毕竟前者具有更浓郁的文人意趣，较之后者又略胜一筹。

此外，位于高梁河白石桥畔东北岸边的白石庄园也值得一提。

白石庄园是驸马都尉万炜的别墅园，邻近大道，交通很方便。东面有真觉寺和极乐寺，西面一里许是万寿寺，均为当时近郊之游览胜地。园门前之河岸上修建码头一处，专供园主人和游人停舟上岸之用。自高梁河引水入园，园林用水丰沛，园景亦以水景居多。据《日下旧闻考》引《燕都游览志》记载："白石庄在白石桥稍北，台榭数重，古木多合抱，竹色葱茜，盛夏不知有暑，附郭园亭当为第一。"又据《帝京景物略》："白石桥北，万驸马庄焉，曰白石庄。庄所取韵皆柳，柳色时变，闲者惊之。"足见园内绿化种植之盛，明人刘荣嗣《游白石庄》诗有句云——

野圃宣秋色，苍苍况夕曛。
松青新沐雨，槐古直搔云。

园内的大片竹林、海棠、牡丹以及池中的荷花，在当时的北京都是很有名气的。阮泰元有诗咏之为——

山缺恰当高树补，池深雅得芰荷先。
主人爽一如亭阁，不用笙歌促酒筵。

园内建筑疏朗，除一般的厅、堂、亭、榭之外，还有台三座；三台相连，台上围以白石雕栏。拾级登台四望，全园景色尽收眼底，尚保留着宋代私家园林建台的遗风。《帝京景物略》记载："柳溪之中，门临轩对，一松虬，一亭小，立柳中。亭后，台三累，竹一湾，曰爽阁，柳环之。"爽阁是园内唯一的多层建筑物，四周植垂柳，与三台遥遥相望成对景，也是全园的构图中心。明人张学曾有诗句描写此处景观——

> 疏雨偶然过，青山晚近人。
> 全凭高阁爽，共仰月华新。
> 树转尊前影，花愁暗处春。
> 客喧无一醒，灯火觉相亲。

白石庄园既以竹树淡柳、烟水迷离之景取胜，又有名花异卉之点缀，可谓兼具勺园和清华园之特色。文人墨客来访者络绎不绝，亦为当时京师名园之一。

清王朝定都北京之初，来自关外的满族统治者很不习惯于北京的炎夏气候，曾有择地另建避暑宫城的拟议[1]。当时，南方尚在用兵，政府财力不足，除了沿用明代留下来的

---

[1] 《东华录》："(顺治七年)七月乙卯。摄政王谕：京城建都年久，地污水咸。春秋冬之季犹可居止。至于夏月，溽暑难堪。但念京城乃历代都会地，营建匪昜，不可迁移。稽之辽金元曾于边外上都等城为夏日避暑之地。……今拟止建小城一座，以便往来避暑。"

南苑[1]作为郊外临时避暑地之外，并未进行新的营建。康熙中叶，三藩叛乱平定，全国初步统一，明末以来的大动乱之后出现一个比较安定的局面，经济有所发展，政府财力也比较充裕，清圣祖玄烨立即着手在北京西北郊经营离宫别馆。康熙十六年（1677）在原香山寺旧址建香山行宫；十九年（1680）建玉泉山行宫，命名为"澄心园"，二十三年（1684）改名"静明园"。但这两处仅仅是皇帝游憩时驻跸或短期居住的地方，并非避暑的宫城。康熙初年，北京大内因遭火灾而重修，为了防火的需要，也可能为了防范宫廷的暴乱，将各宫院之间以高墙隔绝开，形成许多封闭的院落，很不适宜于居住。玄烨打算另选一个清静的环境，作为他"避喧听政"长期居住的地方，遂于静明园建成之后不久，在西北郊兴建清代的第一座离宫型皇家园林——畅春园。该园大约在康熙二十九年（1690）前后完工[2]。

康熙二十三年和二十八年（1689），玄烨两度到江南巡视，对于江南秀美的风景和精致的园林极感兴趣，乃任命供奉内廷的江南籍山水画家叶洮[3]负责畅春园的规划和监造工作，江南叠山名家张然主持园内的叠山设计[4]。建园地点选择

---

1 "南海子即南苑，在永定门外。……明永乐时复增广其地。周垣百二十里。"（《日下旧闻考》）
2 据《清史稿》职官志，康熙二十九年置畅春园总管大臣。估计该园基本完工当在二十九年前后，以后可能陆续增建。
3 《国朝画识》卷八："叶洮字金城，青浦人。善山水，喜作大斧劈。康熙中祗候内廷，诏作畅春苑图本。图呈称旨，即命监造。"
4 王士禛《居易录》卷四："然字陶庵。其父号南垣。以意创为假山，以营丘北苑大痴黄鹤画法为之……南垣死，然继之。今瀛台玉泉畅春苑皆其所布置。"

| 1. 香山行宫 | 4. 西花园 | 7. 熙春园 | 10. 海淀 |
| 2. 澄心园 | 5. 含芳园 | 8. 自怡园 | 11. 泉宗庙 |
| 3. 畅春园 | 6. 集贤院 | 9. 圆明园 | |

清康熙时北京西北郊主要园林分布图

在前明李伟清华园的旧址上。玄烨《御制畅春园记》里有一段文字：

> 爰稽前朝戚畹武清侯李伟，因兹形胜，构为别墅。当时韦曲之壮丽，历历可考。圮废之余，遗址周环十里，虽岁远零落，故迹堪寻……爰诏内司少加规度，依高为阜，即阜成池，相体势之自然……视昔亭台丘壑林木泉石之胜，絜其广

衰，十仅存夫六七。

从这段文字，可以看出选择李园旧址，固然由于节省工程费用，但更主要的原因，恐怕是李园地段环境之富于江南水乡情调，李园的规模和格局，即所谓"韦曲之壮丽"，基本上能满足帝王园居和宫廷生活的要求。因此，畅春园大体上沿袭李园的河湖冈阜体系的旧貌而加以适当改造，在堆山和理水方面，与李园同属一个类型。园的面积也有所压缩，仅及李园的三分之二左右。根据清中叶绘制的一幅西北郊水道图上所标示的畅春园界垣与现存的畅春园东北角界石和恩佑寺、恩慕寺山门的位置（在今北京大学西校门西南西颐公路西侧）推测，大体上能定出该园的四至和范围：南北长约一千米，东西宽约六百余米。全园面积约一千亩左右。

园内的建筑布局，《日下旧闻考》和《养吉斋丛录》二书都有记载。其中有一部分是乾隆时改建和增建的。根据这些记载，参照上文有关李园的情况，可以得出畅春园的一个极粗略的概貌[1]。

建筑物依南北纵深三路布置：中路是全园的中轴线，大概也就是原李园的中轴线。南端的宫的部分包括外朝和内寝。外朝即大宫门、九经三事殿、二宫门共三进院落。内寝即春晖堂、"寿萱春永"两进院落连同其后的十五开间的后

---

1　图7系根据金勋所绘平面图（见 *Maurie Adam Yuen min Yuen*），再参照《日下旧闻考》绘制成的，建筑仅标示其大概部位。

照殿。这部分建筑其实就是一个具体而微的小朝廷，因此严格遵循一正两厢中轴线对称的布局。宫以北的两组建筑群即属于苑的部分了。云涯馆北面渡小桥矗立着一座大型的叠石假山，绕过假山，呈现一片水景。水中一大洲，建造桥接岸，桥的南、北端各有牌坊名"金流"和"玉涧"。洲上的大建筑群瑞景轩共三进院落，靠北的延爽楼即李园挹海堂的旧址，九开间高三层，是中轴线上的重点建筑物。楼之北就是后湖，遍植荷花。南岸水榭名"观莲所"，湖中有水亭名"鸢飞鱼跃亭"。洲的东面有长堤一道名叫"丁香堤"，西面有长堤两道名"芝兰堤"和"桃花堤"。堤外河渠环流成水网，均可行舟，与李园的情况大体相似。

东、西两路的建筑物结合河堤冈阜的地貌，或成群组，或散点配置，因地制宜，不拘一格。东路南端一组建筑名"澹宁居"，前殿接近于外朝，是玄烨处理日常政务的地方，后殿为清高宗弘历做皇孙时读书的地方。澹宁居的北面是一座大型土石山，名"剑山"，山上建二亭。过剑山即为水网地带。建筑物有临河构筑的如渊鉴斋，有临湖构筑的如太仆轩，有建在冈阜之上的如疏峰轩，有建在水中的如藏辉阁，等等。乾隆时，大学士张文贞在《赐游畅春园玉泉山记》中，有一段描写这部分园景的文字——

> 从澹宁居右边入至渊鉴斋前，沿河堤上，列坐赐饭毕。诸臣纵观岩壑，花光水色，互相映

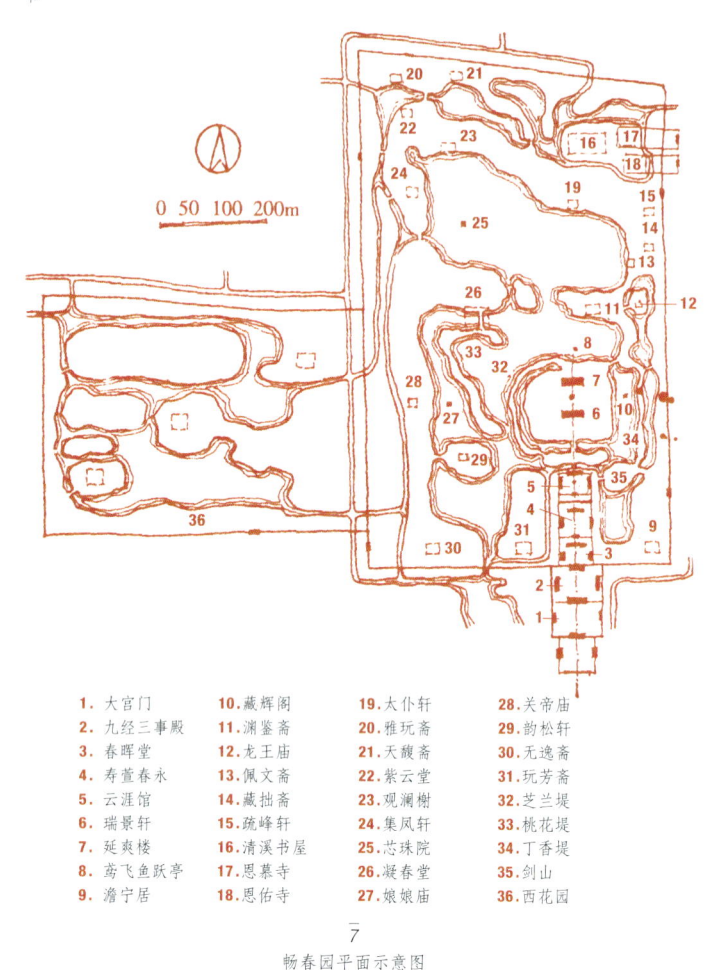

| | | | |
|---|---|---|---|
| 1. 大宫门 | 10. 藏辉阁 | 19. 太仆轩 | 28. 关帝庙 |
| 2. 九经三事殿 | 11. 渊鉴斋 | 20. 雅玩斋 | 29. 韵松轩 |
| 3. 春晖堂 | 12. 龙王庙 | 21. 天馥斋 | 30. 无逸斋 |
| 4. 寿萱春永 | 13. 佩文斋 | 22. 紫云堂 | 31. 玩芳斋 |
| 5. 云涯馆 | 14. 藏拙斋 | 23. 观澜榭 | 32. 芝兰堤 |
| 6. 瑞景轩 | 15. 疏峰轩 | 24. 集凤轩 | 33. 桃花堤 |
| 7. 延爽楼 | 16. 清溪书屋 | 25. 芯珠院 | 34. 丁香堤 |
| 8. 茑飞鱼跃亭 | 17. 恩慕寺 | 26. 凝春堂 | 35. 剑山 |
| 9. 澹宁居 | 18. 恩佑寺 | 27. 娘娘庙 | 36. 西花园 |

7
畅春园平面示意图

带，园外诸山历历环拱如屏障。上御船，绕渊鉴斋而下，命诸臣从岸上随船行。诸臣过桥向西北行，一路目不给赏，至花深处。是时丁香盛开，数千树远近烂漫。上登岸命诸臣随行，遇名胜处辄亲赐指示，诸臣得一一见所未见。

园东北角上的清溪书屋一组四面环水的建筑群是玄烨居住的地方，环境很幽静。雍正元年（1723）在这里建恩佑寺供奉玄烨的遗像，乾隆四十二年（1777）又在恩佑寺的北面建恩慕寺，后殿供奉皇太后的影像。这两座庙宇的山门至今尚在，是畅春园仅存的一点遗迹[1]。

西路的南端有两组建筑群。靠东较小的一组名"玩芳斋"，弘历做皇太子时曾读书于此。这一带种植大片竹林，土山之后为韵松轩。靠西较大的一组名"无逸斋"，原为理密亲王住处，以后改为年幼的皇子皇孙读书处。后面是一大片稻田菜畦。一条小河流经此地，沿河散点配置若干建筑物，在穿过南墙处设闸口，这是万泉庄水经丹棱沜流入园内的主要水道。再往北，临后湖的西岸是西路的主要建筑群凝春堂，与湖东岸的渊鉴斋遥遥相对。凝春堂正好位于河湖与两堤的交会处。建筑布局利用这个特殊的地形，跨河临水，以桥廊穿插联络。它的后面是建于水中央的芯珠院和临湖水榭观澜榭。集凤轩北的园墙上设五空闸，为畅春园的主要出水口。西路的北端为雅玩斋、紫云堂和天馥斋三组建筑群。

主要园门共六座：南面的大宫门，西面的大西门、小西门，东面的大东门、小东门，北面的西北门。另有角门、侧门、水闸门等。

西花园在畅春园的西侧，是未成年的诸皇子居住的地

---

1　这两座山门在北京大学西校门的西南面，西颐公路的西侧。

方。乾隆时奉皇太后居畅春园，弘历每次来问安时均在此休息用膳。西花园大部分为水面，穿插以大小岛堤，主要的建筑群有两组：讨源书屋和承露轩。该园是畅春园的附园，故建筑物的总体布局比较自由。

随着畅春园和西花园的建设，附近的水道也相应地做了整理。原西湖东岸的大堤，自明代以来，曾多次溃决而泛滥成灾[1]，为使畅春园不受水患威胁而对它进行了全面的加固修理，并命名为"西堤"。

畅春园是清代的第一座离宫型的皇家园林。它兼具宫廷和园林的双重功能，在园林规划上相应地出现了一些不同于一般皇家园林的新的特点。这也就是清代的离宫型皇家园林的共同特点。其中有的在畅春园已很明显，有的则仅具雏形。概括起来，约有两个方面——

第一，宫苑分置。宫既然是具体而微的小朝廷，是封建统治的象征，它的位置安排首先要考虑严格的内外之别：宫在前，苑居后，经过宫才能进入苑，宫门也就是园林的正门。其次，它的建筑内容包括前朝和后寝两部分，建筑的布局必须按照正殿坐北朝南，一正两厢，南北中轴线贯穿若干进院落的宫廷规制。但就园林总体而言，宫也是园林建筑的一个组成部分，在体形、尺度、色彩和装修等方面毕竟不同于大内宫廷建筑，可以具有多一些的园林气氛。据《万寿

---

1 《明成祖实录》："永乐二年八月。北京行部言：宛平、昌平二县西湖景东牛阑庄及青龙、华家、瓮山三闸水冲决岸百六十丈。命发军民修治。"

8
《万寿盛典》中的畅春园大宫门

盛典》一书的插图，畅春园宫门五开间与两厢的朝房均为卷棚灰瓦屋顶，尺度比较小，宫墙是普通的虎皮石墙。康熙五十九年（1720），玄烨在畅春园接见俄国沙皇彼得一世的特使伊斯玛意洛夫及其随员。随员之一英国籍医生约翰·贝尔（John Bell）在他所著的《旅行记》一书中对"外朝"的建筑有一段描述——

（十一月）二十八日为大皇帝召见之日。乘骑直诣行馆迎接特使及随行人员。当时大皇帝住在北京城西面六英里的畅春园（Tzaen-shu-yang）行宫。我们于晨八时起行，约十时许抵行宫。在禁卫军警戒森严的大宫门前下马，由一位大臣陪同到一间大屋子内喝茶休息。等候约半小时，旋被引入一个宽敞的庭院，四面围以砖墙，院内种植几行树木，树直径八时许，估计是菩提树一类。

道路均为卵石铺砌，当中一条道路的尽端为正殿，殿的后面是皇帝的寝宫。道路的两侧均有美丽的花坛和水沟。所有的内阁大臣和朝廷官员群集正殿的前面，露天盘腿坐在皮褥垫上。我们按指定的地点站立，在这寒冷多雾的早晨一直等到大皇帝升殿。此时，殿内只有两三个宫监，到处都鸦雀无声。正殿前面的石台阶共七级，地面是黑白相间的大理石板按棋盘格状铺成。这座建筑物朝南的一面完全敞开，一排刨得很光滑的木柱支承着屋顶。大约一刻钟以后，大皇帝自后门进入殿内，坐在他的宝座上……宝座系木制的，雕镂极精致，高出于地面七级踏步，左右和后面设高大的黑漆屏风。[1]

据此可知，宫的建筑外观是比较朴素的，室外空间也很有庭园的意趣。但其建筑布局所形成的中轴线则是全园最突出的，甚至是唯一的一条中轴线。严格对称的布局与我国园林传统的自由布局截然相反，这是宫与苑的矛盾。园林规划如果能够有意识地利用这个矛盾，在宫与苑的接合部位安排两者的对比、过渡和延伸，往往会得到"欲放先收"的具有强烈艺术感染力的景观效果。所以，宫苑分置也为此类园林

---

[1] 引自 C. B. Malone, *Summer Palaces of Ching Dynasty*, University of Illinois Press, 1934。

提供了一种造景设计的手段。

第二，离宫型皇家园林规模比较大。为着适应帝王宫廷和园居生活的要求，园内建筑物不仅数量多，类型也复杂。除了宫殿和居住建筑外，还有大量的游憩建筑、公共建筑、祠庙建筑以及辅助供应建筑，在总体布局上要求比较明确的功能分区。园址范围的广阔也需要创造更多样化的园林景观。过去的大中型园林分别以若干组建筑物为中心的按景分区的传统方式已不能适应这一情况，因而在此基础上发展成为一种新的规划方法，即建筑群风景点小园与景区相结合的规划方法。建筑群采取北方的院落形式，一般都具有特定的使用功能。风景点就是散置的或成组的建筑物与叠山理水或自然地貌相结合而构成的一个具有开阔景界或一定视野范围的体形环境。它既是观景的地方，也具有点景的作用，是园林成景的要素之一。所谓小园就是一组建筑群与叠山理水或自然地貌所形成的幽闭的或者较幽闭的局部空间相结合，构成一个相对独立的体形环境。无论设置垣墙与否，它都可以成为一座独立的小型园林，即所谓园中之园。景区是按景观特点之不同而划分的较大的单一空间或区域，它往往包括若干风景点、小园或建筑群在内。由许多建筑群、风景点、小园再结合若干景区而组成的大型园林，既有按景分区的开阔的大空间，也包含着一系列不同形式、不同意趣、有开有合的局部小空间。这种情况在畅春园已略具雏形。据《日下旧闻考》的记载，像渊鉴斋、清溪书屋、凝春堂等处可能就是小园的布局。而后的圆明园等则更有所发展而臻于完整成熟。可以说,建筑群、风景点、小园和景区是构成离宫型皇家园林的基本单元。

畅春园建成后,一年的大部分时间,玄烨均在此居住,处理政务,接见臣僚。这里成为西北郊的一个与大内相联系着的政治中心。从大宫门起,铺设宽阔的御道,南经海淀镇,过高梁桥直达西直门,以备皇帝往返于北京大内。在畅春园附近的明代私家园林的旧址上,此后陆续兴建了许多皇室和官僚的赐园[1],其中比较大的有近春园、澄怀园、含芳园、圆明园、自怡园、洪雅园等处[2],从而开启了西北郊园林的兴盛局面。好山园也收归内务府奉宸院管辖,在此养马,故又名"瓮山马厩"。

圆明园在畅春园的北面,早先是明代的一座私家园林,清初将西北郊的许多前明的私园收归内务府奉宸院,再赐给皇室成员和贵族官僚。圆明园便是康熙四十八年(1709)赐给皇四子胤禛的一座赐园。它的规模比后来的圆明园要小得多。园内"林皋清淑,波淀渟泓"(胤禛《圆明园记》),是一处水景园。康熙六十一年(1722),胤禛携皇孙弘历曾进谒玄烨于园内的牡丹台,此处位于后湖的东南角,后来改名"镂

---

1 清朝贵族的赐园不能世袭。凡贵族死后,仍由内廷收回。若其子得宠,可以再赐出。
2 澄怀园为大学士索额图的赐园,圆明园为皇四子胤禛的赐园,自怡园为大学士明珠的赐园。

1. 前湖　　2. 后湖　　3. 牡丹台　　4. 园门

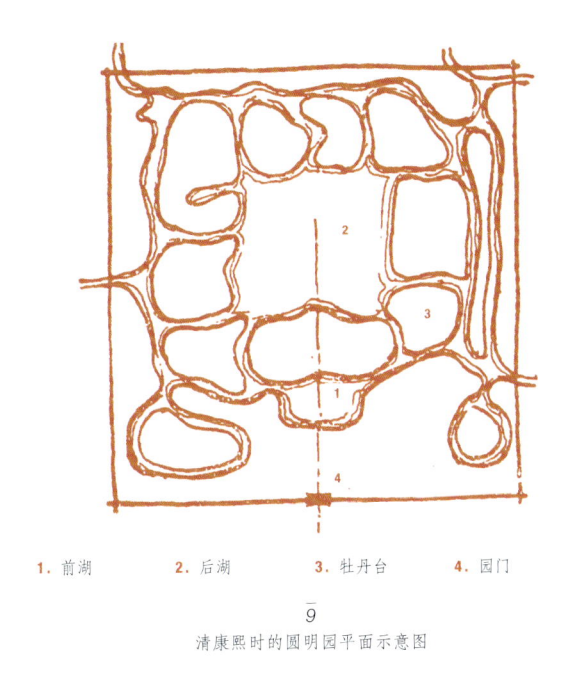

9
清康熙时的圆明园平面示意图

月开云"[1]。当时，西北郊一带的赐园大抵都是以水面作为园的主体，而赐园的规模不可能超过皇帝居住的畅春园。根据这些情况可以大致断定，康熙时圆明园的具体位置是以后湖和前湖为中心的面积约为六百亩左右的一块地段。园门设在南面，它与前湖、后湖恰好在一条中轴线上，呈较规整的布局。

自怡园是康熙时大学士明珠的别墅园，遗址在清华大学西校门北，水磨村偏南的地方。该园既有水景园的淡雅

---

1 《日下旧闻考》："（镂月开云）殿以香楠为材，覆二色瓦，焕若金碧……原名牡丹台。乾隆九年易今名。"

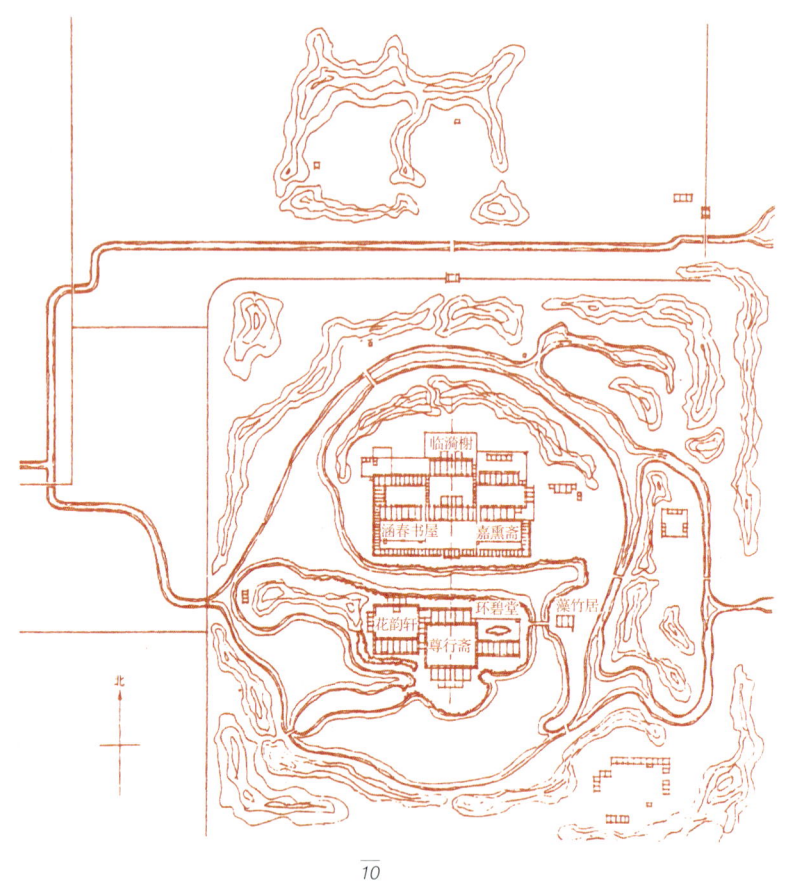

熙春园西半部平面示意图

格调，又不失雕梁画栋的富贵气，正如查慎行《过相国明公园》诗的描写——

名园多在苑东偏，不数樊川及辋川。
绮陌东西云作障，画桥南北草含烟。
凿开邱壑藏鱼鸟，勾勒风光入管弦。
何以赞皇行乐地，手栽花木记平泉。

园内共有二十一景，见于查慎行《自怡园二十一咏》——

筤筼坞　双竹廊　桐华书屋　苍雪斋　巢山亭
荷塘　北湖　隙光亭　因旷洲　邀月榭　芦港
柳浒　芰汊　含漪堂　钓鱼台　双遂堂　南桥
红药栏　静镜居　朱藤径　野航

从景题命名看来，水景约占一半。该园的设计建造，据说曾由参与畅春园规划事宜的江南籍画士叶洮主持，因而颇有类似畅春园的韵致。雍正即位后，明珠之子揆叙获罪，自怡园被籍没，以后一直未赐出，年久失修而逐渐圮废了。

自怡园的东面，今清华大学的荒岛和工字厅一带，康熙时曾建小型皇家园林熙春园。因其在畅春园之东，又名"东园"。直到乾隆十六年（1751）修建长春园时，熙春园仍完整保存并成为前者的附园，两者之间设复道连接。以后，熙春园即收归内务府作为皇子的赐园。

澄怀园是康熙时大学士索额图的赐园。康熙四十二年（1703），索额图获罪，所赐之园由内务府收回。雍正三年（1725），赐大学士张廷玉、朱轼，尚书蔡珽，翰林吴士玉、蔡世远、励宗万、于振、戴瀚、杨炳等九人居住，俗称"翰林花园"。此园位于圆明园之东南侧，西临扇子湖，引湖水注入园内，凿池堆山，远借西山之景。建筑物大多依水而筑，因水成趣。园内有乐泉、叶亭、竹径、东峰、影荷桥、药堤、雨香沜、洗砚池、乐泉西舫、食笋斋、矩室、凿翠山房、近光楼、砚斋、凿翠斋、秀亭、翠云峰等二十余景。雍正初年，御苑圆明园尚未全部建成，乃于澄怀园内设上书房，由翰林官教授诸皇子及近支王公读书。上书房的建筑布局呈连续三进的大殿，据陈康祺《郎潜纪闻》载——

> 盖由从前列圣每岁驻跸澄怀园，诸王公即读书园庐，其地为殿三层，皆有世宗皇帝御书匾额。前曰"前垂天贶"，谓之先天；中曰"中天景物"，谓之中天；后曰"后天不老"，谓之后天。

因此，澄怀园实际上也兼有皇家园林的某些功能。

这许多赐园都集中在畅春园附近，也就是海淀一带前明的园墅区。它们之间还穿插着少数私家的别墅园，但大量的别墅园则向海淀以南和瓮山以西发展，逐渐与赐园区分开来，孙承泽的退谷便是其中之一。

退谷位于西山樱桃沟之水源头，园林不大，但选址极佳，据《天府广记》记载——

> 京西之山为太行第八陉，自西南蜿蜒而来，近京列为香山诸峰，乃层层东北转，至水源头一涧最深，退谷在焉。……水源头两山相夹，小径如线，乱水淙淙。……谷口甚狭，乔木荫之，有碣曰退谷。谷中小亭翼然，曰退翁亭。亭前水可流觞，东上则石门巍然，曰烟霞窟。入则平台南望，万木森

森，小房数楹，其西三楹则为退翁书屋。

孙承泽是北京著名文人，明末清初都曾做过官，后致仕告老，于六十三岁时自城内隐居卧佛寺旁水源头之别墅园退谷，自号"退翁"，在这里潜心著述达二十年之久，先后写成两部有关北京历史的重要著作：《春明梦余录》《天府广记》。退谷的意思是指两侧的山脉逐渐向内环合拢，山势向东南张开呈扇形，水源头即扼居其尽端，两山之间的陡峭峡谷中，涧水潺潺流出。园林虽为山地园却又有水景之胜，地僻景深，确实兼备山、石、林、泉之美。清人胡世安《退谷赋》描写此园周围的自然景观——

> 缅西岑其拥翠，抉北极之石根。……泉石兮错落，松桧兮轮囷。……谷南则时葩接苗。……谷北则峨然列嶂，依流增况。……遘樱桃之春蘵。憩岚岩以眸旷。谷东则象教新煌，壁立回塘。……谷西则清萦崿涧，浮藻抽乱。……横青黛于连冈，际风雨之无患。……山太古而日长，谷虚寥而腹充。

孙承泽曾手植樱桃树于谷口，樱桃沟即因此而得名。民国初年，退谷为官僚周某购得，改名为"周家花园"。

与园林的兴盛同时，在这片水资源丰富、淤土肥沃的低平原冲积扇地带，水稻的种植又有长足的开拓发展。玄烨南巡归来，引进江南的先进耕作和施肥技术，产量大为提高。不仅民间耕种，内务府也在青龙桥、功德寺、六郎庄、泉宗庙等处设置稻田场和皇庄，甚至畅春园内也有种水稻的御田。经过民间和皇家的共同实践，水稻品种得以改良，产出优质高产的"京西稻"。那大片的阡陌稻畦，荷塘水泊罗布的田园风光，与优美的自然山水风景，大大小小的园林、寺观、民居交相辉映，又形成了西北郊不同于其他郊区的独特景观风貌。

玄烨死后，皇四子胤禛继帝位，是为清世宗，雍正三年（1725）时把他的朝廷从畅春园移到圆明园，改赐园为离宫，因而大加扩建，将园的范围向四面拓展。

南面延伸中轴线，建置宫廷区。北、东、西三面利用多泉的沼泽地改造为河湖水网，构成许多水流萦回、岛堤穿插、堆山障隔的局部空间，并设置一系列的风景点、小园和建筑群。扩建后的圆明园面积达三千亩左右，原经由畅春园北流的万泉庄水系，这时已不能满足园林用水的需要。除利用园内的地下泉水之外，又把玉泉山水系引过来，在园的西南角与畅春园之万泉庄水系汇合，转而沿园西墙北流，从西北角的闸口导入园内，然后顺着自然坡势，自西而东流出园外。西直门到畅春园的御道也往北延伸，一直铺设到园正门的广场。为了加强圆明园的保卫，于扩建该园的同时，由京师的卫戍部队护军营八旗中，分拨出圆明园八旗，每一旗有官兵三千余名。此后又从内务府分拨成立包衣三旗，有官兵

| 1. 静宜园 | 7. 畅春园 | 13. 淑春园 | 19. 乐善园 |
| --- | --- | --- | --- |
| 2. 静明园 | 8. 西花园 | 14. 朗润园 | 20. 倚虹园 |
| 3. 清漪园 | 9. 蔚秀园 | 15. 近春园 | 21. 万寿寺 |
| 4. 圆明园 | 10. 承泽园 | 16. 熙春园 | 22. 碧云寺 |
| 5. 长春园 | 11. 翰林花园 | 17. 自得园 | 23. 卧佛寺 |
| 6. 绮春园 | 12. 集贤院 | 18. 泉宗庙 | 24. 海淀 |

11
乾隆以来北京西北郊主要园林分布图

一百余名。各旗均设置营房、校场、箭亭。镶黄旗驻树村西；正黄旗驻肖家河村北；正白旗驻树村东；镶白旗驻长春园东北；正红旗驻安河桥西；镶红旗驻青龙桥西；正蓝旗驻成府东；镶蓝旗驻蓝靛厂西；包衣三旗驻成府东。它们环绕着圆明园形成一个拱卫系统，并设堆拨（即哨所）百余处，日夜巡逻警戒。

雍正晚年，再度扩建香山行宫，另建卧佛寺行宫。为了拱卫这两处行宫，又从京师护军营八旗中分拨建立香山八旗，其营房与汉族居民的村落穿插交错布局。

这时候，西北郊已建成四座御苑——畅春园、圆明园、香山行宫、静明园，以及众多的赐园，开始形成皇家园林集中的特区，为乾隆时的大规模的皇家造园活动奠定了基础。

乾隆朝是我国封建社会最后的一个繁荣时期。清高宗弘历作为这个盛世的君王，附庸风雅，喜好游山玩水，自谓"园林之乐，不能忘怀"（《静宜园记》），握持皇室剥削得来的富厚财力，以空前的规模修造园苑供一己享用。他曾先后六次到江南巡视，遍游江南的胜景名园。终其一生，在他所经营的皇家园林中，对于再现江南山水风景和园林艺术之美，始终是不遗余力，不惜工本。所以，这时候的西北郊园林，在康熙以来百余年间所积累的造园设计和施工的丰富经验的基础上，得以更广泛地结合江南造园艺术而互相融冶，从而出现了一个前所未有的兴盛局面。

香山行宫改名为"静宜园"，于乾隆十一年（1746）扩建完工之后，面积达一百四十公顷。周围的宫墙顺山势蟠蜒宛若万里长城，全长约五公里。园内不仅保留着许多历史上著名的古刹和人文景观，而且保持着大自然生态的深邃幽静和浓郁的山林野趣。这是一座具有"幽燕沉雄之气"的大型山地园，也相当于一处园林化的山岳风景名胜区。

香山的主峰海拔五百五十米，南、北两面均有侧岭往东延伸，犹如两臂回抱而烘托出主峰之神秀，所谓"万山

北京西北郊的园林

1. 东宫门
2. 勤政殿
3. 横云馆
4. 丽瞩楼
5. 致远斋
6. 韵琴斋
7. 听雪轩
8. 多云亭
9. 绿云舫
10. 中宫
11. 带水屏山
12. 翠微亭
13. 青未了
14. 云径苔菲
15. 看云起时
16. 驯鹿坡
17. 清音亭
18. 买卖街
19. 璎珞岩
20. 绿云深处
21. 知乐濠
22. 鹿园
23. 欢喜园（双井）
24. 蟾蜍峰
25. 松坞云庄（双清）
26. 唳霜皋
27. 香山寺
28. 来青轩
29. 半山亭
30. 万松深处
31. 洪光寺
32. 霞标磴（十八盘）
33. 绚秋林
34. 罗汉影
35. 玉乳泉
36. 雨香馆
37. 阆风亭
38. 玉华寺
39. 静含太古
40. 芙蓉坪
41. 观音阁
42. 重翠亭（颐静山庄）
43. 梯云山馆
44. 洁素履
45. 栖月崖
46. 森玉笏
47. 静室
48. 西山晴雪
49. 晞阳阿
50. 朝阳洞
51. 研乐亭
52. 重阳亭
53. 昭庙
54. 见心斋

12
静宜园平面图

突而止，两岭南北抱"。在这个范围内，地形的变化极为丰富，既有幽邃深秘的处所，又多居高临下、视野开阔之区。虽然山势的总朝向是坐西朝东，但阴坡与半阴坡地段很多；因而土地滋润，树木繁茂，向阳面南的地方亦复不少。乾隆曾把香山的地貌景观概括为"山势横峰、侧岭、牝谷、层冈、欹涧、曲径，不以巉削峻峭为奇，而遥睇诸岭，回合交互，若宫若霍，若岌若垣，若峤若峃，若庢若戾……"这是比较确切的形容。

静宜园包括内垣、外垣和别垣三部分，共有大小景点五十余处。其中乾隆题署的二十八景——

| 勤政殿 | 丽瞩楼 | 绿云舫 | 虚朗斋 | 璎珞岩 |
| 翠微亭 | 青未了 | 驯鹿坡 | 蟾蜍峰 | 栖云楼 |
| 知乐濠 | 香山寺 | 听法松 | 来青轩 | 唳霜皋 |
| 香岩室 | 霞标磴 | 玉乳泉 | 绚秋林 | 雨香馆 |
| 晞阳阿 | 芙蓉坪 | 香雾窟 | 栖月崖 | 重翠崦 |
| 玉华岫 | 森玉笏 | 隔云钟 | | |

从这二十八景的命名看来，大部分都与山地的自然景观有关系。

内垣在园的东南部，是静宜园内主要景点和建筑荟萃之地，其中有宫廷区和著名的古刹香山寺与洪光寺。

宫廷区坐西朝东紧接于大宫门即园的正门之后，二者构成一条东西中轴线。大宫门五间，两厢朝房各三间。前为月河，河上架石桥，渡石桥经城关循山道即下达于通往圆明园的御道。宫廷区的正殿勤政殿面阔五间，两厢朝房各五间，殿前的月河源出于碧云寺，由殿右岩隙喷注流绕墀前。勤政殿之北为致远斋，乾隆偶一住园时在此处接见臣僚，批阅奏章，斋西为韵琴斋和听雪轩。勤政殿之后，位于中轴线上一组规整布局的建筑群名"横云馆"，相当于宫廷区的内廷。

宫廷区的南面另有中宫一区，周围绕以墙垣，四面各设宫门，是皇帝短期驻园期间居住的地方。内有广宇、回轩、曲廊、幽室以及花木山池的点缀，主要的一组建筑朝南名"虚朗斋"，斋前的小溪做成"曲水流觞"的形式，上建亭。

中宫的东门外有石板路两条。南路通往香山寺。东路经城关西达"带水屏山"，后者是一处以水瀑为造景主题的小园林，瀑源来自双井。

璎珞岩位于中宫之南门外，泉水出自横云馆之东侧，至岩顶倾注而下，"漫流其间，倾者如注，散者如滴，如连珠，如缀旒，泛洒如雨，飞溅如雹。紫委翠壁，㳕㳕众响，如奏水乐"[1]。其旁建亭名"清音亭"，坐亭上则可目赏水景，耳听水音。璎珞岩之东稍北为翠微亭，这里"古木森列，山麓稍北为小亭。入夏千章绿阴，禽声上下。秋冬木叶尽脱，寒柯萧槭，天然倪迂小景"[2]。

---

1  弘历：《璎珞岩》诗序，见《日下旧闻考》。
2  弘历：《翠微亭》，同上。

"青未了"位于翠微亭之东,雄踞于香山南侧岭的制高部位。远眺"群峰苍翠满目,阡陌村墟,极望无际。玉泉一山,蔚若点黛,都城烟树,隐隐可辨。政不必登泰岱,俯青齐,方得杜陵诗意"[1],足见此处视野之开阔,观景条件之优越。无怪乎乾隆要以登泰山而俯瞰齐鲁相比拟,取杜甫诗意"岱宗夫何如,齐鲁青未了"为景题了。

　　"青未了"迤西的山坡岩际为驯鹿坡,这里放逐宁古塔将军所贡之驯鹿。坡之西有龙王庙,下为双井即金章宗梦感泉之所在,其上为蟾蜍峰。双井泉西北注入松坞云庄之水池内,再经"知乐濠",由清音亭过"带水屏山"绕出园门外,是为香山南源之水。

　　蟾蜍峰,其于香山寺之南岗,"巨石侧立如蟾蜍,哆口张颐,睅目皤腹,昂首而东望"[2],是一处以奇石为主题的天然景观。

　　松坞云庄亦为"双清",楼榭曲廊环绕水池,小园林极幽静。此园"适当山之半,右倚层岩,左瞰远岫,亭榭略具。虽逼处西偏,未尽兹山之胜;而堂密荟蔚,致颇幽秀"[3]。

　　香山寺,过"知乐濠"方池上的石桥即达。这就是金代永安寺和会景楼的故址。寺依山势跨壑架岩而建成为坐西朝东的五进院落。山门前有虬枝挺秀的古松数株,名"听法

---

1　　弘历:《青未了》,见《日下旧闻考》。
2　　弘历:《蟾蜍峰》,同上。
3　　弘历:《栖云楼》,同上。

松",山门内第一进为钟鼓楼和戒坛,院内有娑罗树一株,枝繁叶茂。康熙和乾隆均曾作《娑罗树歌》以咏之。第二进为正殿,第三进为后殿——眼界宽,第四进为六方形三层楼阁,第五进为高踞冈顶的两层后罩楼。香山寺是著名的古刹,也是静宜园内最宏大的一座寺院。寺之北邻为观音阁,阁后为海棠院。东邻即是历史上著名的景点"来青轩",乾隆对此处景观评价甚高,誉之为"远眺绝旷,尽揽山川之秀,故为西山最著名处"。

香山寺西南面的山坡上建六方亭"唳霜皋","山中晨禽时鸟,随候哗声,与梵呗鱼鼓相应。饲海鹤一群,月夜澄霁,霜天晓晴,戛然送响,嘹亮云外"[1]。这是一处以禽声鹤唳、暮鼓晨钟入景的景点。

古刹洪光寺在香山寺的西北面,山门东北向,毗卢圆殿仍保持明代形制。洪光寺的北侧为著名的九曲十八盘山道,山势耸拔,取径以纡而化险为夷。盘道侧建敞宇三间,额曰"霞标磴"。

乾隆时期的香山,"山中之树,嘉者有松、有桧、有柏、有槐、有榆,最大者有银杏有枫。深秋霜老,丹黄朱翠,幻色炫采。朝旭初射,夕阳返照,绮缛不足拟其丽,巧匠设色不能穷其工"[2]。秋高气爽正是北京最好的季节,香山红叶把层林尽染。内垣西北坡上的绚秋林就是观赏这烂漫秋

---

1 弘历:《唳霜皋》诗序,见《日下旧闻考》。
2 弘历:《绚秋林》,同上。

色的绝好景点。附近岩间巨石森列,石上镌题甚多,如"萝梦""翠云堆""留青""仙掌""罗汉影"等,则又是兼以石景取胜了。

外垣是香山静宜园的高山区,虽然面积比内垣大得多,但只疏朗地散布着大约十五处景点,其中绝大多数属于纯自然景观的性质。因此,外垣更具有山岳风景名胜区的意味。

晞阳阿位于外垣中央部位的山梁上,东、北各面建牌坊一座,"有石砑立,虚其中为厂,可敷蒲团晏坐。望香岩来青,缥缈云外"[1]。西为朝阳洞。再西为香山的最高峰,俗名"鬼见愁",下临峭壁绝壑,已邻近园的西端了。

芙蓉坪,山地小园林,正厅为三开间的楼房。乾隆描写这里的环境:"最北一嶂,迤逦曲注,宛宛如游龙,回绕园后。"在此能够"翘首眺青莲,堪以静六尘",望群峰有如莲花,故得名"芙蓉坪"。乾隆对此景观评价甚高:"昔人有云,岩岭高则云霞之气鲜,林薮深则萧瑟之音清,两言得园中之概。"[2]

香雾窟位于芙蓉坪的西南面,为园内位置最高的一处建筑群之所在,也是一处景界最为开阔的景点。"就回峰之侧为丽谯,睥睨如严关。由石磴拾级而上,则山外复有群山,屏障其外。境之不易穷如此。人以足所至为高,目所

---

[1] 弘历:《晞阳阿》,见《日下旧闻考》。
[2] 弘历:《芙蓉坪》,同上。

际为远，至此可自悟矣。"[1] 其北的岩间建置石碑，上刻乾隆御书"西山晴雪"四字，为燕京八景之一。附近尚有竹炉精舍、栖月崖、重翠崦、"洁素履"等景点。

玉华寺，其为外垣的最大一组建筑群，坐西朝东，正殿、配殿及附属建筑均保持古刹规制。从这里可"俯瞰群岫，霞峰云回，若拱若抱"，景界之开阔诚所谓"一室虚明万景涵也"。寺之西南，峰石屹立，其上刻乾隆御题"森玉笏"三字。

此外，尚有阆风亭、"隔云钟"等一些单体的亭榭点缀于山间岩畔，则是外垣的小品点景。

别垣一区，建置稍晚，垣内有两组大建筑群：昭庙和正凝堂。

昭庙，其全名"宗镜大昭之庙"，这是一座汉藏混合式样的大型佛寺，坐西朝东。山门之前为琉璃牌楼，门内为前殿三楹。藏式大白台环绕前殿的东、南、北三面，上下凡四层。其后为清净法智殿，再后为藏式大红台四层，又后为六方七层琉璃塔。昭庙建于乾隆四十七年（1782），为了纪念班禅额尔德尼来京为皇帝祝寿这一有关民族团结的政治事件，而摹仿西藏日喀则的扎什伦布寺建成。它与承德须弥福寿庙属于同一形制，但规模较小。此两者也可以说是出于同样的政治目的而分别在两地建置的一双姊妹作品。

---

1　弘历：《香雾窟》，见《日下旧闻考》。

见心斋位于昭庙之北，渡石桥为正凝堂。早先是明代的一座私家别墅园，乾隆利用其废址扩建而成为静宜园内一座最精致的小园林，也是典型的园中之园。嘉庆年间改名"见心斋"，保存至今的大体上就是嘉庆重修后的规模和格局。见心斋倚别垣之东坡，地势西高东低。园外的东、南、北三面都有山涧环绕，园墙随山势和山涧的走向自然弯曲，逶迤高下。园林的总体布局顺应地形，划分为东、西两部分。东半部以水面为中心，以建筑围合的水景为主体，西半部地势较高，则以建筑结合山石的庭院山景为主体。一山一水形成对比，建筑物绝大部分坐西朝东。

康、雍时期，静明园的范围大致在玉泉山的南坡一带，玉泉山是一座平地凸起的小山冈，主峰高约五十米。

乾隆十五年（1750），就瓮山和西湖兴建清漪园；大约与此同时又对静明园进行了大规模的扩建，把玉泉山及山麓的河湖地段全部圈入宫墙之内。

乾隆十八年（1753）再次扩建，设总理大臣兼领清漪、静宜、静明三园事务，命名静明园十六景。

乾隆二十四年（1759）全部建成；乾隆五十七年（1792）全园进行一次大修，这就是玉泉山风景的全盛时期。园内共有大小建筑群三十余组。其中寺庙十一所，属于宫廷性质的三所，其余均为园林建筑。静明园是一般的行宫园林，皇帝并不在此长期居住。因此，居住建筑很少，辅助建筑如值房、茶膳房等也不多。除个别的寺观外，建筑物的体量一般都不大，尺度亲切近人，外观朴素无华。

玉泉山的名望不仅在其风景之优美，还在于它那丰沛的泉水。早先，这里的泉眼很多，每遇石缝即迸流如溅雪。这些大小泉眼的出水量都很旺盛，若把它们汇聚起来，对于供水比较困难的北京来说，确乎是一处不可多得的水源。因此，玉泉山历来在北京的城市供水工程中都占有十分重要的地位。

静明园面积约六十五公顷。它以山景为主，水景为辅；前者突出天然风致，后者着重园林经营。宫墙设园门六座，正门南宫门五楹。园内共有大小景点三十余处，其中约三分之一与佛、道宗教题材有关，山上还建置了四座不同形式的佛塔，足见此园浓厚的宗教色彩。可以设想，乾隆当年建园的规划思想显然在于摹拟中国历史上名山藏古刹的传统而创造一个具体而微的园林化的山水风景名胜区。

自香山经石渡槽导引过来的泉水穿水门而汇入玉泉水系。乾隆二十四年（1759），在南宫门外就原来的小河泡开拓为高水湖，与早先开凿的养水湖连接，将静明园内之水经由南宫墙上的水关导引入高水湖，以灌溉附近日益开辟的稻田，高水湖亦借水而成景。

乾隆初年，畅春园作为皇太后居住的地方。弘历自己仍以圆明园为离宫，对该园又进行了第二次的扩建。这次扩建没有再拓展圆明园本身的地盘，而是在原来的范围内增建若干风景点、小园和建筑群以丰富园景，扩建工程大约在乾隆九年（1744）告一段落，此后另在它的东邻和东南邻建附园长春园和绮春园。长春园内有单独一处欧洲式园林，统称"西洋楼"。绮春园由若干小园林和赐园合并建成，道光时改名"万春园"。

圆明、长春、绮春三园彼此毗邻，后两者是前者的附园。因此，一般通称的圆明园也包括长春和绮春二园在内，亦称"圆明三园"。这是一座在平地上全部由人工起造的特大型园林，总面积达到三百五十余公顷。其主要特点首先在于典型的集锦式的布局，包含着的小园约有一百余处之多；其次是那贯穿全园的完整的山形水系，宛若江南水乡风貌的全面缩影；最后是那些仪态万方的建筑以及其内收藏的大量书籍、字画、珍宝和工艺品。正因为如此，圆明园不仅在当时著称于国内，还蜚声于欧洲，一定程度上激发了欧洲上流社会对中国园林艺术的兴趣。

乾隆九年前后，圆明园扩建大体竣工。弘历写了一篇《圆明园记》，文中夸耀这座园林规模如何宏大，园景如何绮丽，所谓"天宝地灵之区，帝王豫游之地，无以逾此"，因而明白表态"不肯舍此重费民力建园矣"。然而事隔不久，乾隆十五年（1750），大约与静明园之扩建同时，另一座大型园林——清漪园又在瓮山和西湖动工了。

弘历作为封建王朝的最高统治者，如果说追求享受园林之乐趣是他的奢侈生活的一个主要内容的话，那么，他所经营的园林，必然在规划设计中体现他的意图，反映他的好恶。这里边最主要的一个方面就是再现他平素所仰慕的江南风致之美。上文提到，平地造园的圆明园由于缺乏天然山水基础的先天性的局限，不可能完全满足弘历的这个愿望，而瓮山和西湖本身以及二者北山南湖的位置关系却能够在最起码的程度上提供天然山水的基础，弘历早已属意于此。这就是继圆明园之后又在此修建新园的真正原因。

自从畅春和圆明诸园建成以后，大量的园林用水使得西北郊水量消耗与日俱增。当时园林用水的来源除流量较小的万泉庄水系外，主要依靠玉泉山汇经西湖之水。而后者正是沟通大运河的通惠河的上源。如果上源被大量截流而去，则势必影响漕运。为了彻底解决这个问题，于乾隆十四年（1749）冬开始进行西北郊历来规模最大的一次水系整理工程。首先疏浚西湖，将湖面向北向东拓展直抵瓮山之麓，并在湖东岸筑大堤以提高水位。湖面的水位经常保持在离岸三尺（约93.3厘米）为度。若超过此水位则利用西北面的青龙桥闸门宣泄。另在东堤设闸泄水外出，增加堤外农田灌溉和园林供水。经过这一番整治，西湖已成为当时规模可观的蓄水库。不仅拦蓄玉泉山之水，香山一带的许多大小泉流也都利用石渡槽全部导引入于湖中。湖的面积扩大了，弘历仿效汉武帝在长安昆明池训练水军的故事命健锐营兵弁定期于湖内举行水操，并改湖名为"昆明湖"。这项工程是西北郊的第四次水系整理工程，比较圆满地解决了园林供水、漕运接

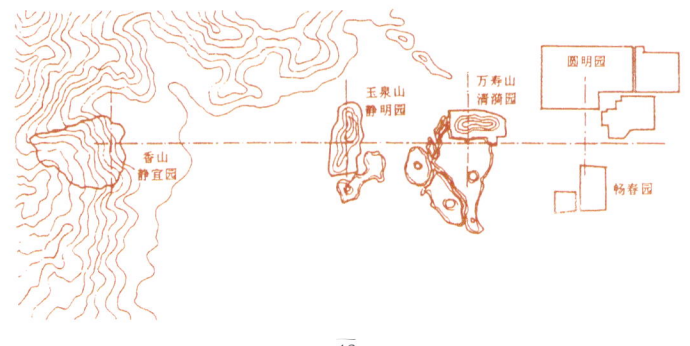

13
"三山五园"的环境整体示意图

济和农田灌溉问题，同时也完成了建设清漪园的用地整理。

在开始这项水利工程的同一年，弘历为了庆祝他母亲皇太后钮祜禄氏的六十寿辰，在瓮山圆静寺的旧址上，修建了一座规模壮丽的佛寺——大报恩延寿寺，为此而改瓮山之名为"万寿山"。

也就在同一年，弘历任命专人负责清漪园的修建工程，于开拓西湖的同时进行建园基地的整理，于修建大报恩延寿寺的同时开始了园林建筑的规划。所以，清漪园的修建并不像弘历所说："盖湖之成以治水，山之名以临湖。既具湖山之胜概，能无亭台之点缀乎？"而是有计划地进行着。甚至在事后弘历也不得不承认："今日清漪园非重建乎？非食言乎？以临湖而易山名，以近水而创园囿。虽云治水，谁其信之？"[1]

---

1　弘历:《清漪园记》。

清漪园是一座在天然山水的基础上经过大量人为加工的山水园，总面积二百九十公顷，其中水面约占四分之三。它的特点：以天然山水直接表现江南风致之美，以天然山水结合建筑的点染来创作宏伟的园林景观。这正是圆明园难于做到的。所以，清漪园的建筑规模不及圆明园，其性质不过是后者的附园。弘历并不在此居住，仅"过辰而往，逮午而返，未尝度宵"[1]，但却给予它很高的评价，写下了"何处燕山最畅情，无双风月属昆明"的赞语。

清漪园建成后，西北郊的皇家园林形成了以圆明园为中心的"三山五园"之盛。所谓"三山五园"即万寿山清漪园、玉泉山静明园、香山静宜园、圆明园、畅春园[2]，这是一个庞大的园林集群。清漪园的总体规划不局限在园林本身，它着眼于西北郊全局，以"三山五园"为主体的大环境来做出通盘的考虑。

首先考虑的是与西邻静明园的关系。昆明湖往西开凿外湖，稍后又在静明园的东南接拓高水湖于养水湖；前者沿湖不设宫墙，后者亦不再纳入静明园宫墙之内。虽然一反皇家园林的惯例，造成安全保卫上的困难，但这两处彼此接近的水面却得以不被墙垣分隔；再加上田畴的穿插，园林建筑的点缀，村舍的星罗棋布，构成一个完整的风景小区，从而

---

1 弘历：《清漪园记》。
2 "三山五园"的另一种说法是：三山——万寿山、玉泉山、香山；五园——圆明园、长春园、绮春园、熙春园、春熙院。

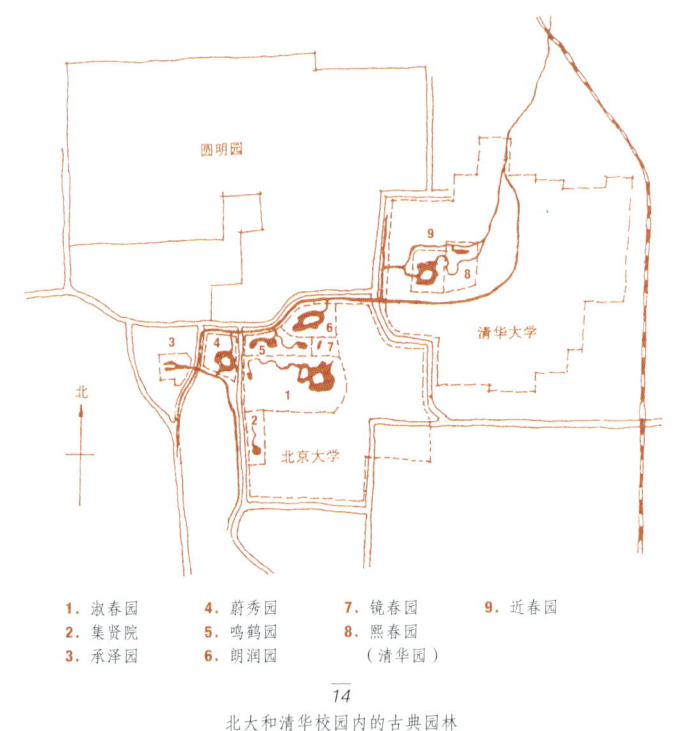

1. 淑春园　　4. 蔚秀园　　7. 镜春园　　9. 近春园
2. 集贤院　　5. 鸣鹤园　　8. 熙春园
3. 承泽园　　6. 朗润园　　（清华园）

14
北大和清华校园内的古典园林

加强了万寿山与玉泉山在景观上的整体感和一定程度的连属关系。清漪园的景域也因此而大为开拓，超越园林的界限，与这个充满生活气息的外围环境浑然一体。

其次，把考虑的范围再扩展到"三山五园"的大环境整体。

乾隆初年的西北郊，西面以香山静宜园为中心，形成小西山东麓的风景小区；东面为万泉庄水系流域内的圆明、畅春以及诸赐园；瓮山、西湖、玉泉山鼎足而三则居于当中的腹心部位。清漪园建成，昆明湖开拓之后，构成了万寿山和里湖的南北中轴线。静宜园的宫廷区、玉泉山主峰、清漪园的宫廷区，此三者又构成一条东西向的中轴线，再往东延伸交会于圆明园与畅春园之间的南北轴线的中心点。这个轴线系统更把"三山五园"串缀成为有机整体的园林集群。在这个集群中，清漪园所处的枢纽地位十分明显，万寿山濒临昆明湖而突出水取其近的优势，沿湖不设宫墙则又能以东、南、西三面的平畴、村舍、园林作为景观的延展；西面屏列着玉泉山，它与万寿山—昆明湖里湖中轴线之间的距离，相当于后者与圆明园—畅春园中轴线之间的距离，再往西大约一倍的距离便是西山的层峦叠翠，山取其远而形成两个层次的景深。这样的布局形势超越于园林的界域，显示了西北郊整体的环境美，同时也为"三山五园"之间的互相借景、彼此成景，创造了良好的条件。而最晚建成的清漪园，对这个庞大园林集群及其环境全局的形成，实起着关键性的作用。所以说，一园建成，全局皆活。

乾、嘉时期，在圆明园附近又陆续兴建许多皇室与官僚的赐园，绝大多数由万泉庄水系连缀。其中，淑春园、春熙院、蔚秀园、鸣鹤园、朗润园、镜春园、集贤院于20世纪20年代由燕京大学购得，建成为校园的主体。新中国成立后燕京大学与北京大学合并，成为北大校园的一部分。熙春园与近春园则是早期清华大学校园的主体部分，至今仍然是该校校园的核心。可以这样说，北大、清华这两所著名高

1. 东大门　3. 石舫　5. 南门
2. 文水陂　4. 慈济寺　6. 西门

15
淑春园平面示意图

等学府的校园，是在许多古典园林的基础上开发、拓展而建成的。这种情况造成两个校园的独特风格，也反映了当年赐园的密集程度。此外，海淀镇和华家屯也有一些宅园兴建。

淑春园在畅春园的东面，与畅春园只隔着一条大路，万泉河之水经畅春园流入园内。园初名"春熙院"，是圆明园的附园之一，乾隆年间为大学士和珅的赐园。嘉庆七年（1802）和珅获罪，淑春园被内务府籍没；之后，划出东北面的一部分赐给庄静公主居住，名"镜春园"；再划出西北面的一部分赐给皇五子绵愉，名"鸣鹤园"。道光年间，淑春园归睿亲王仁寿所有，又称"睿王花园"或"墨尔根园"。园林的中部有一个宽阔的大湖，即今北京大学的未名湖，湖中大岛的东端尚保留着当年和珅建置的石舫。和珅获罪，这个石舫也成了他的罪状之一。大湖的湖岸曲折有致，周围溪流

| 1. 南门 | 4. 戏台 | 7. 亭 |
| --- | --- | --- |
| 2. 万泉河 | 5. 南湖 | 8. 金鱼池 |
| 3. 正房 | 6. 小花园 | 9. 紫琳浸月 |

16
蔚秀园平面示意图

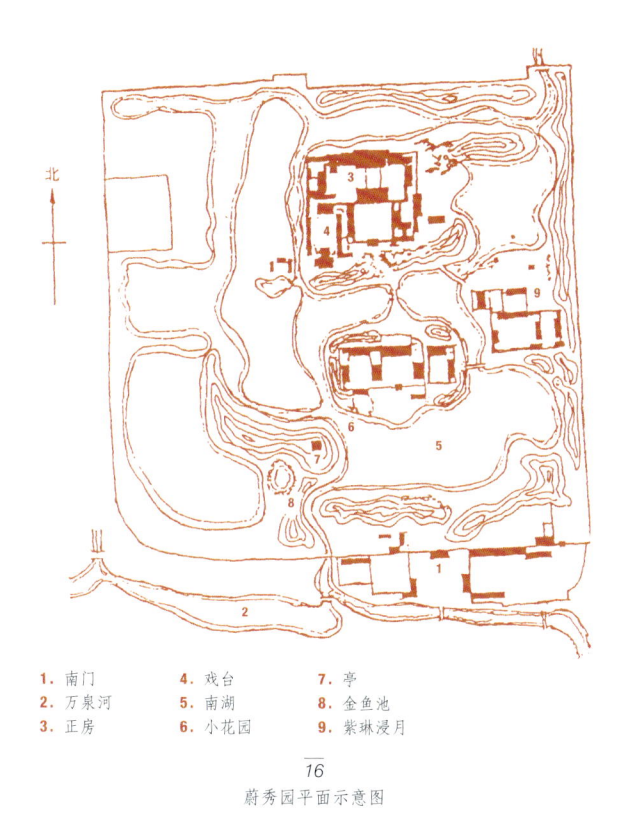

萦回，穿插着若干小湖泊，再以堆叠的假山丘阜连绵障隔。几组建筑群疏朗地分布在山水之间，形成了多层次、以水景取胜的幽邃曲折的园林境界。

蔚秀园在畅春园之北，园林用水亦从万泉河引入。该园的前身为康熙时的含芳园，道光年间赐定郡王载铨，改名"蔚秀园"，咸丰年间赐醇郡王奕譞，后遭英法联军焚掠，破坏严重。光绪时奕譞重加修葺，以水景为主。园中开拓大小湖泊十个，主要建筑物分布在正中的两个大岛上，呈灵活的

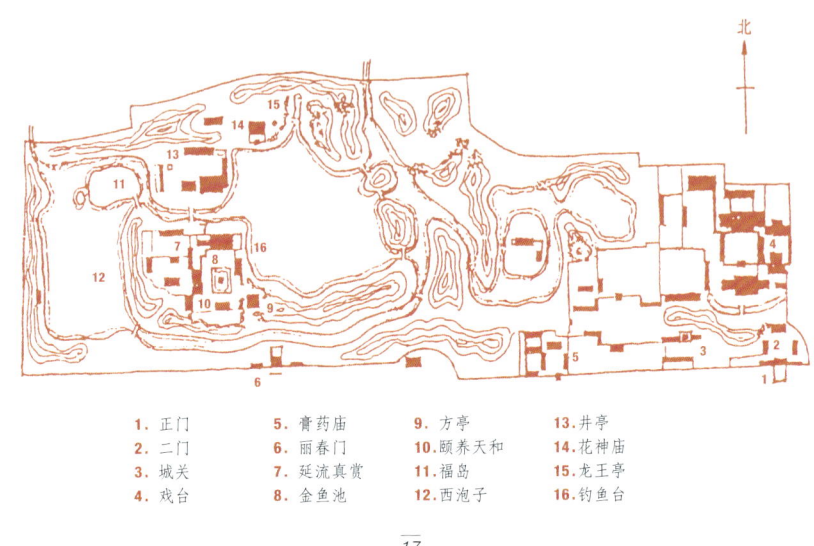

| | | | |
|---|---|---|---|
| 1. 正门 | 5. 膏药庙 | 9. 方亭 | 13. 井亭 |
| 2. 二门 | 6. 丽春门 | 10. 颐养天和 | 14. 花神庙 |
| 3. 城关 | 7. 延流真赏 | 11. 福岛 | 15. 龙王亭 |
| 4. 戏台 | 8. 金鱼池 | 12. 西泡子 | 16. 钓鱼台 |

17
鸣鹤园平面示意图

院落布局；此外还有"玉壶冰""招鹤磴""紫琳浸月"等景点。如今，园北部和西部湖面已被填平，东北角的出水口亦不复见。剩下的三个湖面，因多年淤塞几成死水潭，园景已远非当年面貌了。

  鸣鹤园在淑春园之北，紧邻万泉河南岸而引入河水。原为淑春园的一部分，赐给绵愉，以后仍归绵愉后人所有。园呈狭长形平面，主要的起居、会客的建筑物集中在东部，相当于住宅部分。西半部有一组庞大的园林建筑群，它的东、西两侧濒临大湖，湖中点缀大小岛屿，湖岸环绕着起伏的丘阜。山水面貌富于变化之趣，风格与东部迥然不同。园林建筑群以一个方形的金鱼池为中心，由厅堂、游廊、城

| 1. 正门 | 3. 中所 | 5. 寿和别墅 | 7. 益思堂 |
| 2. 东所 | 4. 西所 | 6. 恩辉余庆 | 8. 后门 |

18
朗润园平面示意图

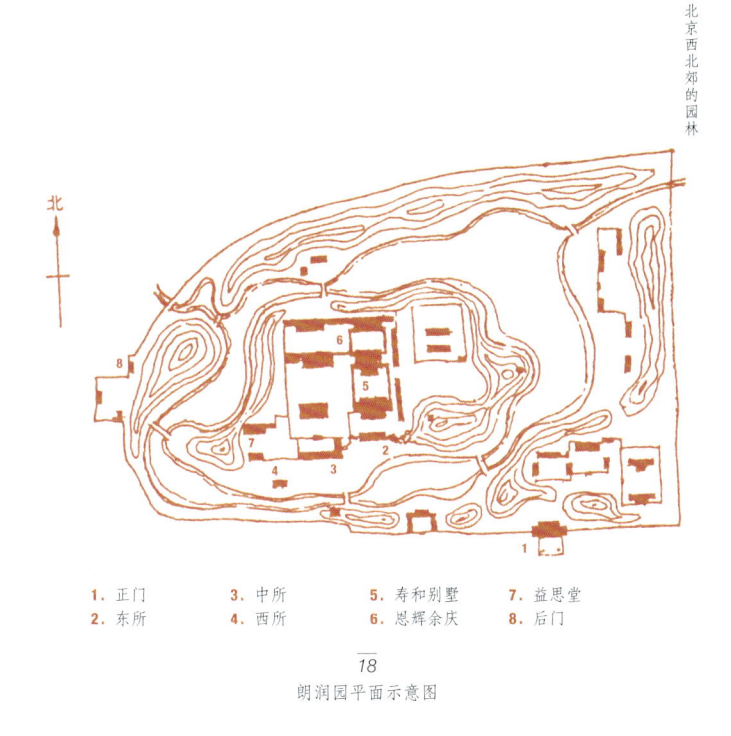

关、假山组成封闭的庭院空间。庭院东面为连绵的土山，有叠落廊可登临山上的小亭——翼然亭，俯瞰湖面之景。此园清末由徐世昌租用，将园内建筑悉数拆除，木料运走另作他用，但山水格局至今仍存。

朗润园在鸣鹤园之东北，万泉河南岸。鸣鹤园初名"春和园"，嘉庆年间为庆亲王永璘的赐园；咸丰年间，转赐恭亲王奕䜣，更名"朗润园"；光绪年间，奕䜣病故，此园缴内务府；宣统年间又赐予贝勒载涛。全园以一个大岛为中心，岛四周的水面，大小收放不一。园门位于东南隅，入门后穿过山间小道，渡平桥，迎面耸立一峰湖石，湖石后面为紧逼湖面的陡峭土山。大岛上的建筑群呈前后两个院落，东

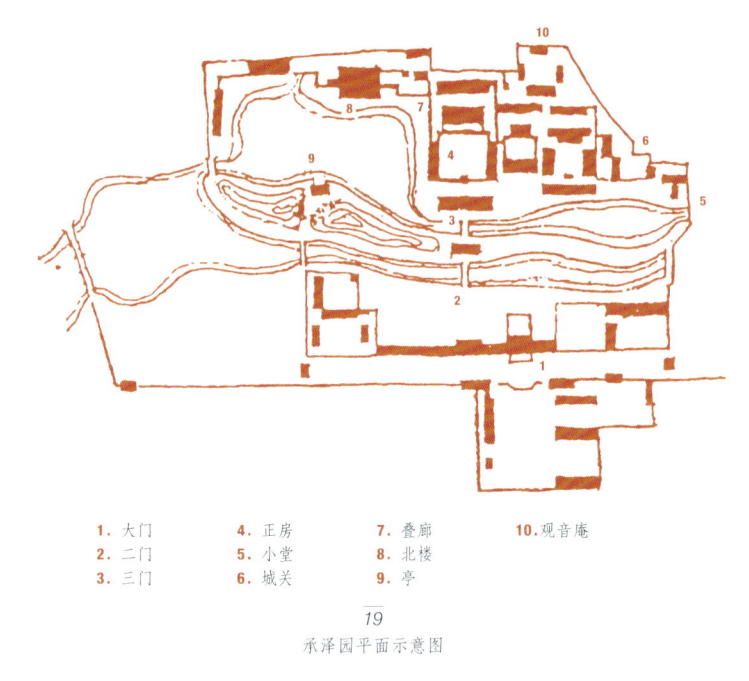

1. 大门　4. 正房　7. 叠廊　10. 观音庵
2. 二门　5. 小堂　8. 北楼
3. 三门　6. 城关　9. 亭

承泽园平面示意图

面由游廊围合。廊子的外侧为白粉墙垣，点缀各式洞窗。这是园主人当年居住的地方，至今大体上保存完好。

承泽园在蔚秀园之西。雍正年间始建，赐果亲王允礼。道光年间赐寿恩公主，公主殁后收归内务府，光绪年间赐庆亲王奕劻，新中国成立后归北京大学所有。它的位置正好在昆明湖二龙闸出水口与万泉河的汇合处，水源充足，形成两条河道由西向东纵贯全园的有利条件，因而园林的水景十分丰富。主要建筑物位居东北部，与园西部的山水景观恰成对比。如今，园中的山石池沼及建筑大体保存完好。

集贤院在淑春园之南，即明代勺园之旧址。康熙时为郑亲王的赐园，名"洪雅园"。嘉庆初年改名"集贤院"，用

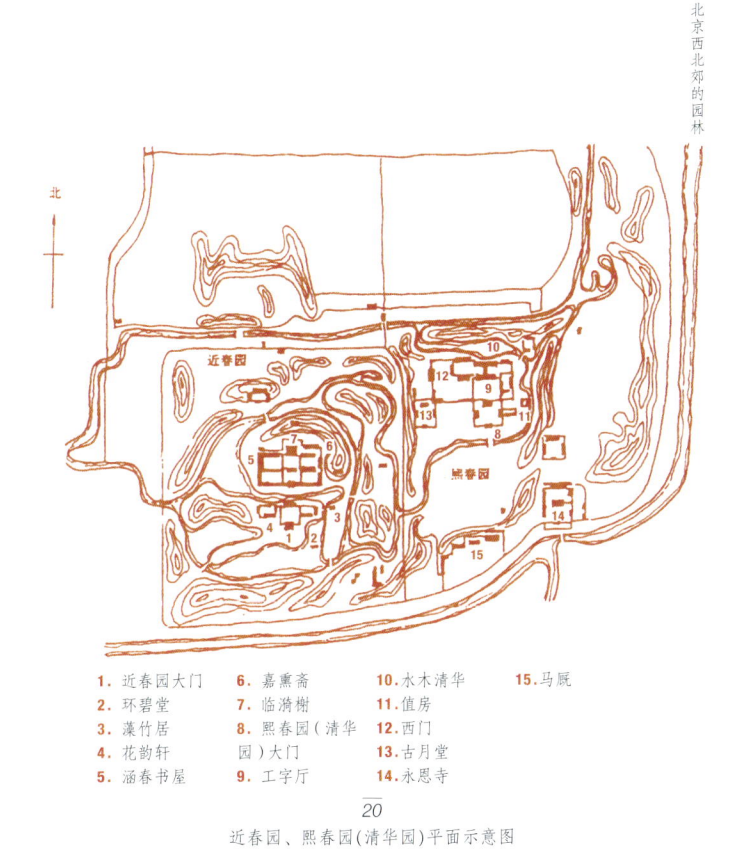

1. 近春园大门　6. 嘉熏斋　　　10. 水木清华　15. 马厩
2. 环碧堂　　　7. 临漪榭　　　11. 值房
3. 藻竹居　　　8. 熙春园(清华　12. 西门
4. 花韵轩　　　　　园)大门　　13. 古月堂
5. 涵春书屋　　9. 工字厅　　　14. 永思寺

近春园、熙春园(清华园)平面示意图

作大臣入值圆明园的休息处和皇家宾馆。英法联军进犯北京时，英方谈判代表巴夏礼曾被囚禁于此。

万泉河沿着蔚秀园、鸣鹤园、朗润园的园墙之外流过，这些园林不仅没有减少它东流的水势，而且还以各园的泉水不断涌出补充它的水量。万泉河至此，有部分水量流入御苑绮春园中，主流则紧贴着绮春园和长春园的园墙，向东转北流去。它的另一支流则继续东流入熙春园。

熙春园在长春园的东南面，始建于康熙年间，主要建筑物集中在园之西南部。嘉庆年间，在东北部增建了以工字

21
水木清华
（饶莎莎拍摄）

厅为主体的建筑群。乾、嘉两朝，熙春园为皇家园林圆明园的附园。道光年间将该园分为东、西二园。西园命名为"近春园"，赐皇四子奕詝（即后来的咸丰皇帝）。东园仍沿用"熙春园"旧名，赐惇亲王绵恺，绵恺无子，由皇五子奕誴承袭，咸丰年间改名为"清华园"。清华园的旧址包括现在的清华大学礼堂至"水木清华"一带的大片地区，园林建筑至今尚大半完整保存。除工字厅外，还有大宫门，二宫门，东、西朝房，怡春院，古月堂以及群房等，现为清华大学校部所在地。工字厅的平面呈"工"字形，是园内的主要殿堂，其后濒临一个狭长形的水池，康熙题名曰"水木清华"。这里池水清澈，对岸土山上林木葱郁，环境十分幽静。

同光年间礼部侍郎殷兆镛所书的一副对联描写其景观之美——

22
荷塘月色
（饶莎莎拍摄）

槛外山光　历春夏秋冬　万千变化　都非凡境
窗中云影　任东西南北　去来澹荡　洵是仙居

　　近春园即原熙春园的西半部。园内大部分为湖、河萦回，以水景取胜。建筑物主要分布在两个大岛上（见图20）。同治年间，为重修圆明园而将这里的建筑拆运一空。如今，园内仅剩下一个荷塘和一个荒岛，其余水面改建为游泳池或被填平。但荷塘荒岛的景色仍然十分宜人，朱自清先生的著名散文《荷塘月色》所描写的就是此地之景。

　　礼王园在海淀镇苏州街西侧，为礼亲王代善后裔的宅园，建置年代已不可考。海淀一带的园林一般都选择在易得水的地方，以水景为主调。唯独礼王园地势较高，取水不易，这就说明建园时已找不到理想的基址。据此推断，礼王

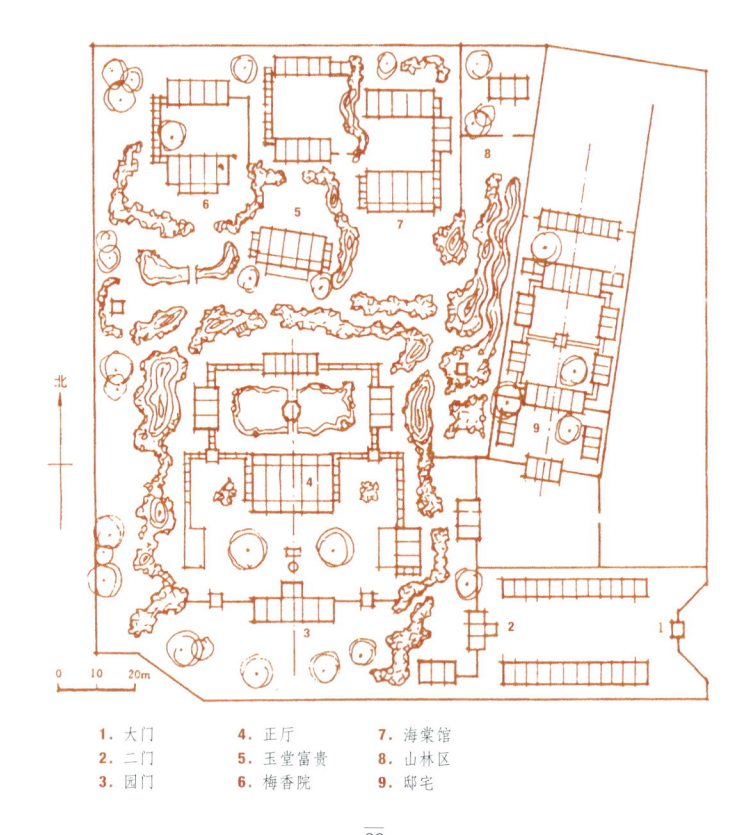

1. 大门　　4. 正厅　　7. 海棠馆
2. 二门　　5. 玉堂富贵　8. 山林区
3. 园门　　6. 梅香院　9. 邸宅

23
礼王园平面示意图

园的兴建时间较晚，当在嘉、道以后。园、宅的规模宏大，由东、中、西三部分组成，大门设在东南角上，面临苏州街。东部为邸宅区，现仅存四进院落的建筑群。中部为山林区，以一组大假山为主体，由青石堆叠的石山与土石山相结合，蹬道蜿蜒曲折破山腹而出，显示山体的脉络分明。西部为园林，即宅园。园林的主体部分靠南，园门以北为游廊围合的两进院落，呈对称的布局，第一进正厅，第二进水池。这是清代王府花园的典型做法，与内城的恭王府花园颇有类似之处。靠北为四个大小不同、形式各异的院落：西北的梅香院当年遍植蜡梅花；当中的"玉堂富贵"种植玉兰树，至今犹花繁叶茂；东北的海棠馆前、后庭院中种植西府海棠数十本，每届花期粉蕊满园。园内仅有两处小水池，其余的绝大部分地段均为假山、花木和建筑构成的旱园。假山在园林的造景和空间分隔上发挥了很大的作用，它们或与道路相结合，或穿插于建筑之间，形成一个仿佛是发源于山林区的完整的山系，分布于全园之内，再加上茂密的树木，颇有几分天然野趣。然而，由于建筑密度较大，该园终于脱不开园林成熟后期的人工意味过重的缺陷，辛亥革命后，为同仁堂乐家购得，故又称"乐家花园"。现为北京八一中学校园。

以上列举的，大体上就是北京西北郊私园的较为著名者。它们绝大多数都是别墅园林，宅与园合而为一，而且都是以水取胜，因水成趣的水景园。清末同、光年间，许多官僚、文人陆续在六郎庄、香山、寿安山一带兴建别墅园。除皇室的赐园之外，西北郊民间私园的建设又呈现活跃局面。

此外，还应该提到另一个有名的园林，就是《红楼梦》作者曹雪芹笔下的大观园。《红楼梦》成书于乾隆年间。大观园是虚构的，但在形制上却与西北郊的皇家园林有颇多类似之处。园林规划以水面为主体，书中多处着重描写水景，如李纨题诗"秀水明山抱复回，风流文采胜蓬莱"，元春题诗"衔山抱水建来精"，等等。潇湘馆、稻香村、蘅芜院等都是自成一体独具特色的小园，是园中之园。而大观园内的重点建筑群省亲别墅"崇阁巍峨，层楼高起，面面琳宫合抱，迢迢复道萦纡，青松拂檐，玉栏绕砌，金辉兽面，彩焕螭头"，则更非一般私家园林中所能见到的。至于园内建筑、装修、陈设多有江南风格，绿化种植亦多南方品种，如竹子、桂花、芭蕉等，这与曹雪芹幼年时期随祖父在江南度过和书中主人公贾府原籍金陵有关，但也是以艺术夸张的手法反映了当时北方皇家园林摹仿江南的风尚。

沿西直门到清漪园的长河水路开发成为皇家专用的水上游览路线，沿河也有许多园林建置。高梁桥北面的倚虹堂是皇帝易辇换船的地方。西二里许为乐善园，是在康亲王赐园的废址上于乾隆十二年（1747）重加修葺而成的一座小园林。再西为万寿寺，寺建于明万历五年（1577），乾隆十六年（1751）重修并扩大其园林部分。寺之东为广源闸，西为苏州街，这是摹仿江南河街的一组临河建筑。

乾、嘉时期，西北郊广大地域内极目所见皆为馆阁连属绿树掩映的名园胜苑，成为历史上空前规模的宏大的园林区。这时候正是我国封建社会最后的盛世局面。表面的繁荣掩盖着深刻的阶级矛盾和四伏的危机。西方的殖民主义势力行将打破这个古老的封建锁国的门户。"三山五园"标志着我国封建社会园林和建筑发展的一个高峰，同时也是它的终结。自此以后，再没有出现过这样规模和气魄的营建活动。而园林艺术和建筑艺术本身随着社会性质的改变也逐渐进入一个没落和混乱的时期。

道光朝，我国封建社会已经由盛而衰。皇室再没有财力营建新园了。畅春园逐渐圮废，皇太后移居绮春园，改名"万春园"。为了节省开支而撤去清漪、静宜、静明三园的陈设，但作为皇帝离宫的圆明园每年仍花十多万两白银进行维修和翻造以充实园内景物。这时候，英国殖民主义势力通过鸦片战争侵入我国。道光二十二年（1842）签订《南京条约》，我国开始沦为半封建半殖民地社会。

清文宗奕詝继位后，爆发了太平天国革命。

咸丰三年（1853），太平军建都天京，进行西征和北伐，前锋一度进逼天津。清王朝的统治已处在风雨飘摇之中，但奕詝仍在圆明园内过着荒淫无度的生活。

咸丰六年（1856），英国侵略军进攻广州，挑起第二次鸦片战争。

咸丰八年（1858），清政府被迫签订《天津条约》。

咸丰十年（1860），英法两国借口赴北京换约以军舰进攻大沽口炮台，被大沽口守军击退。

事后，这两个殖民主义国家又纠集两万多兵力卷土重来。乘清政府遵照《天津条约》撤防北塘之机，攻陷大沽口，沿白河长驱直入，占领通州。奕詝仓皇逃往承德避暑山庄。

这年十月，英法侵略军自通州直趋北京西北郊，占领海淀和圆明园，大肆抢掠园中之珍宝字画古玩陈设。

十月十七日到十九日，侵略者纵火焚烧圆明园、万寿山、香山、玉泉山、畅春园等处和海淀镇。大火延烧数日不绝，一代名园胜苑，遂于数日之间付之一炬。

十月二十五日，恭亲王奕䜣出面，签订《北京条约》。

咸丰十一年（1861）七月，奕詝病死在承德避暑山庄，两宫太后垂帘听政，从此开始了我国近代史上最黑暗的时期，广大人民在封建主义和帝国主义双重的残酷压迫下，深陷于水深火热之中了。

西北郊的皇家园林经过侵略军的焚烧破坏，由于园林范围太大，并没有完全夷为平地。园林的管理机构也仍然存在，各园都有宫监看守。同治十二年（1873），清穆宗载淳亲政，是年八月以奉养两宫太后为借口，下令修复圆明园。但工程开始不久，由于国库空虚，统治阶级内部意见纷歧，不得不于次年停工。至于其他几处园林就更没有力量去修复了。

同治十三年（1874），载淳病死，清德宗载湉继位，两宫太后再次垂帘听政。光绪七年（1881）东太后钮祜禄氏病死，西太后叶赫那拉氏独揽朝政。光绪十四年（1888），载湉发布上谕重修清漪园，改名"颐和园"，作为西太后颐养的地方。这时国内民不聊生，清政府的经济已濒临枯绝。修建颐和园的费用主要是挪用海军造舰经费，甚至工程也直接由海军衙门出面包给营造商，直到光绪二十年（1894）才大体竣工。

颐和园完全按照清漪园的规划布局，基本上是修复旧园，但也有不少新建和改动：前山前湖景区的建筑物全部重修，后山景区则仅保留遗址。重建后的颐和园已是离宫型皇家园林，前朝部分加建了朝房、值房等，并以乐寿堂、宜芸馆、玉澜堂作为后寝；增加茶膳房等后勤供应建筑，以及大量的嫔妃宫监住所和德和园大戏台。因此，前山的建筑密度比清漪园大一些。沿着前湖加建围墙，将西面的"耕织图"遗址划出园外，故颐和园的面积要比清漪园略小。光绪二十六年（1900），正当反对帝国主义的义和团运动发展得如火如荼的时候，八个帝国主义国家组织的联军向中国发动进攻，直逼北京城下，西太后仓皇逃往西安。八月间，首先是沙俄，继而是英国和意大利侵略军，进入颐和园，盘踞达一年之久，抢掠了大量珍贵财物。建筑物虽然没有被焚毁，但也受到严重的糟蹋。光绪二十七年（1901）签订了《辛丑条约》。次年，西太后回到北京，动用巨款将残破的颐和园再一次进行了修复。在腐朽透顶的封建王朝即将崩溃的前夕，她在这里还过着穷奢极侈的生活。辛亥革命后，颐和园根据《清室优待条件》作为溥仪的私产。1914年售票开放。玉泉山静明园内建筑物大部分被毁，光绪年间曾部分地加以修复，西太后居住颐和园期间经常乘船到静明园游览；辛亥革命后作为公园向群众开放，又修复了一些建筑物，湖光山色大体上完整如初，仍不失为一座保持着原有特色的行宫御苑。香山静宜园经过咸丰年间和光绪年间帝国主义侵略军的两度焚掠破坏，建筑大部被毁，一直处于半荒废的状态；辛亥革命后直到新中国成立前的几十年间，园内树木被人盗伐，官僚、富商、外国人占用名胜古迹修建私人别墅，开设饭店、旅馆、学校、慈幼院、工场等，把这一代名园胜苑搞得面目全非。

其他皇家园林则一直处于荒废状态。义和团运动以后，由于管理不严，这些园林残留下来的建筑常有被拆卸盗卖的，特别是圆明园，官僚、帝国主义分子以及流氓恶霸大量地偷盗拆卸建筑遗迹作为材料变卖。如此年复一年，遗迹逐渐泯灭。到宣统末年，园内已是"麦陇相望，如行田野中"[1]了。

辛亥革命推翻清王朝，建立民国，北京经历了北洋军阀、敌伪和国民党的统治，西北郊的少数几处劫后残存的皇家园林作为公园开放，众多的赐园有的变成前清贵族的私产，有的归于军阀官僚，有的被拆卸出卖，有的完全圮废，近春园和熙春园（清华园）改建为清华学堂（清华大学前身），蔚秀园等七座园林由燕京大学购得改建为校园。西北郊的园林历尽沧桑，已失去了昔日的辉煌。

1949年新中国成立，建都北京，随即开展城区及近郊区的规划建设。西北郊由于历史的原因自然成为建设的重点之一，相应地，城市化的倾向亦日愈显著。那里开辟了畅通的公路网和公共交通，建成京密引水渠，对西北郊水系展开

---

1　　程演生：《圆明园考》。

了第五次整理工程。颐和园已成为享誉海内外的名园胜苑，香山静宜园、碧云寺、卧佛寺等亦经修整开放为公共园林，接待国内外的大量游客。另外还建成大型植物园，供公众游览的同时，也进行科普教育。圆明园遗址得到妥善保护，部分开放为遗址公园和爱国主义教育基地。西北郊已略具旅游观光区的雏形。20世纪50年代初，经过院系调整，北京大学合并燕京大学，北大、清华的校园均大为拓展，又与新建的科学院共同形成文教区。80年代改革开放以来，现代化、城市化的步伐加快，中关村出现电子一条街，高科技企业如雨后春笋。90年代成立北京市新技术产业区，随后又在此基础上拓展成为中关村科技园区——中国的硅谷。长河水道的修整和全线通航，沿河的大片绿化工程的启动，预示西北郊园林建设跃上新台阶。

当前，北京作为现代化的特大型城市，市民的生活转入小康，对环境的要求更高了。园林绿化是城市环境的不可或缺的组成部分，必然也会成为城市可持续发展方略的至关重要的内涵之一。北京作为千年的历史文化名城，积淀着极其深厚的园林文化遗产，必然存在传统与现代化如何融糅结合，从而把两者间的矛盾转化为创新的动力的问题。北京作为一个国际性的大城市，在园林建设的现代化的道路上如何缩短与发达国家、地区的差距，如何加速与国际接轨，当然也是刻不容缓的课题。面临诸如此类的情况，北京的城市园林建设势必在已经取得的成就的基础上再跃上一层台阶进入更高的境界，其主要的标志之一便是全市范围内的园林应该形成系统，从总体到局部呈现为完整的系统性。国务院批准的《北京城市总体规划（1991 — 2010）》中确定的二十年内市区绿化所要达到的目标，其中的一些战略性措施即体现了一定程度的系统性，例如河道两岸的绿化带，市区外缘的森林环带，市中心地区与十个边缘集团之间的公园绿化带，六海绿地系统，由南护城河和北护城河分别串联的绿地系统，等等。在这个将来形成的园林系统中，必然包含着若干重要的环节，表现为子系统的形态。西北郊园林便是重要的环节之一。

为了确保西北郊园林在日后首都园林系统中的重要环节的地位，也为了创设其能健康运作的条件，笔者认为有一些事情应该提到议事日程上，并尽快加以论证实施。

一、制止城市化的蔓延。近十年来，北京的城市建设发展很快，城市用地规模需求量愈来愈大，以至于北京城市总体规划既定的分散集团式的城市建设布局不断受到冲击、绿化隔离地带不断被蚕食的情况愈演愈烈。西北郊这一方净土宝地，情况更为严重。新中国成立初期，出西直门外放眼四望，尽是原野，散布着星星点点的村落镇集，很少有高大的建筑物。圆明园、颐和园的四面都是田野，周边建筑比较疏朗、低矮，保持着远离城市喧嚣的宁静气氛。20世纪50年代末城市化向西发展，已经达到海淀台地的西缘并沿着颐和园北面的公路向西北郊纵深发展。圆明园南墙外，颐和园北墙外已经被城市建筑所包围，较严重地影响这两座园林的景观质量。但颐和园的东、南、西三面仍然保持着水田原野，虽有少量新建筑出现亦无伤大体。到了90年代末，颐和园的北、东、南周边几乎绝大部分被城市建筑所包围，个别的甚至紧贴宫墙，只剩下少许绿地和田野。另外，城市化带来的噪声污染和交通混乱也使得园林周边的环境质量恶化，甚至影响及于园林本身。

当务之急，要尽快制止城市建筑对西北郊边缘和纵深的侵蚀。根据北京城市总体规划所界定的中心集团和东北旺集团的边界，结合目前的实际情况画出红线；红线以西，冻结大型建设项目。慎重审批用地，尤其是大片的房地产开发。

二、重现"三山五园"的集群形象。"三山五园"是清代皇家园林中的杰出作品，在园林规划、建筑营造、植物配置、筑山理水方面都达到很高的水平，是我国后期宫廷造园艺术和技术之集大成者。它们的造园特色不同，选址各异，但却能通过彼此之间的轴线网络关系而形成一个园林集群，对昔日的西北郊皇家园林特区起到了控制的作用。如今，颐和园、静宜园作为公园向公众开放，前者已被联合国教科文组织列入《世界遗产名录》。圆明园业经公众评议和专家学者多次论证，意见倾向于保留遗址，仅做极少量的局部修复。最近，相关部门已做出遗址公园的规划方案，想来圆明园的全部开放当为期不远。畅春园已夷为平地，遗址的一部分被新建筑占用，但在今西颐公路西侧，北大西校门的斜对面尚保留畅春园的两幢建筑物：恩佑寺山门和恩慕寺山门。如果把它们周围的建筑物稍做拆迁，环境稍做整理，开辟成一处小游园，则可借助于这一点残留的痕迹将畅春园作为"三山五园"建设起始点的信息，形象地传达给公众。玉泉山静明园居于西北郊的核心，其区位十分重要。玉泉山以泉水取胜，山顶的玉峰塔既是西北郊的标志性建筑物，也是俯瞰西北郊全景的最佳场所。民国和敌伪时期均曾一度作为公园开放过，新中国成立后一直由政府部门占用，至今仍为禁地。从西北郊当前和今后的发展形势看来，重新开放恐怕势在必行。静明园开放，不仅增加一处重要的游览点，还能够重新构成网络而重现"三山五园"的集群形象。如果疏通玉泉山与颐和园之间的玉河河道，则可密切静明、颐和二园的关系，开辟其间的风景小区，还能够比长河水道一直连通到玉泉山，恢复乾隆时的全部水上游览路线。

三、认真保护名胜古迹、文物建筑。北京城郊各区，以西北郊的文化积淀最为深厚，因而保留着的名胜古迹、文物建筑也最多，它们都是导致北京成为历史文化名城的一部分重要因素。其中，"三山五园"当然位居首席。完好和大体完好的赐园、宅园如清华、北大校园内保存着的几座以及八一中学内的礼王园等。著名的寺观散布在山地的有碧云寺、卧佛寺、大觉寺等，散布在平原的有万寿寺、法华寺、石佛寺等。几处陵墓如明景帝陵、李大钊墓、梁启超墓以及若干古塔、古桥梁。特殊的军事建筑如团城演武厅、健锐营的训练基地。此外，香山一带的民居、村落具备浓郁的山地乡土建筑气息，有的尚保留着八旗营房的形制，个别的则为名人故居。海淀镇和成府街早先有不少高质量的四合院住宅建筑，如今由于城市化和修筑道路，已是十不存一，则更属弥足珍贵了。所有这些，都具有不同级别的文物价值，都是构成西北郊人文景观的基本要素，也是珍贵的旅游资源。因此，有必要仿照城区的二十五片"历史文化保护区"的做法，划定若干片并编制保护规划方案。

四、保护并培育山地、原野、田园风光。西北郊西缘的山地在早先文人笔下，乃是植被繁茂，郁郁葱葱，如今已出现不少秃痕，犹如颜面的伤疤。凡属这种地方，应尽快适地适树加以补植，维护山地风光。玉泉山以西的平原地带，则大面积植树造林，既培育平野景色，又收到生态效益。玉泉山以东的低平原上，早先尽是成片的水稻田，文人笔下"分明画里小江南"，美不胜收。以后稻田逐年减少，如今京密引水渠已不能满足稻田耕作的供水，势必会以旱作农业代替。尽管如此，考虑到西北郊的稻作文化的历史价值和观赏价值，也应保留一部分稻田作为历史文脉的承传，适应日后旅游业的发展。尤其在玉泉山与昆明湖之间的那一片，阡陌纵横，水光塔影掩映于绿树丛中，宛若北国江南的水乡田园风情画。当年乾隆修建清漪园，为了收纳这些画面，甚至沿昆明湖都不设宫墙。保留、培育的田园若与城市集团边缘的绿化隔离带结合起来，则又会产生别具一格的绿化效果。

就西北郊的整体看来，从东到西将依次形成田园、原野、山地的景观序列，再往西则融入西山的山岳自然环境之中了。

上述四方面的事情，乃是西北郊园林日后的振兴和再发展的必要的铺垫。西北郊园林在过去的繁荣，代表着以皇家园林为主体的古典园林的卓越成就。那么，它从没落转化为振兴和未来的发展，也必然会反映出传统园林文化经过现代化的洗礼之后所迸发的无限生机和强大的创造力。

原载清华大学建筑工程系编《建筑史论文集》1979年第二辑
2001年3月局部修改后载《城市大园林论文集》（北京出版社2002年版）

# 圆明园
## ——一座被毁灭了的名园胜苑

16世纪到19世纪，即明代到清代的几百年间，是中国古典园林的一个繁荣时期，在园林的艺术造诣和工程技术方面都已达到十分成熟的境地。山清水秀的长江下游，以苏州、扬州、杭州为中心的江南地区，是当时封建经济和文化发达的地区，私家园林也最为兴盛，造园名家辈出，在广泛的实践基础上不断总结并创作出许多理论性的专门著作。江南园林由于其精湛的造园技巧、工细雅致的艺术格调和浓郁的诗情画意而成为中国园林发展史上的一个高峰。北方则以皇家园林为造园活动的主流，从清康熙中叶直到乾隆年间而臻于极盛。北京、承德等地先后建成了许多规模宏大、内容丰富的行宫和御苑，它们的成就代表着中国后期园林发展史上的另一个高峰。

北京的西北郊，泉水充沛，湖泊罗布，有玉泉山、香山、西湖（昆明湖）诸名胜，远处的西山峰峦连绵如屏障，绿水青山，一派江南情调的美景。11世纪时，辽、金的统治者已在玉泉山、香山一带修建行宫作为避暑游憩之所。元代，西湖以东、海淀镇以北的低平原上，万泉庄的泉水向北宣泄汇聚成的一片池沼地区就以风景佳丽而成为京师近郊的游览胜地。骚人墨客多有诗文咏赞，给予它"丹棱沜"的雅称。明成祖朱棣迁都北京后，农民在这一带大量开辟水田，达官贵人也纷纷占地造园。到明末，丹棱沜附近已经是西北郊的私家园林荟萃之区了。其中名重一时的，有恬淡雅致的勺园和被誉为"京国第一名园"的清华园。

清代定都北京之初，来自关外的满族统治者很不习惯于北京的炎夏气候，曾有择地另建避暑宫城的拟议。当时南方尚在用兵，财力不足，还没有力量进行新的营建，待到康熙中叶，三藩叛乱平定，全国统一，明末以来大动乱之后出现一个比较安定的局面，经济有所发展，政府财力也较充裕。于是，康熙帝玄烨立即在风景优美、环境清静的北京西北郊着手经营皇家园林，先后建成香山行宫和玉泉山静明园，接着又利用明代清华园的废址兴建畅春园作为他"避喧听政"长期居住的地方。畅春园完工于康熙二十九年（1690），面积约八十公顷。它不同于一般的行宫园苑，在园林的前部建置一个包括外朝和内寝的宫廷区。外朝是皇帝上朝的地方，内寝是帝、后居住的地方；畅春园因此而成为清代的第一座兼有宫和苑的双重功能的皇家园林——离宫型皇家园林。

畅春园建成后，一年中的大部分时间玄烨均在此居住，处理朝政，附近又陆续建成许多皇室和官僚的赐园。雍正以后，皇帝园居相沿而成惯例。他们在每年新正郊礼完毕，就移居西北郊的园苑，到冬至才返回紫禁城。一年之中，园居时间约三分之二。正因为这种园居的风尚，所以清代西北郊的园苑之盛，远远超过元明时期。

康熙四十二年（1703），在热河上营承德兴建规模更大的第二座离宫御苑避暑山庄，康熙四十七年（1708）完工。

圆明园则是清代继畅春园和避暑山庄之后建成的第三座离宫御苑。

## 园林历史的简介

圆明园在畅春园的北面，早先是明代的一座私家园林。清初，北京西北郊的许多前明私园被收归内务府，再被分赐给皇室成员和贵族官僚，叫作"赐园"。圆明园就是康熙四十八年（1709）赐给皇四子胤禛的一座赐园。园内"林皋清淑，波淀渟泓"[1]，是以水面为主的水景园。康熙六十一年（1722），胤禛曾携皇孙弘历进谒玄烨于园内的牡丹台。此处后来改名"镂月开云"[2]，位于后湖的东南角上。当时西北郊

---

1 胤禛：《圆明园记》。
2 《日下旧闻考》卷八："（镂月开云）殿以香楠为材，覆二色瓦，焕若金碧……原名牡丹台，乾隆九年易今名。"

的赐园一般都尽量利用充沛的水源而以一个湖面为主体，湖周围环绕河道。按照皇家规制，赐园的大小绝不允许超过皇帝居住的畅春园。根据这些情况来判断，则康熙时的圆明园的具体范围，大致是在后湖和前湖及其四周面积约为四十公顷的略近方形的地段上。园门设在南面，与前、后湖恰好构成一条南北向的中轴线。

玄烨死后，皇四子胤禛即帝位改元雍正，以畅春园奉皇太后居住，雍正三年（1725），把他的赐园改为离宫型皇家园林，因而大加扩建，扩建的内容共有四部分。

第一部分，将中轴线往南延伸，在原赐园的南面"建设轩墀，分列朝署；俾侍直诸臣有视事之所。构殿于园之南，御以听政"[1]。这就是宫廷区的外朝部分。其后面的建筑群，则相当于宫廷区的内寝。

第二部分，原赐园的北、东、西三面往外拓展，利用原来多泉的沼泽地改造为河渠水网，构成许多水流萦回、岛堤穿插、堆山障隔、以小型水体为中心的局部园林空间。

第三部分，开凿福海及其周围的河道。

第四部分，沿北宫墙的一条狭长地带，从地形和理水的情况看来，后期添建的痕迹是显然的。

扩建后的圆明园，面积增加到将近二百公顷。园内详细的建置情况已无从考察，但据《日下旧闻考》的记载，乾

---

[1] 胤禛：《圆明园记》。

隆时期的"四十景"中有二十八景曾经胤禛题署过。这就是说，雍正时期的圆明园已经有二十八处重要的建筑群组——

| | | | |
|---|---|---|---|
| 正大光明 | 勤政亲贤 | 九洲（州）清晏 | 镂月开云 |
| 天然图画 | 碧桐书院 | 慈云普护 | 上下天光 |
| 杏花春馆 | 坦坦荡荡 | 万方安和 | 茹古涵今 |
| 长春仙馆 | 武陵春色 | 汇芳书院 | 日天琳宇 |
| 澹泊宁静 | 多稼如云 | 濂溪乐处 | 鱼跃鸢飞 |
| 西峰秀色 | 四宜书屋 | 平湖秋月 | 蓬岛瑶台 |
| 接秀山房 | 夹镜鸣琴 | 廓然大公 | 洞天深处 |

这些建筑群组分布在原赐园及上述四部分扩建地段之内。

圆明园的水源主要来自万泉庄之泉水。万泉庄在海淀镇西面，泉眼多而出水甚旺，往北导引经由畅春园过挂甲屯北流，从宫墙的西北闸口导入园内，再结合园内诸泉眼而构成一个水系，顺自然坡势自西而东流，再从宫墙的东北角的闸口流出园外，汇入清河。

为了加强圆明园的保卫，于扩建园的同时由京师的卫戍部队护军营八旗中分拨出圆明园八旗，每一旗有官兵三千余名。此后又从内务府分拨成立包衣三旗，有官兵一百余名。各旗驻地分别环绕在圆明园的四周，形成一个严密的拱卫系统，并设堆拨（哨所）百余处，日夜巡逻警戒。

乾隆朝是所谓"康乾盛世"的后期，也是中国封建社会的最后一个繁荣时期。乾隆帝弘历作为这个盛世的君王，平生附庸风雅，喜好游山玩水，自诩"山水之乐，不能忘于怀"[1]，对造园艺术也颇有一些见解。皇家重要的园林建设他都亲自过问，某些规划设计甚至直接参与其事。他的宫廷里有如意馆的画师可备园林设计的咨询，有雷氏家族主持的样式房作为设计机构，拥有皇家的富厚财力，集中全国的良工巧匠，以空前的规模修造园苑供一己享用。弘历曾先后六次到江南巡视，遍游江南的名园胜景。凡是他所中意的，均命随行的画师摹绘下来，作为北方建园的参考。在他一生经营的皇家园林中，对于再现江南风致和园林艺术之美始终是不遗余力，不惜工本。所以，这时候的北京西北郊园林，在康熙以来百余年间所积累的设计和施工的丰富经验的基础上得以更广泛地吸收江南造园技艺的精华，从而出现一个前所未有的鼎盛局面。

弘历援雍正的旧例，扩建畅春园奉皇太后居住，他自己仍以圆明园作为长期居住的离宫，对该园又进行第二次扩建。这次扩建并没有再拓展圆明园本身的地盘，而是在原来的范围内调整园林景观，增建若干建筑群组以丰富园景。其中比较重要的有十二处——

---

1 弘历:《圆明园记》。

曲院风荷　　坐石临流　　北远山村　　映水兰香

水木明瑟　　鸿慈永祐　　月地云居　　山高水长

澡身浴德　　别有洞天　　涵虚朗鉴　　方壶胜境

连同雍正时原有的二十八处共成"四十景"。

圆明园的扩建大约在乾隆九年（1744）告一段落。这一年弘历命供奉内廷的画师唐岱、沈源等绘成绢本设色的《圆明园全图》，合题跋共八十幅，汪由敦奉敕书。每幅绢心长二尺，阔二尺零四分，檀木夹板装为上、下二册。此图现藏法国巴黎博物馆。

圆明园的扩建工程告一段落后，又在它的东邻和东南邻另建附园长春园、绮春园、熙春园、春熙院。

长春园于乾隆十四年（1749）动工，两年后建成。此园因圆明园内弘历少年时曾住过的长春仙馆而得名，建园的目的并不完全如弘历所说"予有夙愿，若至乾隆六十年寿登八十五，彼时亦应归政。故邻圆明园之东，预修此园，为他日优游之地"[1]，而实际上是圆明园扩建工程的延续。弘历归政做太上皇以后，亦并未住此，而是住在紫禁城内的宁寿宫。

长春园内，靠北墙一带有一处欧式宫苑，俗称"西洋楼"，这是由当时在北京的几位欧洲籍天主教教士设计监造的。

绮春园大约建成于乾隆三十七年（1772），系由若干小园林合并而成，其中包括大学士傅恒及其子福康安死后缴进

---

1　弘历：《长春园题句》诗序。

的赐园，嘉庆时又把庄敬和硕公主的赐园含晖园和成亲王寓园并入绮春园之西路，共成"绮春园三十景"。绮春园被毁后于同治年间拟重建时改名"万春园"。

熙春园在今清华大学校园内，春熙院在今北京大学之未名湖畔。

圆明园、长春园、绮春园、熙春园和春熙院五园，同属圆明园总管大臣管辖，它们构成五园连贯一体的庞大的离宫御苑。嘉庆、道光年间，先后将春熙院和熙春园赐出予皇室成员，五园变为三园。因此，一般通称的圆明园包括长春、绮春二附园在内，也称圆明三园，三园之间设门相通，其平面很像一个倒写的"品"字形，总面积约三百五十公顷。（图1）

乾隆十五年（1750），在圆明园的西面以瓮山（万寿山）和西湖（昆明湖）为基址建成清漪园。此时北京西北郊已有五座大型的皇家园林——香山静宜园、玉泉山静明园、万寿山清漪园、畅春园、圆明园，号称"三山五园"；附近的小型赐园也陆续增加到近二十座之多。海淀镇以北的低平原上，极目所见皆为馆阁连属、绿树掩映的名园胜苑，形成了历史上空前规模的皇家园林特区。

由于两座附园的兴建，圆明园用水量倍增。来自万泉庄之水已感不足，必须另辟水源。于是，于兴建清漪园的同时，利用玉泉山的泉眼导入昆明湖之水，由湖东岸的二龙闸顺地势泄水东流，经西马厂桥与万泉庄水汇合以补给圆明、长春、绮春三园的供水。

乾隆以后圆明三园的园工仍未停顿，增建和修缮工程一直不间断地进行着。

嘉庆年间，圆明园内的安澜园、舍卫城、同乐园、永日堂等处进行大修并在北部增建省耕别墅。但园工的重点集中于绮春园，嘉庆十四年（1809）建成大宫门，修葺敷春堂、清夏斋、澄心堂等处殿宇，接着又把庄敬和硕公主的赐园含晖园和西爽村的成亲王寓园等并入绮春园的西路并大事修葺。绮春园的规模比乾隆时扩大了将近一倍，共成"绮春园三十景"。

乾、嘉之际，是圆明三园的全盛时期。它的规模之大，在"三山五园"中居于首位，总面积共三百五十余公顷。它的内容之丰富亦为"三山五园"之冠，各式木、石桥梁共一百多座。殿、堂、楼、阁、馆、榭、斋、轩、舫、亭、廊等建筑面积总计约十六万平方米。

三园之内，成组的建筑群及个别能成景的单体建筑物总共有一百二十三处，其中圆明园六十九处——

正大光明　勤政亲贤　保合太和　洞天深处
如意馆　长春仙馆　万方安和　藻园
九洲（州）清晏　镂月开云　天然图画　碧桐书院
慈云普护　上下天光　杏花春馆　坦坦荡荡
茹古涵今　武陵春色　山高水长　大船坞

万方安和

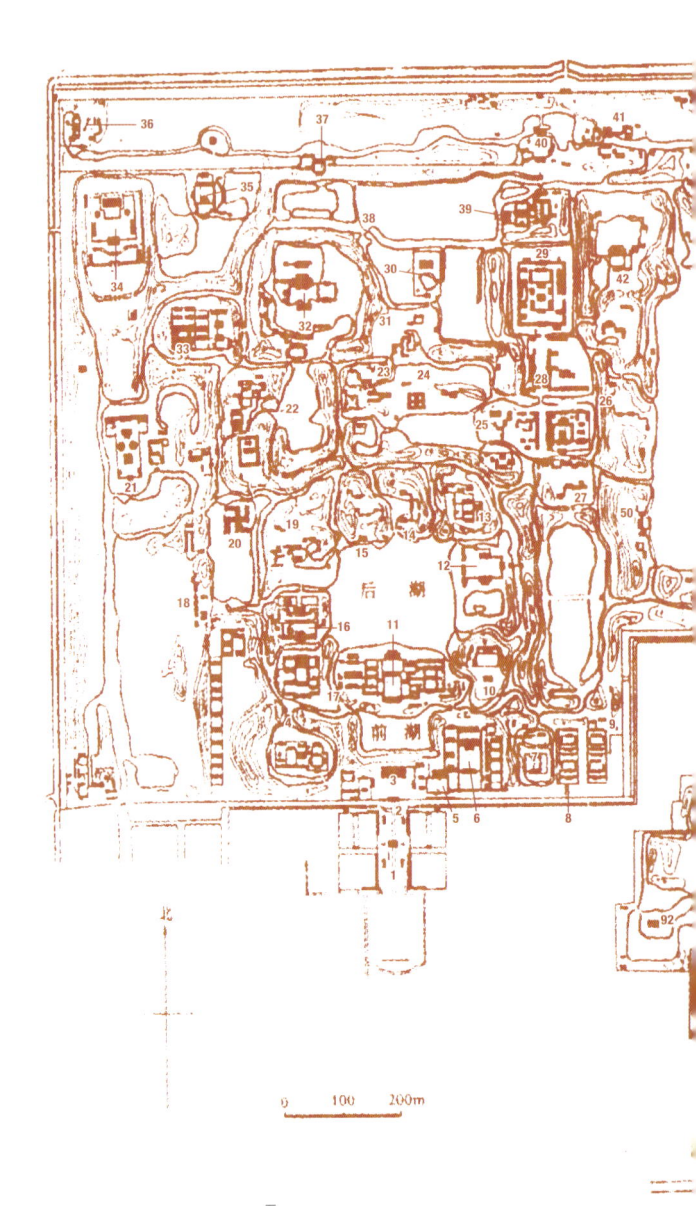

圆明三园平面图（乾嘉时期新图）

125

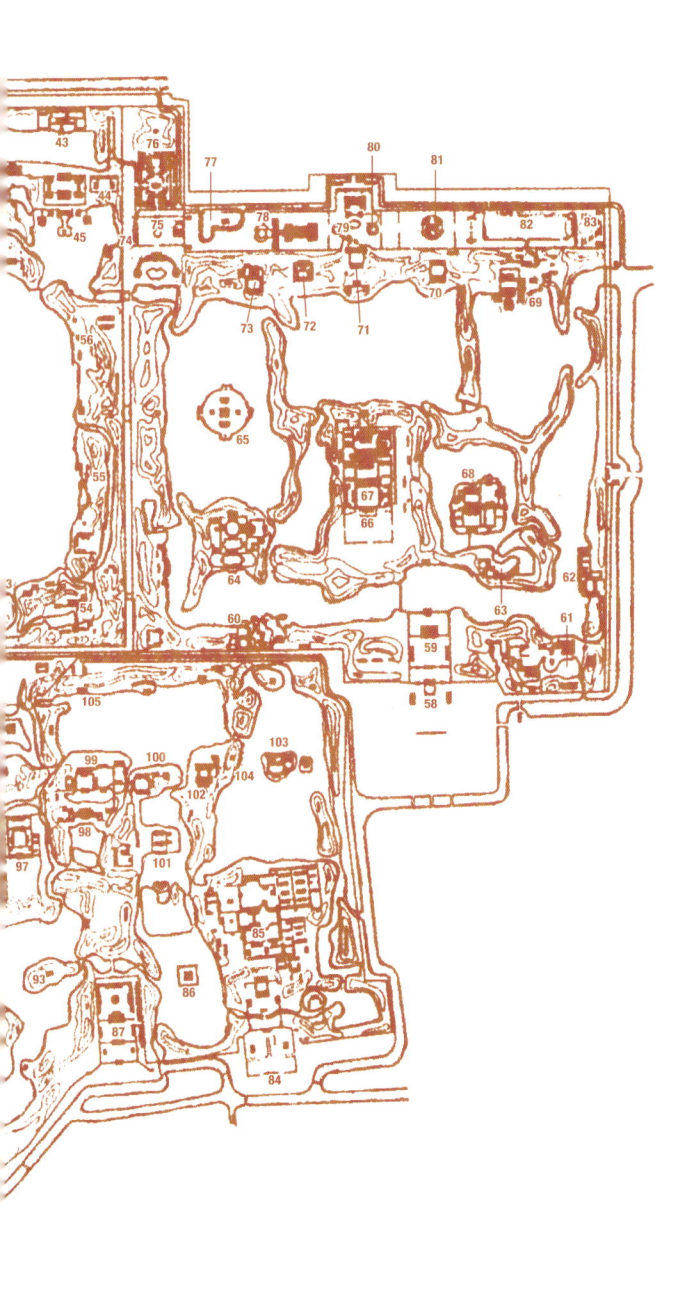

圆
明
园

1. 大宫门
2. 出入贤良门
3. 正大光明
4. 长春仙馆
5. 勤政亲贤
6. 保合太和
7. 前垂天贝
8. 洞天深处
9. 如意馆
10. 镂月开云
11. 九洲（州）清晏
12. 天然图画
13. 碧桐书院
14. 慈云普护
15. 上下天光
16. 坦坦荡荡
17. 茹古涵今
18. 山高水长
19. 杏花春馆
20. 万方安和
21. 月地云居
22. 武陵春色
23. 映水兰香
24. 澹泊宁静
25. 坐石临流
26. 同乐园
27. 曲院风荷
28. 买卖街
29. 舍卫城
30. 文源阁
31. 水木明瑟
32. 濂溪乐处
33. 日天琳宇
34. 鸿慈永祜
35. 汇芳书院
36. 紫碧山房
37. 多稼如云
38. 柳浪闻莺
39. 西峰秀色
40. 鱼跃鸢飞
41. 北远山村
42. 廓然大公
43. 天宇空明
44. 蕊珠宫
45. 方壶胜境
46. 三潭印月
47. 大船坞
48. 双峰插云
49. 平湖秋月
50. 澡身浴德
51. 夹镜鸣琴
52. 广育宫
53. 南屏晚钟
54. 别有洞天
55. 接秀山房
56. 涵虚朗鉴
57. 蓬岛瑶台（以上为圆明园）
58. 长春园大宫门
59. 澹怀堂
60. 蒨园
61. 如园
62. 鉴园
63. 映清斋
64. 思永斋
65. 海岳开襟
66. 含经堂
67. 淳化轩
68. 玉玲珑馆
69. 狮子林
70. 转香帆
71. 泽兰堂
72. 宝相寺
73. 法慧寺
74. 谐奇趣
75. 养雀笼
76. 万花阵
77. 方外观
78. 海晏堂
79. 观水法
80. 远瀛观
81. 线法山
82. 方河
83. 线法墙（以上为长春园）
84. 绮春园大宫门
85. 敷春堂
86. 鉴碧亭
87. 正觉寺
88. 澄心堂
89. 河神庙
90. 畅和堂
91. 绿满轩
92. 招凉榭
93. 湛清轩
94. 云漪馆
95. 含晖楼
96. 延春寺
97. 四宜书屋
98. 生冬室
99. 春泽斋
100. 展诗应律
101. 庄严法界
102. 涵秋馆
103. 凤麟洲
104. 承露台
105. 松风萝月（以上为绮春园）

法源楼　月地云居　瑞应宫　日天琳宇

鸿慈永祜　刘猛将军庙　断桥残云　顺木天

汇芳书院　紫碧山房　西峰秀色　舍卫城

鱼跃鸢飞　多稼如云　濂溪乐处　汇万总春之庙

水木明瑟　映水兰香　澹泊宁静　同乐园

曲院风荷　方壶胜境　三潭印月

天宇空明　澡身浴德　望瀛洲　深柳读书堂

涵虚朗鉴　平湖秋月　双峰插云　水山乐　君子轩

藏密楼　蓬岛瑶台　接秀山房　观鱼跃

别有洞天　山容水态　西山入画　南屏晚钟

广育宫　夹镜鸣琴　聚远楼　湖山在望

廓然大公　安澜园　北远山村　若帆之阁

关帝庙

长春园二十四处——

澹怀堂　淳化轩　如园　鉴园　蒨园　思永斋

海岳开襟　流香渚　花神庙　得全阁　映清斋

玉玲珑馆　狮子林　转香帆　泽兰堂　宝相寺

法慧寺　谐奇趣　线法山及线法墙　远瀛观

海晏堂　方外观　养雀笼及蓄水楼　万花阵

绮春园三十处 ——

中和堂　敷春堂　鉴碧亭　天心水面　正觉寺
湛清轩　澄心堂　凌虚亭　河神庙　畅和堂
绿满轩　招凉榭云漪馆　滴远　夕霏榭
卧云轩　含晖楼　清夏堂　延寿寺　知乐轩
四宜书屋　生冬室　春泽斋　展诗应律　涵秋馆
承露台　凤麟洲　会心处　松风萝月　玉兰桥

三园外园宫墙全长约十公里，宫墙多是双层的夹墙，设园门十九处 ——

大宫门　出入贤良门　西南门藻园门
福园门　东如意门　西如意门　东楼门
西北门　大北门　蕊珠宫门　明春门　绿油门
大东门　旧园门　长春园大宫门　绮春园大宫门
运料门　西爽村门

圆明园，一座被弘历誉为"天宝地灵之区，帝王豫游之地，无以逾此"[1]的杰出的园林艺术作品，不仅在当时的中国，甚至在世界范围内也称得起是第一流的名园胜苑了。

---

1　弘历：《圆明园记》。

## 造园艺术的特点

圆明园这样大面积的平地造园，在中外的历史上都是罕见的，可惜原有的建筑、设施以及花木栽植已经全部被毁了。而封建时代宫禁森严，外臣不得擅入御苑，有关园景的全面描述几无文献可征，只能在经皇帝特许进入园内监修西洋楼的欧洲籍天主教教士们的信札中见到一鳞半爪。所幸遗址以及堆山、河湖水系尚存，利用间接材料如同治年重修时的部分图纸和烫样、《日下旧闻考》一类的官书、《圆明园四十景图》和弘历的御制诗文等，结合遗址现状的情况加以分析印证，按图索骥，尚能获得这座园林规划设计的轮廓概貌。作为世界上的一座宏伟而杰出的名园，它在造园艺术方面的特点很多，也很突出，加以归纳，大致可以概括为几个方面。

第一，典型地体现离宫型皇家园林的性格。占地很小的宫廷区相对地独立于广阔的苑林区之前，二者既有分隔又有联系。宫廷区紧接圆明园的正门，外朝在前，内寝居后。外朝一共三进院落——

第一进为大宫门，门前有宽阔的广场，广场前建置影壁，南临扇面湖，大宫门的两侧分列东、西外朝房。

第二进为二宫门出入贤良门，金水河绕门前呈偃月形，河上跨汉白玉石桥三座，门两侧分列东、西内朝房以及缮书房、清茶房、军机处值房。

第三进为正殿正大光明殿，是皇帝上朝的地方，宴请外藩、寿诞受贺也在这里举行；正殿的东侧是勤政亲贤殿，皇帝在此处批阅奏章，接见臣僚，处理日常政务，西侧为翻书房和内膳房。

正大光明殿直北，前湖的北岸坐落着"九洲（州）清晏"一组大建筑群，连同其东、西两旁的若干建筑群，是为帝、后、嫔妃居住的地方，也就是宫廷区的内寝。

宫廷区的建筑布局仿照紫禁城中轴线左右对称的格式，自南而北形成一个连续的空间序列。它在皇帝园居期间代替紫禁城的职能而成为北京的政治中心，也可以说是一个具体而微的小朝廷。

宫与苑分置是清代离宫型皇家园林的共同特点，而在圆明园则把宫廷区这个规整而有节奏的空间序列所形成的中轴线再往北延伸直达苑林区腹心的后湖。这条中轴线南起影壁，北至后湖北岸的慈云普护，全长八百二十米。以此来突出封建皇权的尊严、皇家的气派，同时也把圆明园之为三园中的主园的地位更加强调出来。但是，作为园林建筑的一部分，这个宫廷区毕竟不同于紫禁城的宫殿。建筑物的屋顶一色用朴素的青灰瓦代替华丽的黄琉璃瓦，庭院内栽植花树，点缀山石，使得它具有更多一些的庭园气氛，以便与苑林区的风格取得谐调；而中轴线愈往北延伸则园林的意味愈浓郁，逐渐融糅，衔接于苑林区的山水环境之中。

第二，江南水乡景观的全面缩影。中国的人工山水园

《圆明园四十景图》之"正大光明"

以自然界的山水风景作为创作的依据，但并非简单地摹仿抄袭，而是有意识地按照自然界山水构景的规律而加以精练概括的再现，结合建筑的布局、花木的配置，使之更具典型性并体现某种特定的意境。因此，必须首先创造一个理想的山水地貌基础作为园林的骨架。

　　圆明三园都是水景园，人工开凿的水面占全园面积的一半以上。园林造景大部分是以水面为主题、因水而成趣的。圆明园的水面，大中小相结合。大水面如广阔的福海宽达六百余米。中等水面如后湖宽二百米左右，具有较亲切的尺度。其余众多的小水面宽度均在四五十米至百米之间，是水景近观的小品。回环萦流的河道把这些大小水面串联为一个完整的河湖水系，构成全园的脉络和纽带，在功能上提供了舟行游览和水路供应的方便。叠石而成的假山，聚土而成的冈、阜、岛、堤散布于园内，约占全园面积的三分之一。它们与水系相结合，把全园划分为山复水转、层层叠叠的近百处的自然空间。每个空间都经过精心的艺术加工，出于人为的写意而又保持着野趣的风韵，宛似天然美景的缩影，"直把江湖与沧海，并教缩入一壶中"。而这整套堆山和河湖水系所形成的地貌景观，其本身就是烟水迷离的江南水乡的全面而精练的再现，正所谓"谁道江南风景佳，移天缩地在君怀"[1]。这是平地造园的杰作，圆明园的精华所在，也是把平地造园的小中见大、咫尺丘壑的筑山理水手法在约二百公顷的广大范围内连续展开，气魄之大，远非江南私园所能企及。

长春园的理水与圆明园有所不同，利用洲、岛、桥、堤将大片水面划分为若干不同形状、有聚有散的水域。其水景的效果，于开朗中又透露亲切幽邃的气氛。绮春园则全部为小型水体的集锦。可以这样说，圆明三园是集中国古典园林平地造园的筑山理水手法之大成。

第三，丰富多彩的园林建筑。圆明三园占地广，规模大，为了适应帝王宫廷生活和园居生活的种种需要，建筑物

---

1　王闿运：《圆明园宫词》。

《圆明园四十景图》之"上下天光"

的数量多，类型复杂。建筑布局也相应地采取大分散、小集中的方式，把绝大部分的建筑物集中为许多小的群组再分散配置于全园之内。这些建筑群组之中，一部分具有特定的使用功能，如宫殿、住宅、庙宇、戏楼、市肆、藏书楼、陈列馆、船坞、埠头以及辅助设施等；大量的则是供一般宴饮游憩的园林建筑。

建筑物的个体尺度较外间同类型的建筑要小一些，形象小巧玲珑，千姿百态。这些建筑在设计上能突破官式规范的束缚，广征博采于北方和江南的民居，出现许多罕见的平面形状，如偃月形、"卍"字形、"工"字形、书卷形、"口"

字形、"田"字形以及套环、方胜等。除少数殿堂外，多数建筑的外观朴素雅致，少施彩绘。因此，建筑与园林的自然环境十分谐调。而室内的装饰装修和陈设却非常富丽堂皇，以适应于帝王宫廷生活的趣味，例如大量的壁画、贴落，扬州"周制"的装修[1]以及西洋细部装饰等。各殿堂内陈设着难以数计的家具、字画、珍宝、工艺品，仅此一桩，圆明园就称得起是一座艺术宝库。

建筑群体的组合更是极尽其变化之能事。园内的一百多组建筑群无一雷同，但又万变不离其宗，都以院落的格局作为基调，把中国传统院落布局的多变性发挥到了极致。它们分别与那些自然空间的局部山水地貌和树木花卉相结合，从而创造了一系列丰富多彩、性格各异的园林景观，即所谓"景"。或大或小的景一般都以建筑为中心，是建筑美与自然美融糅一体的艺术创作。这样的景在圆明园有六十九处，长春园、绮春园有五十四处。每一处分别予以景题命名，其中比较重要的如"圆明园四十景""绮春园三十景"则由皇帝亲自题署。如果把这一百二十余景按建筑物在园林造景方面所起的作用加以归纳，无非两类：风景点与小园林。

所谓风景点就是单幢的或成组的建筑物与开敞的地貌环境相结合，其作用在于点景即点缀此处风景，或观景即观

---

[1] 在紫檀木制成的各种内檐装修上，以金银、珍珠、翡翠、玛瑙、螺钿、象牙、贝壳等刻琢镶嵌为各式的山水、花鸟、人物等图案。这种装修为清初扬州的周姓工匠首创，故名"周制"。

"万方安和""卐"字殿烫样

赏他处风景，或者两者兼而有之。

小园林就是成组的建筑物与叠山理水所构成的幽闭或比较幽闭的局部自然空间相结合，成为一个在布局上具有相对独立性的体形环境。无论设置墙垣与否，都可以视为一座独立的小型园林即园中之园；小园林在许多情况下也兼有风景点的作用。

此外，还有极少数的建筑群，园林造景的作用并不显著，甚至不作为造景的因素来考虑。它们一般都具有特定的使用功能，如宫廷区的外朝以及辅助、后勤建筑和设施等。

以表现为风景点与小园林形式的景作为园林总体的基本单元，有利于景观的典型化与造景主题的多样化，便于诗画情趣和意境的创造。这是清代皇家园林的普遍做法，而圆明园在这方面可视为一个最完整的范例。

第四，集锦式的总体规划。圆明三园的总体规划都是采取一系列风景点和小园林连缀集锦的方式，但具体的做法则又有所不同。圆明园为风景点、小园林、景区三者的结合。所谓景区指较大的单一空间或区域而言，包含若干风景点和小园林在内。全园共有两个大景区，即以福海为主体的福海景区和以后湖为主体的后湖景区，其余的地段内则分布着为数众多的风景点和小园林。前湖以南的大部分风景点和小园林属于宫廷区的范围，后湖以北则为一个庞大的小园林集群。这个总体规划为广阔的大面积平地造园所创设的丰富多样的园林景观，是园林规划上的一个创新，但它的形成也有其历史的原因。

圆明园在此前的五六十年内经过多次的扩建。康熙时的原赐园是一座小型的水景园，以略近方形的后湖作为中心。后湖、前湖、园门三者构成一条贯穿南北的中轴线。雍正扩建时大大地拓展了园的范围而成为一座离宫型皇家园林，但仍然保持水景园的特点，河湖的分布和理水的脉络，对于园林规划的成败至关重要。造园匠师利用环绕于后湖的北、东、西三面的沼泽地带，开辟出许多互相连缀的小型水体。这种做法可能出于施工的方便，也可能有规划上的考虑，但其效果却有如众星拱月，烘托后湖作为中心水面的突出地位，而这一带的小型水体则为建置小园创设了条件。福海是全园最大的开阔水面，而且具有"一池三山"的象征寓意，却偏处一翼居于从属的地位。因此，全园的中心仍然保持在原赐园的中轴线上。这条全园唯一的中轴线，由于它的南端加建外朝，中部加建"九洲（州）清晏"而更形突出。总体规划不仅在广阔的平坦地段上创设了丰富多变的园林景观，而且于多样化之中又有足够的严谨性，以显示其有别于私家园林的皇家宫廷气派。乾隆年间的再次扩建之所以不采取继续拓展地盘的方式，固然为了避免园林范围过大而造成管理上的困难，但也很可能在规划方面考虑得更多些，可能预计到园林地盘的再度拓展会带来总体的零乱而破坏了原规划的完整性。假若设想往西拓展，势必在西南角上碰到瓮山（即万寿山）的北麓，正当山之阴坡，此种地貌并不利于园林造景；往北开拓又会形成过大的纵深；往东拓展则横向延伸太长而容易出现布局的松散枝蔓。故而采取就地增设园景和另建附园的办法。

园内的两个主要景区各有不同的格调。福海景区以辽阔开朗取胜。福海水面近于方形，宽度约六百米，中央三个岛上设风景点"蓬岛瑶台"。园外西山群峰倒映湖中，上下辉映。河道环流于海的外围，时宽时窄，有开有合，通过十个水口沟通福海水面。这些水口将漫长的岸线分为大小不等的十个段落。其间建置各式桥梁点缀联系，既消除了岸脚的僵直单调感，又显示出水面的源远流长。这十个段落实际上也就是环列福海周围的十个不同形式的洲岛。岛上的堆山把中心水面的开阔空间与四周的河道障隔开，以便于临水面的地段布列风景点，充分发挥它们的点景和观景的作用。如东岸的接秀山房，甚至以园外西山的连绵峰峦的借景作为风景画面的主题。沿河道的幽闭地段则建置小园，通过水口的泄景引入福海的片段侧影作为陪衬。宫墙与河道之间亦障以土山，

《圆明园四十景图》之"九洲(州)清晏"

适当地把宫墙掩饰起来。这种障边的做法能予人以错觉，仿佛一带堆山之外并非园林的界限而有着更深远的空间。

后湖景区的特点在于幽静。湖面约二百米见方，隔岸观赏恰好在清晰的视野范围之内。沿湖环列的九个岛屿上建置九处形式互不雷同的风景点、小园和建筑群。既突出各自的特色，也考虑到彼此的成景。例如，从东面的"天然图画"透过隔湖西岸"坦坦荡荡"所构成的豁口，恰好能够观赏到园外瓮山（万寿山）后山借景的最佳风景图画。后湖景

《圆明园四十景图》之"蓬岛瑶台"

区位于全园的中轴线上，居中的则是"九洲（州）清晏"一组大建筑群。因此，景区的布局于变化中又略具均齐严谨的意味，它的近乎规整的理水方式在中国园林中也并不多见。

　　长春园由一个大景区和一个小景区组成，辅以若干小园林和风景点。南面的大景区是长春园的主体，利用洲、岛、桥、堤将大片水面分割为若干不同形状，有聚有散而又彼此通透。建筑的布局比圆明园疏朗一些，中央大洲上建置园内最大的建筑群淳化轩和蕴真斋。它与隔湖北岸的泽兰堂成对景，构成一条约略错开少许因而不太突出的中轴线，这是符合其附园身份的。风景点都是因水成景，水域的宽度一般在一二百米之间，能保证隔岸观赏的清晰视野。北面的小景区即欧式宫苑西洋楼，这是一条仅百米宽的狭长地带，面积尚不及全园的十分之一，而且还以墙垣分隔开。这显然是为了不至于太多地影响长春园的规划主调。

长春园在地形处理、山水布局、水面尺度安排等方面都显示出很高的设计水平，从遗址的现状来看，这座园林在北方诸园中可算是上品之作。

绮春园原来是许多独立的赐园和私园，合并之后经过规划调整，通过水系连贯和在某些枢纽部位建置风景点的方式而把它们组织为一个彼此有机地联系着的小园林集群。

圆明三园在规划上突出了主园的中轴线，因而主园与附园之间的主从关系是明确的。三园同为水景园，具有统一的基调，但理水方式和建筑布局却又有所不同，因此，统一之中又有变化的意味。

第五，大园含小园，园中又有园。圆明园内包含着为数众多的园中之园，四十景中就有十九景属于小园林的性质，小园林占地大约为圆明园总面积的一半。大部分小园林都能利用叠山理水所构成的局部地貌与建筑的院落空间穿插嵌合而求得多样变化的形式。小园林之间有曲折的水系和道路相联络，而对景、泄景、透景、障景的安排也构成一种无形的联系。通过这些有形的联络和无形的联系，很自然地引导人们从一处建筑走向另一处建筑,从此一个体形环境达到彼一个全然不同意趣的体形环境。这种多样化的园景动观效果,较之单一园林空间的步移景异,其艺术感染力又自别具一格。教士王致诚(Denis Attiret)对此有一段文字描写:"当人们沿着那些曲折的,经过岩洞和亭子的小径离开一个山谷的时候,立刻会发现自己又置身于另一个山谷之中,这里的地形和建筑与前者全然不同。所有的山丘都覆盖着树林和花卉,河道的驳岸都不像我们那里以打磨得很光滑的石块镶砌,而是以粗糙的极不规整的石块堆叠。堆叠技巧很高,因此它们都很像天然的岩壑。河道时宽时窄,随着堆山叠石的脉络走向而形成许多大弯小转。岸边遍植花木,它们都是从岩缝里面长出来,仿佛自然生长的。花木四季不同。沿河岸边则以鹅卵石铺成小路,它们从一个山谷导向另一个山谷。这些小路都是弯弯曲曲的,有时沿河,有时又在山间穿行。"[1]

由小园林集群所构成的园林景观,不仅体现在小园林本身的设计上,也包括它们之间的联络和联系的安排经营。这后者乃是圆明园规划的一个重要课题,也是创造多样化的园景动观效果,把众多小园林连缀为一个有机整体的先决条件。如果安排经营不当,则会流于零乱散漫,或者出现平淡乏味的简单的空间重复。从遗址的现状看来,圆明园靠西墙一带就存在这种情况。而后湖以北的小园林集群区内,无论

---

[1] 转引自 C. B. Malone, *Summer Palaces of Ching Dynasty*, University of Illinois Press, 1934。

1. 慎修思永   2. 汇万总春   3. 碧莲舫   4. 香雪廊

7
"濂溪乐处"平面图

小园林本身的设计还是它们之间的规划安排和位置经营一般都很不俗。其中颇多佳作，试举数例——

"濂溪乐处"，据弘历的描述："苑中菡萏甚多，此处特盛。小殿数楹，流水周环于其下。每月凉暑夕，风爽秋初，净绿粉红，动香不已。想西湖十里，野水苍茫，无此端严清丽也。"[1] 这是一处观赏荷花的地方。荷池的四周环以堤，堤外复有水萦绕，形成水绕堤，堤环水，岛屿居中的地貌形

---

[1] 弘历：《濂溪乐处》诗序。

《圆明园四十景图》之"濂溪乐处"

势。岛的位置偏于西北，让出曲尺形的水面以栽植荷花。岛上建"慎修思永"一组建筑群。该建筑群南面临湖，北面障以叠山，更于东南角上延伸出水廊香雪廊于水中，可以四面观赏荷池景象，与湖南岸的"汇万总春"遥相呼应成对景。就这个小园的总体而言，是以层层虚实相间的山水空间环抱烘托建筑群的布局方式。

"廓然大公""西峰秀色""鱼跃鸢飞""北远山村"是

四组相邻的小园，但却各具不同的特色。

"廓然大公""平冈回合，山禽诸鸟远近相呼，后凿曲池有蒲菡萏。长夏高启北窗，水香拂拂真足开豁襟颜"[1]。这个小园的布局是以三面的临水建筑环抱水池，池北岸则为叠山。池面形状曲折而有源有流。正厅"廓然大公"与叠山分居池之南北互成对景。正厅面北，可以观赏水池和对岸叠山之景。

这种布局方式多见于江南宅园之中，上海的豫园、苏州的艺圃均属此类。小园周围的外圈，以回合的叠山平冈作为障隔，更加强了这个局部空间的幽邃气氛。

西邻为"西峰秀色"。它的布局与前者恰恰相反，是山与水环抱着建筑物。建筑群的北面和东面临水，取杭州西湖"花港观鱼"之意。南面和西面紧接一组叠山，"河西松峦峻岇，为小匡庐"[2]，"轩楹洞达，面临翠巘。西山爽气在我襟袖"[3]，乃是以近观仰视来求得有如庐山峰峦的峻峭气势，而又以远处的西山借景作为衬托。

"西峰秀色"之北，隔墙为"鱼跃鸢飞"和"北远山村"。这个地区"曲水周遭俨如萦带，两岸村舍鳞次，晨烟暮霭，翁郁平林，眼前物色，活泼泼地"[4]，显示一派水村野居的景色，其布局与前者又不相雷同。建筑物沿着河流夹岸错落配置，显然是取法于扬州的瘦西湖。

---

1　弘历:《廓然大公》诗序。
2　《日下旧闻考》卷八十二。
3　弘历:《西峰秀色》诗序。
4　弘历:《鱼跃鸢飞》诗序。

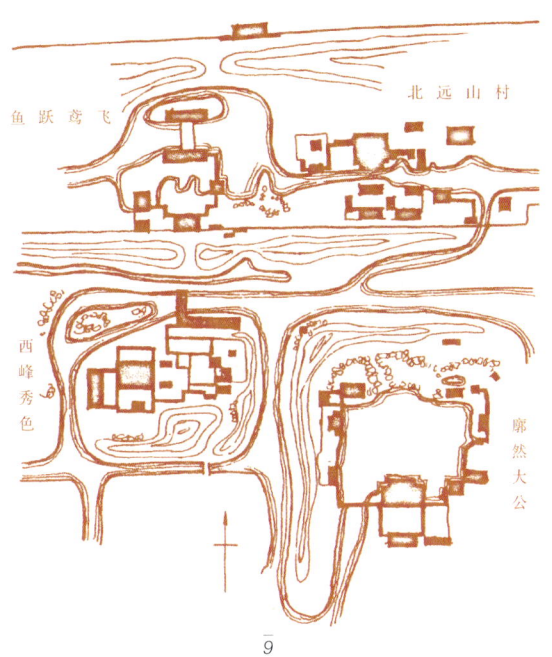

"廊然大公""西峰秀色""鱼跃鸢飞""北远山村"平面示意图

第六，宛若大自然生态环境的氛围。圆明园的植物配置和绿化的具体情况已无从详考。据乾隆年间的《莳花记事碑》所记，园内专门管理花木的太监、园户、花匠共三百余人之多，还有太监经营果园菜畦的。由于他们辛勤的劳作，满园之中，"露蕊晨开，香苞午绽，嫣红姹紫，如锦如霞……""二十四番风信咸宜……三百六日花期竞放"[1]。不少南方的花木也在这里繁育起来。上文提到的王致诚的一段

---

1　乾隆：《莳花记事碑》文。

《圆明园四十景图》之"西峰秀色"

话很值得注意："所有的山丘都覆盖着树林和花卉……岸边遍植花木，它们都是从岩缝里面长出来，仿佛自然生长的。花木四季不同……"由此可知圆明园内花木繁茂的情况，特别是从岩缝里长出花木的植物配置方法，在中国园林里面尚不多见。据《日下旧闻考》的记载，有不少的景是以花木作为造景主题的。如杏花春馆的文杏，"武陵春色"的桃花，"镂月开云"的牡丹，"濂溪乐处"的荷蕖，"天然图画"的竹林，"洞天深处"的幽兰，碧桐书院的梧桐，自得轩的紫藤，清旷楼的翠竹，淳化轩的梅花等，以及"汇万总春"、"秀木佳荫"、"香远益清"、"丹翠林"、绿荫轩、绿稠斋、"溪月松风"、"菊秀松蕤"、竹香斋、引筠轩、"芰荷深处"、桃花坞、泽兰堂、三友轩、"称松岩"、"莲风竹露"、菡萏榭、苹香榭等等不一而足。《圆明园内工则例》中的"花果树木价值"一章，收录有近八十余种植物的一百四十三种价格。四时不败的繁花，配合着蓊郁树木，潺潺流水，岸芷汀兰，鸟语禽声，那一番宛若大自然的生态环境，是可想而知的。

圆明园内水面多，水生植物的培育当然也是很普遍的，其中尤以荷花为最盛。许多景都是以荷叶而得名，乾隆驻园期间，赏荷便成为主要的游园活动之一。每当夏暑荷花盛开之时，乾隆都要侍奉太后自畅春园来"濂溪乐处""芰荷香"等处观荷，并有王公大臣陪同，与翰苑词臣们吟诗唱和，场面是十分热闹的。

第七，广泛而驳杂的造景主题。圆明三园，无论整体或者局部，凡能成景的一般均有明确的主题，或者作为事先的创作主旨，或者出于事后的附会，但都借助于景题、匾、联、碑刻等种种形式以文字的隐喻比兴手法而标示出来，犹如绘画之有题跋一样。主题的标示可以加深游人对于园林景观的理解，从而更多地激发游人的鉴赏情趣，也是创造园林意境、增强园林艺术感染力的重要手段。

三园的一百五十余景，除少数宫殿、庙宇和特殊功能的建筑群外，造景的取材极为广泛。归纳起来，可分为五类——

一、摹拟江南风景的意趣，这是大多数。其中有直接写仿江南的某些山水名胜的，例如"四十景"中的"上下天光"——"垂虹驾湖，蜿蜒百尺。修栏夹翼，中为广亭。毂纹倒影，溕潆楣槛间，凌空俯瞰，一碧万顷，不啻胸吞云梦"[1]，是取法于云梦之泽。又如"坦坦荡荡"的"凿池为鱼乐国，池周舍下，锦鳞数千头，喁喋拨刺于荇风藻雨间，回环泳游，悠然自得"[2]，显然仿自杭州的玉泉观鱼。"慈云普护"："殿供观音大士，其旁为道士庐，宛然天台"[3]，是为天台风致的缩写。"坐石临流"仿自绍兴的兰亭，以及福海沿岸之摹写"西湖十景"中的六景[4]等等不一而足。

二、借用前人的诗画意境。如"夹镜鸣琴"取李白"两水夹明镜"诗意，"蓬岛瑶台"之仿李昭道《仙山楼阁》画意，"武陵春色"之仿陶渊明《桃花源记》场景，"北远山村"之寓意于王维的田园诗。

三、再现江南的园林景观。由于乾隆帝弘历对江南园林的浓厚兴趣并以它们作为北方建园的参考，圆明三园中建成的大部分园中之园就具有浓郁的江南情调，有些小园甚至直接以江南某园作为蓝本。如圆明园内的安澜园四宜书屋，长春园内的小有天园、狮子林、茹园，即分别摹仿当时江南的四大名园海宁安澜园、杭州小有天园、苏州狮子林、南京瞻园而建成。所谓"行所流连赏四园，画师仿写开双镜"[5]，即指此而言。直接摹仿江南名园的做法始于乾隆时期，这

---

1　弘历：《上下天光》诗序。
2　弘历：《坦坦荡荡》诗序。
3　弘历：《慈云普护》词序。
4　"柳浪闻莺""曲院风荷""三潭印月""南屏晚钟""雷峰夕照""双峰插云"。
5　王闿运：《圆明园宫词》。

长春园狮子林鸟瞰图
（选自汪菊渊《中国古代园林史》）

个时期南北园林艺术的融冶可以说达到了高潮。弘历所喜爱的苏州狮子林甚至同时仿建于长春园、承德避暑山庄和盘山静寄山庄内，正如他的一首《御制诗》所写的："最忆倪家狮子林，涉园黄氏幻为今。因教规写阊城趣，为便寻常御苑临。"[1]但此种摹仿并非简单的抄袭，而是"略师其意，就其天然之势，不舍己之所长"[2]，乃是结合北方的建筑形式、气候和绿化种植的特点来表现江南园林的意趣，但求其神似而不拘泥于形似，可以说是以北方雄健之笔抒写江南柔媚之情的一种因地制宜的艺术再创造，大大地丰富了北方园林的内容。因此，园中有园乃是圆明园的特点之一，而这些园中之园本身也成为我国古典园林中的一种独特形式。

四、象征传说中的神仙境界。秦汉盛行神仙之说，相

---

1　弘历：《狮子林八景》诗。
2　弘历：《惠山园八景》诗序。

传东海中的三座神山——蓬莱、方丈、瀛洲——是长生不老的仙人居住的地方。汉代帝王为了求仙通神而在御苑内凿池筑岛以摹拟东海三神山，此后，这种"一池三山"的格局遂成为皇家园林理水的主要模式一直沿袭到清代，此即福海及其中三岛布列的造景渊源。此外，道教想象中的仙山琼阁，佛经所描绘的梵天乐土，亦有作为造景主题的；前者如"方壶胜境""海岳开襟"，后者如"舍卫城"，等等。

五、寓意封建统治的思想意识。如果说追求享受园林之乐趣是封建帝王的奢侈生活的一个主要内容的话，那么，他们所占有劳动人民的创造以作为一己享用的园林必然在规划设计上体现他们的意图和爱恶，造园思想中所反映出来的封建统治阶级的意识形态也是很明显的。圆明园内的造景主题，不少即属于此种情况。例如，居于圆明园中轴线的顶端，象征"禹贡九州"的后湖九岛环列，显然具有"溥天之下莫非王土"的寓意。就圆明园的整体来看，九州居中，东面为福海，西北角上全园最高的一处土冈"紫碧山房"，无疑是昆仑山的象征，全园水系的流向是以西北至东南，则圆明园的总体规划甚至体现了我国封建时代所理解的世界范围的缩影。此外，以景题而直接寓意于儒家的哲言、伦理和道德观念的亦复不少。例如，标榜孝行的"鸿慈永祜"；寓意四海承平的"九洲（州）清晏""海晏堂""万方安和"；歌颂帝王德行的"涵虚朗鉴""茹古涵今"；显示帝王重农耕的"多稼如云""北远山村"；有赞扬哲人君子、隐逸出世的如

"濂溪乐处""廓然大公""澹泊宁静"。至于圆明园的命名按照胤禛的解释,"夫圆而入神,君子之时中也;明而普照,达人之睿智也"[1]等等。

从上面列举的情况看来,圆明三园之以景作为基本单元的园林景观,其主题和取材之广泛真可谓"人间天上诸景备",而它们的象征寓意也是五花八门,无所不包。这充分表现封建帝王"万物皆备于我"的理想,其中的大部分可以说是儒、道、释作为封建统治的精神支柱之在园林艺术上的集中反映。

大幅度的平地造园以及相应出现的小园集群的集锦的规划布局是圆明园的特点,也是它在造园艺术方面的成就之一。但这种单纯在面上铺叙的小品集锦尽管展开的范围很大,毕竟不可能创造出具有身临其境的真实感的湖山景观。因为凿水较易而堆山实难,况且人工堆山又不能太高峻。福海景区的辽阔,也由于缺少比较高体量的山形配衬而不能显示恢宏的气度。所以说,在缺乏天然山水基础的情况下进行大范围内的平地造园,圆明园的规划虽然取得了多方面的成就,但毕竟不能超越其先天性的局限。这也就是圆明园甫建成若干年后,又在它的西面利用瓮山(万寿山)和西湖(昆明湖)的天然山水作为基础,修建另一座大型园林清漪园的主要原因。

---

1　胤禛:《圆明园记》。

## 文化交流的佳话

乾隆时期的圆明园不仅在中国是一座最出色的大型园林，正如弘历所说"天宝地灵之区，帝王豫游之地，无以逾此"；因天主教教士写给罗马教廷的信函中对它的详尽而生动的描述，这座园林还被介绍到欧洲而蜚声一时，对18世纪欧洲的风景式园林的发展曾经起过一定程度的推动作用。与此同时，流行于欧洲大陆的宫殿建筑和园林式样也首次被引进中国而在这座园林内成片地建造起来。这是历史上的一桩很有意思的事情，堪称中西方文化交流的一段佳话。

18世纪，欧洲大陆正值所谓"勒诺特式"（Le Nôtre style）园林风格最盛行的时候。这种典型的规整式园林起源于法国，布局讲究严格的均齐对称，由明显的建筑轴线控制着园林的总体和局部，一切造园手段，包括有生命的花木种植，都一律按照几何图案来安排。而在英伦三岛，却又形成另一极端的倾向。造园标榜返璞归真，完全摹仿天然风景而抹杀人为的创造。这种风景式园林又叫作"英国式"园林，它与勒诺特风格大抵就是当时西方造园艺术的两个主流。

18世纪中叶，正当法国资产阶级成为一个新兴阶级崛起的时候，它的启蒙思想家们从中国借用孔孟的伦理道德观念作为反抗宗教神权统治的思想武器。随着海外贸易的发展，欧洲商人从中国带回大量工艺品，传教士寄回大量描写中华文物之盛的文字报告。这些都在欧洲人的面前呈现一种前所未知的高水平的东方文化，欧洲艺术的某些领域内因此而掀起了崇尚中国的热潮。就在这个"中国热"的气氛中，通过传教士的介绍，欧洲人开始知道以圆明园为代表的中国造园艺术。这是一个既不同于勒诺特式，也不同于英国式风格的崭新的园林概念，犹如空谷足音，在欧洲引起强烈的反响。教士王致诚在一封著名的信函中详尽地介绍了圆明园之后写道："此地各物无论在设计和施工方面都极浑伟和美丽。因为我的眼睛从来不曾看到过任何与它相类的东西。因此也就令我特别惊讶……中国人在建筑方面所表现的千变万化，复杂多端，我唯有钦佩他们的天才弘富。我们和他们比较起来，我不得不相信，我们是又贫乏，又缺乏生气。"接着他表示了对勒诺特式极端程式化的园林的反感："就我们说来，什么地方都需要划一和对称，不许有独立自在的东西；如果有一点超出规定位置，就不能容忍；每一部分必须与其他面的相应部分保持对称。"[1]他认为中国园林能予人以一种画意的感受，建筑是作为景物的一个有机的组成部分而提出的，是对自然美的必不可少的补充。他说："这种园林景观是难以描述的，只能用眼睛去看，才能领略它的真实内容。"当时欧洲的许多造园家也在研究中国园林，但由于迢迢万里的交通梗阻，加之东西方文化内涵的严重差异，欧洲人所了解的中国园林毕竟是零星片段，模糊失

---

1　转引自利奇温：《十八世纪中国与欧洲文化的接触》（朱杰勤译）。

真。英国皇家建筑师钱伯斯（William Chambers）曾两度游历中国，根据他见到和听到的中国园林——包括圆明园在内——的情况，著文立说列举理由反对单纯注重摹仿自然风景的英国式园林。他主张园林艺术应该具有高于自然的特色，要多样变化以适应人们的各种心理状态，把自然界的形形色色概括于多方面而又统一的设计中，以此来表达反映各种情态。他在英国为肯特公爵（Duke of Kent）设计建造的丘园（Kew Garden）是欧洲的第一座所谓中国样式的园林，也是他受到中国造园艺术的启发而形成的新园林概念的具体实践。这一尝试尽管似是而非甚至不伦不类，还是逐渐发展成为一种独特的风格从英国传播到欧洲大陆，成为冲击勒诺特式传统的一股潮流。法国人把它称为"中国式园林"（Jardin Chinois）或"英中式园林"（Jardin Anglo-Chinois）。它不仅时兴于欧洲各国的宫廷，而且普及到民间。这种情况甚至引起当时的一位著名学者的感慨："现在人们建造园林，不是依照他自己的想法，或者根据先前的比较高雅的趣味，而只问是不是中国式的或英中式的。"[1] 足见其影响之深远。

中国出现欧洲式样的建筑物，始于元代。到清乾隆年间，中国境内的欧式建筑主要为澳门、广州等地的商馆、住宅和内地的天主教堂。沿海的某些商业城市也有摹仿欧洲建

---

1　窦武：《中国造园艺术在欧洲的影响》。

筑和细部装修以标榜时髦的，如扬州的瘦西湖澄碧堂与水竹居。北方宫廷中如圆明园的"水木明瑟"效法西洋运用水流转动室内风扇；据《圆明园工程做法则例》记载，园内建筑物也采取某些欧式细部如西洋索子井（天花）、西洋如意栏杆、西洋踏跺级石等，大抵皆间接仿自扬州。像长春园的西洋楼景区那样由欧洲人设计、成片建造的欧式宫苑，则尚属首见。尽管这只是出于弘历的猎奇心理，在园林的总体规划中并无足轻重，就全园而言也不过局部的点缀，但它毕竟是欧洲建筑和造园艺术传播到中国以来的第一个具备群组规模的完整作品，在中西文化交流方面是有一定历史意义的。

明末清初，天主教在中国的传教事业已经有所开展，教士们往往利用西方的天文历算、科学技术以及绘画艺术作为进行宗教活动的辅助手段，康熙帝玄烨就曾经向他们学习过这方面的知识。乾隆年间，教士多有以绘画技艺而供职内廷如意馆的。据说，弘历在一次偶然的机会中见到一幅欧洲的人工喷泉的图样。这种以机械击水而喷射水柱的理水方法在中国园林里面是从未有过的，弘历对此很感兴趣，乃决心在长春园建造一处包括人工喷泉在内的欧式宫苑，于是，任命教士蒋友仁（Michael Benoist）负责喷泉设计，郎世宁（Giuseppe Castiglione）和王致诚负责建筑设计，艾启蒙（Jgnatius Sicheltart）负责庭园设计，共同筹划这组宫苑的建设事宜。

在欧洲，绘画、雕刻、建筑向来是有着密切关系的姊

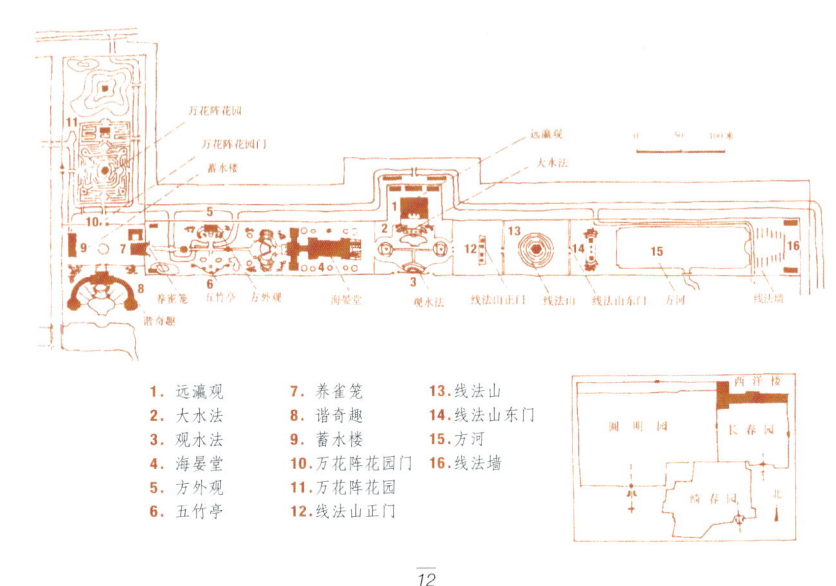

1. 远瀛观
2. 大水法
3. 观水法
4. 海晏堂
5. 方外观
6. 五竹亭
7. 养雀笼
8. 谐奇趣
9. 蓄水楼
10. 万花阵花园门
11. 万花阵花园
12. 线法山正门
13. 线法山
14. 线法山东门
15. 方河
16. 线法墙

12
圆明园西洋楼平面总图

妹艺术。这几位教士既精于绘画，当然也懂得一些建筑和造园术。经过他们的精心规划设计和中国工匠的辛勤劳作，欧式宫苑西洋楼于乾隆二十五年（1760）全部完工了。

西洋楼包括六幢建筑物，三组大型喷泉，若干庭园和点景小品，沿着长春园的北宫墙呈带状展开。

六幢建筑物——谐奇趣、蓄水楼、养雀笼、方外观、海晏堂、远瀛观，都是欧洲18世纪中叶盛行的后期巴洛克风格（Baroque Style）宫殿式样。这些建筑全部为承重墙结构，立面上的柱式、檐口、基座、门窗以及栏杆扶手均为欧洲古典做法；坡屋顶不起翘，但在屋脊上施用中国的鱼、鸟、宝瓶等花饰；外檐的雕刻装饰细部大量采用中国式的纹样，雕琢十分精美，充分显示我国石雕工艺的高水平。

人工喷泉当时叫作"泰西水法"或"水法"，一共三组——

第一组在谐奇趣南面的弧形石阶前和北面的双跑石阶前，由蓄水楼供水。

第二组在海晏堂的西面大门前，由堂内的蓄水箱供水，沿门外两旁的水扶梯（water stair）下注于地面的水池。池两侧分别排列六只铜铸的喷水动物，象征十二生肖，每隔一时辰，依次按时喷水。

第三组在远瀛观的南面，是最大的一处喷泉，故又名"大水法"，由海晏堂蓄水箱供水。

主要的庭园有三处。一处在谐奇趣之北，名叫"万花阵"，是摹仿流行于欧洲园林中的迷宫（maze）的形式。迷宫由绿篱灌木栽植成纵横曲折的夹道，人行其中往往迷失方向以来回冲撞为取乐。万花阵不用绿篱而代之以雕花的青砖砌筑的矮墙。另外两处在大水法以东：线法山类似欧洲中世纪园林中的庭山（mount），介于两座牌坊之间，山顶建八角亭，皇帝经常环山跑马，故又名"转马台"。它的东面的长方形水池对岸即线法墙，南北两边分别砌筑平行的砖墙五列。墙上可以张挂风景建筑的油画，利用透视的原理来加大景深，背后衬以蓝天作为天幕，很像现代的舞台布景。

植物配置，采用欧洲规整式园林的传统手法，诸如整齐的绿篱，树木成行列栽植，树木的修剪成形（Topiary），用花草铺成地毯式的图案花坛（Parterre）等。园林小品点景则中国色彩较重，如大水法的两座喷水塔就做成中国宝塔的形式，水池也多带有中国纹样的雕饰。此外，竹亭和太湖石的特置亦不少，欧洲园林中常见的裸体人身石雕像为照顾中国的欣赏习惯一律不用而代之以铜铸的鸟兽虫鱼之类。

西洋楼的规划一反中国园林之传统，突出地表现了勒诺特式的轴线控制、均齐对称的特点。东西方向上的轴线长约八百米，但并非一眼望穿，而是以建筑划分为有节奏的三段，这就显示了中国院落布局的意味。南北方向上也有一条中轴线贯穿于远瀛观、大水法和观赏喷泉的御座观水法，并往南延伸到泽兰堂而与长春园另一景区的中轴线大致对应起来，以适当加强这两个景区在园林总体上的联系。

西洋楼总的说来是一组欧式的宫殿和园林，但从规划到细部处理又都吸收了许多中国的手法。应该说，它是以欧洲风格为基调，融糅了部分中国风格的作品。这里边既凝聚着欧洲传教士的心血，也包含了中国匠师的智慧和创造的结晶。西洋楼是把欧洲和中国这两个建筑体系和园林体系加以结合的首次创造性的尝试，这对我国近代建筑也曾有一定的影响。清末民初，北京居民对某些中西合璧式样的建筑物即称之为"圆明园式"。西洋楼这种特殊款式的宫殿建筑甚至也引起了当时欧洲宫廷的兴趣，巴伐利亚（Bavaria）国王路易二世就曾打算把它仿建在他的宫苑里面[1]。

---

1 利奇温：《十八世纪中国与欧洲文化的接触》（朱杰勤译）。

所以说，西洋楼不仅是中西文化交往的一个形象标志，在中国近现代建筑发展史上也自有其不应忽视的地位。

## 焚掠破坏的经过

道光二十年（1840）的第一次鸦片战争，西方殖民主义势力用武力打开了中国这个古老的封建锁国的门户，从此以后中国开始沦为半封建半殖民地社会。

咸丰帝奕詝继位后，爆发了太平天国革命。咸丰三年（1853），太平军建都天京（南京），继而进行西征和北伐，前锋一度进逼天津，清王朝的统治已处于风雨飘摇之中。

咸丰六年（1856）十月，英国借口"亚罗号事件"，派遣侵略军进攻广州，挑起第二次鸦片战争。咸丰八年（1858）六月，清政府被迫签订《天津条约》。咸丰九年（1859）六月，英法两国借口护送公使赴北京换约，以军舰进攻大沽口炮台，被大沽守军击退。咸丰十年（1860），这两个殖民主义国家又纠集两万多兵力卷土重来，趁清政府遵照《天津条约》撤防北塘之机，攻陷大沽口，沿白河一路进犯，占领河西务。清军一触即溃，京师大为震惊，奕詝仓皇逃往承德避暑山庄。清政府派载垣去通州议和，由于英法方面所提条件过于苛刻，和谈破裂，载垣当场逮捕英国谈判代表巴夏礼等人。英法联军闻知此事，遂自通州直趋北京西北郊，以清帝居住的圆明园作为进攻的目标。

13
远瀛观遗址

咸丰十年（1860）八月，法军先到，攻占了圆明园，管园大臣文丰投福海死，当晚法军就开始抢劫。次日，英军紧跟着到来，两军统帅在园内巡视一遍以后的第一件事是举行分赃的谈判。经谈判，双方决定"协派英法委员共三人，会议分派园内之珍物，若者归英军，若者归法军"[1]。

但是，到了第二天，侵略军的士兵和军官们再也没有耐心，也不甘心于等待上级的分配，"他们不再能抵抗物品的诱惑力，军官和士卒们似乎暂时疯狂了一般，身心都浸沉在一件事业里，即是抢劫掳掠"[2]。法国军官赫理逊（D'Hérisson）

---

[1] Henri Cordier，*L'Expedition de China de 1860*，转引自《北平图书馆馆刊》第七卷第三、四号。

[2] Garnet J. Wolseley，*Narrative of the War with China in 1860*，转引自《北平图书馆馆刊》第七卷第三、四号。

14
观水法遗址

于目击抢劫的现场后，也不得不写下抢劫者的贪婪丑态："有互撞而相争者，有将仆或已仆者，有仆而复起者，有矢誓，有诟骂者，有大声嘶喊者……犹之蚁穴为足所蹴，群蚁各衔米粒虫草等物，向穴狂奔而入。军士至有以首探入红漆衣箱，或卧于织金绣缎内搜寻珍物者，或有项悬珍珠朝珠者，或攫取时钟者，或以斧剪取箱笼所嵌宝石者……"[1]

侵略军进行了这一番抢劫之后，在他们驻扎的营帐里，到处堆满了金银、珠宝、钟表、织锦、绸缎、珐琅、瓷器以及各种珍贵的工艺品，仿佛进入了一个珠光宝气的锦绣世界。抢劫得来的大量赃物，有的在现场拍卖，有的被士兵和军官带到国外，有的则由侵略军统帅作为礼品献给英国国王

---

1　转引自陈庆华：《圆明园》。

和法国皇帝。至今英、法博物馆内收藏的中国文物中，有不少就是掠自圆明园的。

为了掩盖劫掠的罪行，英国特使额尔金公爵（Lord Elgin）提出"只有焚毁圆明园一法最为可行"，而且还找到一个似乎冠冕堂皇的理由——

> 圆明园乃是清帝所最宠爱的行宫，毁坏这个地方，对于他的骄倨和情感两方面，准定是一个大打击，绝没有错的。由赛克骑兵的口述看来，他将我们可怜的国人（指巴夏礼等人）带到此地，使他们在邻近的地方经历种种苛刑……军队将要开向那地，并不为着抢劫，不过用一种严厉的报复举动，表明为清政府所犯的这桩大罪恶激动起来的我们的惊惧和愤怒[1]。

其实，侵略者之决定焚毁圆明园，绝不仅仅为着上述的目的，而有着更深远的用意，即对当时尚不完全就范的"天朝皇帝"施加一种切肤的压力。对此，沙俄公使普提亚京曾一语道破："除非使北京受到压力，否则和中国政府是什么也办不成的。"

这个行动立即得到英国政府和报界的支持。经过一番

---

1　Robert Swinhoe，*Narrative of the North China Campaign of 1860*，欧阳采薇译。

策划之后，额尔金下达了焚毁圆明园的命令。英军第一师师长米凯尔中将（John Michel）率所部骑兵奉命执行这个任务，放火的临时指挥所就设在正大光明殿。

咸丰十年（1860）农历八月的一个清晨，火焰升起，一次破坏人类文明的罪恶行动开始了。

英军翻译官司温侯（Robert Swinhoe）记下了现场目睹的情况——

> 不久，浓烟直冒，渐渐冲向天空，表明这件工作已经开始了。当白天慢慢过去，浓雾逐渐加大，并且越来越浓密，飘飘荡荡，仿佛一片大的云彩，罩盖北京；并且又像一个可怕的大风雨，将要来临。当我们走近行宫的时候，火声噼啪噼啪地响着，很足以使人震惊，并且穿过一重重的烟雾，太阳照耀中天，使一切花草树木都带了一种憔悴的病色。殷红的火焰，映在从事放火的军队们的面庞上，使他们看起来，仿佛恶魔一样，虽是毁坏他们所不能恢复的东西，却洋洋自得的，觉得很是光荣。这天夜晚，陡觉温暖，并且当着一个个的屋顶倾塌下来的时候，四面墙垣的烈火，也渐渐闷塞下来，喷出大大的一卷一卷的浓烟。我们想，对于这个老大帝国的命运，这是

表示一种愁惨的预兆……[1]

大火一直燃烧到十一月二十五日，主要焚烧对象是圆明三园，但"王大臣寓及宫门外东首各衙门朝房及海淀居民铺户，大半焚烧"[2]。

数日后，米凯尔的骑兵继续放火焚烧香山、玉泉山、万寿山、畅春园等处殿宇。

有关圆明园内外的这两次被焚掠的情况，总管内务府大臣明善于咸丰十年（1860）十月初四的一份奏折中做了详细的陈述——

……奴才遵即会同总管王春庆，并率领圆明园郎中景绶、庆连，员外郎锡奎，六品苑丞广淳，并各园各路达他等前往三园内逐座详查：九洲（州）清晏各殿、长春仙馆、上下天光、山高水长、同乐园、大东门均于八月二十三日焚烧。至三园内正大光明殿等座于九月初五初六日焚烧，玉玲珑馆于十一日焚烧。……其蓬岛瑶台、慎修思永、双鹤斋等座，及庙宇、亭座、宫门、值房等处，虽房座尚存，而殿内陈设、铺垫、几、案、椅、杌、床张均被抢掠，其宫门两边罩子门，及大北门、西北门、藻园门、西南

---

1　Robert Swinhoe, *Narrative of the North China Campaign of 1860*，欧阳采薇译。
2　恭亲王奕䜣奏折。

门、福园门、绮春园宫门、运料门、长春园宫门等处虽未焚烧，而门扇多有不齐。查所有园内各座陈设、木器，及内库金银、绸缎等项册籍，向系司房内殿等处管收，亦均被抢、被焚无从清查。现在所存殿座、房间、亭座、庙宇、宫门、船只，除由总管王春庆缮具清单赴热河恭呈御览外，其大宫门、大东门，及大宫门外东西朝房、六部朝房、内果房、銮仪卫值房、内务府值房、恩慕寺、恩佑寺、清溪书屋、阅武楼、木厂征租房、澄怀园内近光楼六间、值房八间、上驷院、武备院值房等处均被焚烧，档案房前后堂、汉档房等处被焚，满档房、样式房等处尚存数间，亦被抢掠，仅将印信护出无失。库房六座，被抢四座，焚烧二座。查银库现存正项银一百六两六钱二分一厘，银钞二万九千三百二十五两，当百、当五十大钱五百六十三串五十文。奴才率同官员达他等进库搜查，唯存银钞一万一百两，其余银钞一万九千二百二十五两，并实银制钱尽行失去。……器皿库五座内存装修、什物、零星木植、灯只等件，抢掠不齐，现在赶紧详查，俟查清再行造册奏明存案。……所有园内各处一时实难整理。奴才与总管王春庆及该管司员再回筹酌，拟将福园门收拾整齐，内外添安锁钥，内著首领太监及各园各路达他带领园户等巡查看守,外饬圆明园八旗、内务府三旗、绿营员弁照旧启闭,管辖、稽查出入,其余通外各门及墙缺处所,奴才亲督工匠用现存砖石赶紧补砌,以严防守。……[1]

当北京西北郊的"三山五园"正陷入一片火海的时候,额尔金得意忘形地宣称:"此举将使中国与欧洲惕然震惊,其效远非万里之外之人所能想象者。"[2]劫掠和放火的主使者把这种行径看作了不起的业绩,而全世界正直的人们却被这野蛮的罪行所激怒。法国的伟大作家雨果在1861年写下了这样一段话。

> 有一天,两个强盗走进圆明园,一个抢了东西,一个放了火。仿佛战争得了胜利便可以从事抢劫了。……把我们各大教堂的宝藏集拢在一起也是抵不上东方这所庞大的辉煌的博物院的。……这个胜利者把口袋装满,那个把箱箧装满。他们手拉着手,笑嘻嘻地回到欧洲,这就是那两个强盗的历史。我们欧洲人是"文明人",在我们眼中,中国人是野蛮人。可是你看,"文明"人对野蛮人干了些什么。在历史的面前,这两个

---

[1] 秦国经、王树卿:《圆明园的焚毁》,见《故宫博物院院刊》,1979年。
[2] 转引自《北平图书馆馆刊》第七卷第三、四号。

强盗，一个叫法兰西，另一个叫英吉利。[1]

这段话代表着千百万正直人的心声，也是历史的定评。

一代名园胜苑，数日之间付之一炬。这时候清政府朝廷上下乱作一团，奕䜣一再指示当时在北京负责办理交涉事宜的恭亲王奕䜣"只可委曲求全，以期保全大局"。十月二十四至二十五两日，奕䜣代表清政府分别与英、法签订了丧权辱国的《北京条约》，英法联军始退出北京。

咸丰十一年（1861）七月，奕䜣病死在承德避暑山庄，同治帝载淳嗣位。回到北京后，东、西两宫太后垂帘听政。从此，开始了中国近代史上最黑暗的时期，广大人民在封建主义和帝国主义的双重残酷压迫下，深陷于水深火热之中。

圆明三园虽经过这次焚毁，但园林的范围太大，据事后内务府的调查报告，圆明园、长春园北半部一带尚有不少建筑和山池花木完整地保存下来，各园仍由有关的官员和宫监管理着。

同治十二年（1873），两宫撤帘，载淳亲政。是年八月，载淳以奉养两宫太后为名，下令修复圆明三园，并按道光时之旧例以绮春园为太后的寝宫，改名"万春园"。命内务府样式房做出修复方案的全部图纸和烫样，销算房做出全部的工料预算还命人清理现场渣土，做好开工前的准

---

[1] 转引自丁名楠等：《帝国主义侵华史》。

备工作。

修复工程开始不久，由于国库空虚，地方政府"报效"不力，建筑材料奇缺，加之统治阶级内部意见纷歧，以致园工无法进行下去，不得不于次年停工。

停工后，内务府派员详查各殿宇完工情况并造具清册，对未完工的建筑物则妥为保护，各园管理事务的官员仍然行使其职责。可见清廷对圆明三园的修复，并未死心。

同治十三年（1874），载淳病死，光绪帝载湉继皇位，两宫太后再次垂帘听政。光绪七年（1881），东太后钮祜禄氏病死，西太后那拉氏独揽朝政。光绪二十六年（1900），八个帝国主义国家以"义和团事件"为借口派遣联军攻占北京城，西太后与载湉逃往西安。当时，北京城内外秩序混乱，驻守西北郊的八旗兵丁勾结宫监和附近的地痞恶霸，将圆明三园内的木构殿宇几乎全部拆卸盗卖一空，树木亦砍伐殆尽。经过此番洗劫，原来幸存的和同治年间重修的建筑物差不多已荡然无存了。

光绪三十年（1904），清廷以经费支绌，裁撤圆明园的大部分管理机构。到了宣统年间，圆明三园已处于无人管理的状态。园内已是"麦陇相望，如行田野中"[1]。

辛亥革命后，军阀官僚、地痞奸商更是肆无忌惮地大规模地挖掘、盗运残存的建筑基址，甚至难于搬动的石料

---

1　程演生：《圆明园考》。

亦成块成件地运走。至今在北京的许多地方仍能看到圆明园的华表、石狮、铜兽、石柱、石雕、石碑、太湖石等大件的遗物。那之后，小规模的偷盗残材，更是成群结伙，逐年不绝，有的人甚至以此作为专门职业，这种情况，一直持续到1949年。

中华人民共和国成立不久，人民政府的有关部门立即把遗址保护起来并纳入北京市公园规划的保留用地之内。之后，又陆续在遗址范围内植树造林。1976年设立"圆明园管理处"，重点清理了西洋楼等几处遗址，修筑了部分道路桥涵，继续进行绿化，成立了"园史展览馆"。政府、学术界以及广大人民群众都很关心圆明园的前途，1980年8月圆明园罹劫一百二十周年之际，在北京召开了第一次全国性的"圆明园学术讨论会"，由文化界知名人士，园林界、建筑界的学者专家共同发起筹建"圆明园学会"，开展系统的学术研究，商讨园林遗址的保护、利用及今后的修复问题。

如果说，圆明园过去的颓废反映了中国近现代历史上受侵略的一个侧面，那么，它今后的新生也必将从另一个侧面体现中国进行现代化建设的历史新页。

原载《圆明园》，三联书店香港分店、中国建筑工业出版社联合出版，1985年

# 颐和园的园林艺术

公元16世纪到19世纪，即明代和清代的几百年间，是中国园林的一个繁荣时期。园林建造在艺术造诣和工程技术方面都已达到十分成熟的境地，在广泛的实践基础上还总结出了许多理论性的专门著作，明代造园家计成所写的《园冶》就是其中重要的一部书。

山清水秀的长江下游，以苏州、杭州、扬州为中心的江南地区是当时封建经济和文化最发达的地区，私家园林也最为兴盛。其中的一部分尚比较完整地保存到现在，这就是一般通称为"江南园林"的代表作品。它们以精湛的造园技巧、浓郁的诗情画意和工细雅致的艺术格调，成为中国园林发展史上的一个高峰。

北方则以皇家园林为造园活动的主流。18世纪中叶，清王朝的第四代皇帝乾隆（弘历）在位的六十年间，仅北京的西北郊一带，由他亲自主持扩建、新建的大型皇家园林就有五座之多。这就是著名的"三山五园"，即畅春园、圆明园、万寿山清漪园、玉泉山静明园、香山静宜园。那时候，风景优美，泉水充沛的北京西北郊一带，极目所见皆为绿树掩映、馆阁连属的名园胜苑。这位自诩"园林之乐，不能忘怀"的皇帝，六次下江南巡行游览，把他所中意的园林和名胜，均命随行的宫廷画师摹绘下来，作为北方建园的参考。北方的皇家园林在继承传统的基础上，大量地吸取江南园林的意趣和造园手法，既不失北方的浑宏气概，又能体现江南水乡的婉约多姿，可谓兼具南北之长，而成为中国园林发展史上的另一个高峰。

咸丰十年（1860），"三山五园"被英法侵略军焚毁，三十二年后，颐和园在清漪园的废墟上重新修复建成，除了一部分建筑物有所变动外，整个园林的规模和规划布局并没有更改。所以，颐和园的建造年代虽然较晚，但仍然可以视为北方园林极盛时期的一个代表作品。

这座占地二百九十公顷的大型天然山水园林是中国的最后一座皇家园林，也是当时中国的实际统治者皇太后慈禧长期居住的地方。她需要在这里接见臣僚、处理朝政，为此专门建置了一个宫廷区——一个具体而微的小朝廷。所以说，颐和园是兼有宫和苑双重功能的园林。在总体规划上它形成宫、苑分置的特点，即占地极小的宫廷区相对地独立于广大的苑林区，二者既有分隔，又有联系。

按皇家宫廷的规制，外臣不能擅入御苑。因此，宫廷区必须设在园的前部而紧接于园的正门——东宫门，这就

颐和园的园林艺术

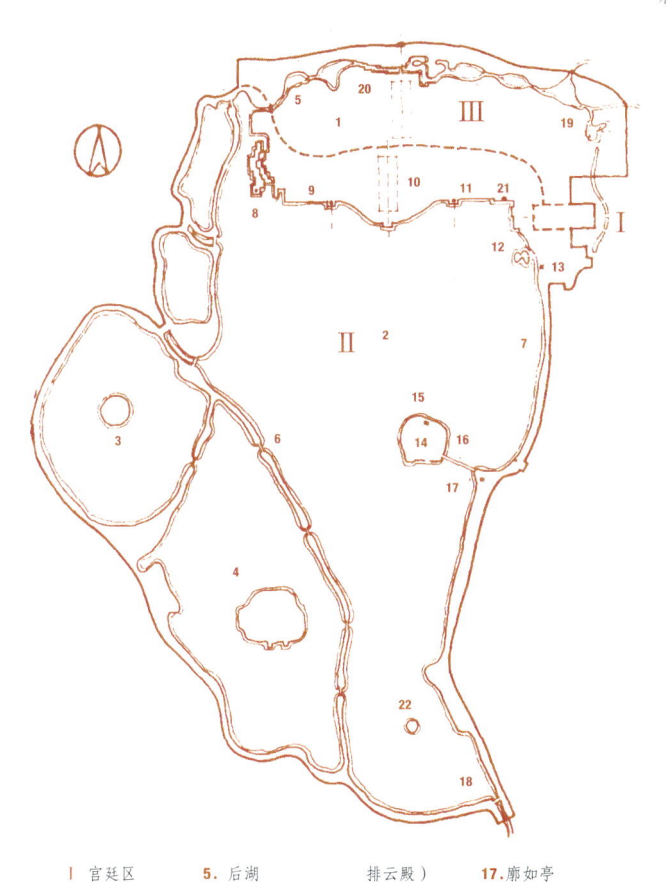

| Ⅰ宫廷区 | 5. 后湖 | 排云殿） | 17. 廊如亭 |
| --- | --- | --- | --- |
| Ⅱ前山前湖景区 | 6. 西堤 | 11. 对鸥舫 | 18. 绣漪桥 |
| Ⅲ后山后湖景区 | 7. 东堤 | 12. 知春亭 | 19. 谐趣园 |
| 1. 万寿山 | 8. 五圣祠 | 13. 文昌阁 | 20. 须弥灵境 |
| 2. 前湖东水域 | 9. 鱼藻轩 | 14. 南湖岛 | 21. 水木自亲 |
| 3. 前湖西水域 | 10. 中央建筑群 | 15. 涵虚堂 | 22. 凤凰墩 |
| 4. 前湖南水域 | （佛香阁、 | 16. 十七孔桥 | |

1
颐和园总体规划示意图

是以仁寿殿为正殿，包括仁寿门、东宫门以及分列两侧的配殿、内外朝房、值房共三进院落的一组严整均齐的建筑群。它的中轴线一直延伸到东宫门前面的影壁和牌楼，构成一个规整而有节奏的空间序列，以此来突出封建皇权的尊严。但是，作为园林建筑的一部分，这个宫廷区毕竟与紫禁城的宫殿有所不同：建筑物的屋顶用朴素的青灰瓦代替华丽的琉璃瓦，庭院内栽植常青的树木，点缀着山石花坛，使得它具有更多一些的庭园气氛，与苑林区的风格统一起来。

宫、苑分置的园林规划，本来是为着适应封建礼制的需要而产生的一个特点。造园匠师利用这个特点，在宫廷区和苑林区的衔接部位，即仁寿殿的南侧堆置了一带小土冈代替通常的墙垣，使得严整的宫和开朗的苑之间既有障隔，又能够把两者的空间巧妙地沟通起来，从而创造了一种欲放先收的景观对比效果。今天的游人，从东宫门入园必先经过宫廷区的一重重封闭而多少有些森严的建筑空间，绕过仁寿殿南侧的一带小土冈，于不经意间进而至豁然开朗的另一天地，放眼西望，美丽的湖光山色突然呈现在面前。这是一个极其强烈的对比，一开始便增强了人们对园林的感受，其动人心弦之处恐怕是每个游人所不能忘怀的。如果没有这个建筑空间的过渡，甫入园即一览无余，那么，园林所给予人的第一个印象也就为之减色了。

宫廷区的后面就是以万寿山和昆明湖为主体的广大的苑林区。万寿山最高处约六十米，东西长约一千米。山的南

2
自玉澜堂前西望之景

坡全部濒临于辽阔的昆明湖，湖面上布列着长堤和岛屿，将昆明湖划分成若干层次和水域。但是，在清漪园建园之前，这里的原始地貌并非如此。

据文献记载，昆明湖的前身叫作"西湖"，水面比现在小。万寿山原名"瓮山"，只在西半部临湖，东半部的前面则是一片平畴田野。西湖本身的风景虽然不错，但湖与山的连属关系却十分尴尬，必须在造园的同时加以彻底改造。当时，北京西北郊的一项水利工程正好需要疏浚并扩大西湖作为蓄水库，于是，园林地貌的改造即结合这项工程同时进行。

首先，将湖往东、北方向拓展直抵山的东麓，使万寿山全部濒临水面；保留了原东岸上的龙王庙，成为开拓后在昆明湖中的一个大岛——南湖岛。接着，利用浚湖的土方堆叠万寿山东部以改造地形，沿拓展后的昆明湖东岸修筑一条大堤——东堤。更于湖的西北端将水面沿着万寿山西麓往北延伸，再兜转而东，然后沿山的北麓开凿后湖，构成山嵌水抱的形势。万寿山仿佛托出于水面的一座岛山，山与湖遂完全连属而成为一个整体。

往西拓展水面的同时，修筑了西堤，这条纵贯昆明湖的长堤及其支堤将湖面划分为三个大小不等的水域，每个水域各有一个中心岛屿。以南湖岛为中心的东水域面积最大，是昆明湖的主要水域。由于这些水域的划分和岛堤的布置，辽阔的湖面上有了层次的变化，避免了单调的感觉。西堤自西北折向东南，在湖的南端即昆明湖水路的入口处与东堤汇合，使得东水域的中心线正好与万寿山南坡的中心线大致对应重合；再加上万寿山与南湖岛一北一南、一大一小遥遥相对而构成控制湖面的主宾呼应之势，从而使湖与山的连属关系更加密切了。

昆明湖中的岛堤的布置不仅为了园林景观的需要，还有着另外的寓意。

就湖的整体来看，如果略去西堤不计，则湖中的三个小岛成鼎足而三的布列，这是皇家园林由来已久的理水方式。远在公元前二三世纪流行的道家神话中，传说在东方的海上有三座神仙居住的岛屿，名叫蓬莱、方丈、瀛洲。当时的皇帝们大都迷信神仙，祈求长生不老，因而在御苑内开凿水池、堆筑三岛以作为东海三仙山的象征。此后，这种"一池三山"的理水方式遂成为历代皇家园林的传统内容，一直沿袭到清代。

昆明湖的前身西湖，在清漪园建园之前就是北京西北郊的风景游览区，不少明代和清初的文人对这里的景物都有诗文咏赞，有的甚至把它比作杭州的西湖，例如沈德潜的《西湖堤散步诗》中就有这样的描写："闲游宛似苏堤畔，欲向桥边问酒垆。"（苏堤是杭州西湖中的一道堤）

乾隆经营清漪园，即有意识地以西堤本身及西堤六桥的设置来直接摹仿杭州西湖的苏堤和苏堤六桥。我们如果把西堤在昆明湖中的走向、它与万寿山的位置关系，和苏堤在杭州西湖中的走向、它与小孤山的位置关系两相比照，就可以明显地看出二者的相似之处。足见杭州西湖之为昆明湖规划的蓝本，乃是很显然的事实。到过杭州的游人，如果漫步在颐和园西堤之上，面对着眼前的一派波光山影，大概都会很自然地联想到千里之外的苏堤，而或多或少地产生一种仿佛置身于南国风物之中的感受吧！

原始地貌经过这一番精心改造和整理之后，湖、山、岛、堤就被组成为一个完整统一而又富于变化的自然环境。在这个环境内，万寿山山脊以南和以北的地貌结构完全不同，因此它们的建筑布局与植物配置也不一样，从而又形成苑林区内的两个各具不同景观特色的景区——开朗的前山前湖景区和幽静的后山后湖景区，连同宫廷区，这就是颐和园总体规划的三个基本单元。

前山前湖景区约占全园面积的十分之九左右，前山即万寿山南坡，前湖即昆明湖。山屏列于北、湖横陈于南，呈北实南虚的形势；东堤之外是田畴平野，西堤之外则为一片水域，又呈东实西虚的形势。南面的"虚景"一直往南延伸而消逝于天际，西面的"虚景"则以远处的玉泉山和西山群峰作为衬托。这个景区具有如此开阔的景界，因而在景区里面的任何部位，几乎都能观赏到幅度极大的风景画面。游人无论在山上，或泛舟湖中，或漫步岛堤岸边都好像置身画境、如游画中。这许多风景画面的构成，内容不仅有园内的湖、山、岛、堤以及点缀其上的建筑物和树木，还有园西面数里之外的玉泉山、山顶的玉峰塔以及更远的西山群峰。有意识地借助这些园外之景来丰富、陪衬园内之景，这就是中国园林所经常运用的借景手法，也就是《园冶》一书中所说的："借者，园虽别内外，得景则无拘远近；晴峦耸秀，绀宇凌空，极目所至，俗则屏之，嘉则收之，不分町疃，尽为烟景。斯所谓巧而得体者也。"

建筑美与自然美的巧妙结合，是中国园林之所以具有巨大的艺术感染力的一个主要原因。颐和园一类的大型皇家园林的建筑布局一般都采取大分散、小集中的方式，即将园内绝大部分的建筑物集中为许多建筑群，再分散配置于全园之内。它们之中，有的建置在景界开阔的地方，以个体建筑物和建筑群体组合的形象作为点缀风景的重要手段，或者作为观赏风景的特定场所；有的建置在环境幽闭的地段，结合局部的地貌而成为小型园林的格局；有的则为普通的院落建筑群。这种布局方式，既能够适应帝王园居和宫廷生活的需要，又能够充分利用地形和环境的特点而因地制宜，因势利导，创造出丰富多样的园林景观。

在这个景区之内，我们可以看到中国的园林建筑对于大型天然山水园的景观创造所起的积极作用；可以看到造园匠师如何利用建筑布局与前山的山形特点相结合，与湖中岛堤的安排相结合，与园外借景的收摄相结合，来组织、点染、剪裁那些原始的天然风景，把它们提高到诗情画意般的境界，从而创造出一系列凝练生动的大幅度的风景画面，并为观赏这些画面提供良好的位置和场所。

万寿山的前山仅占全园面积的极小一部分，但却集中建置了大量的建筑群。这是出于园林规划上的三方面的考虑。

一、前山接近于帝、后居住的寝宫乐寿堂、玉澜堂和宜芸馆，交通往返方便。

二、前山面南，建筑物都有好的朝向而又居高临下，能够从不同的角度、不同的视点来观赏湖景和园外借景。例如佛香阁前面的回廊、画中游、云松巢、写秋轩、福荫轩、重翠亭、景福阁等处都是登临俯瞰昆明湖景色的场所，从山脊的西端西望，玉泉山正好全部收纳入视界之内而创造了一个绝妙的借景画面。

三、如果以山水画作为比喻，"凡一图之中，楼阁亭宇乃山水之眉目也，当在开面处安置"（郑绩《梦幻居画学简

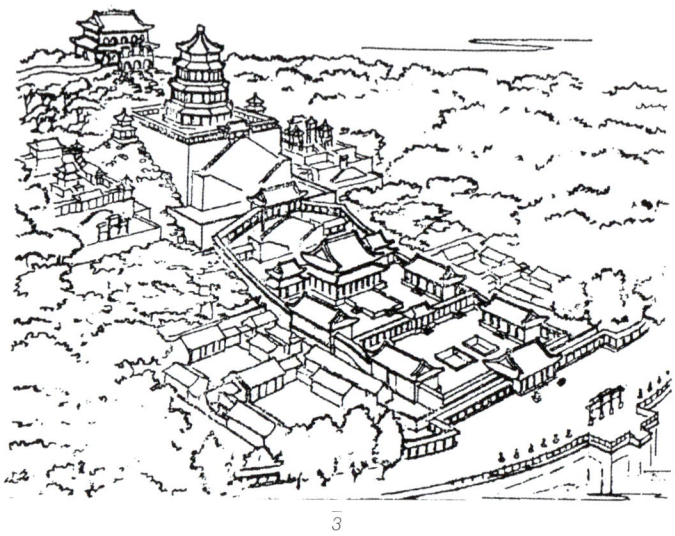

3
中轴线上的空间序列

4
自佛香阁俯瞰湖景

明》)。前山正是整个景区的"开面"之外，建筑点缀犹如眉目；但前山的山形比较呆板，较少起伏之势，所以，又不仅是一般的山景点缀，而必须以较多较浓重的楼台殿宇做足够分量的着力点染，来适当地掩饰和弥补这个先天的缺陷。

前山的建筑物既然在点缀风景和观赏风景方面起着如此重要的作用，因此，前山的建筑布局遂成为整个景区规划的关键所在。造园匠师们大胆地运用了一个突出重点、烘云托月的手法，在前山的中央部位建置一组体量大而形象丰富的中央建筑群，整个前山的建筑布局即以它作为中心而展开。这组建筑群在清漪园时期叫"大报恩延寿寺"，是为乾隆的母亲做寿而建，乾隆在《大报恩延寿寺记》中写道："以兹寺为乐林，为香国，万几之暇，亲奉大安辇随喜于此。前临平湖，则醍醐之海也。后倚翠屏，则阿耨之山也。"把整个万寿山昆明湖比作佛经中的梵天乐土，可见此寺地位之显要。重建后的颐和园则把排云殿和佛香阁作为帝后举行朝会盛典的殿堂和佛寺，也是全园内最重要的建筑群。这组建筑群以一重重华丽的殿堂台阁密密层层地将山坡覆盖住，构成一条贯穿前山上下的中轴线，它的东西两侧又各有对称配置的建筑群形成两翼的陪衬。园内最大的建筑物——高达四十米的佛香阁是中轴线上的重点建筑物，它的八角形、四重檐、攒尖顶的形象在园内的许多地方，甚至在东宫门外都能看到，而且从不同角度和不同的方向都能够看到完全一样的轮廓。二十一米高的巨大的石砌高台在半山腰上把它托举

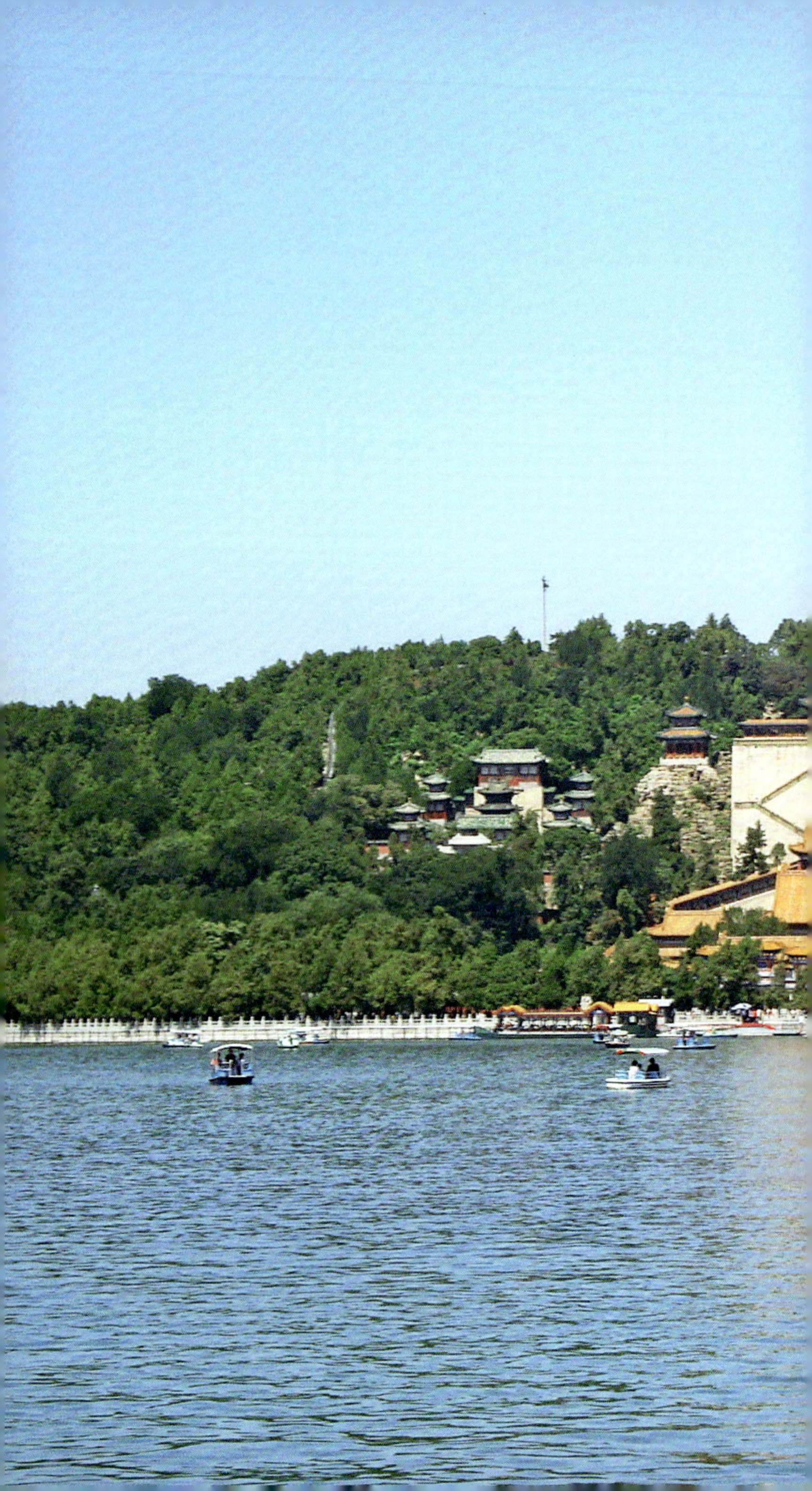

5
颐和园万寿山前山中央建筑群
(图片选自贾珺《中国皇家园林》)

起来，使它的顶部超过山脊。其左右配以两座重檐方亭，前面是金碧辉煌的排云殿，背后又衬托着山顶的光彩夺目的众香界和智慧海。佛香阁因此益发显得气宇轩昂，凌驾于一切之上，而成为前山乃至于整个景区内总挽全局的构图中心。

佛香阁的形制、体量对于前山前湖景区园林景观设计的成败具有举足轻重的作用，这从下面的一段故事亦足以说明。乾隆时清漪园建园之初，据说在大报恩延寿寺的后面"初仿浙江之六和塔建窣堵波即塔未成而圮，因考《春明梦余录》谓京师西北隅不宜建塔，遂罢更筑之议"（《养吉斋丛录》）。这件事在乾隆的《御制诗》里曾提到过，故宫所藏清漪园工程档案中也有记载。原来在寺后高台上修建的是一座九层塔——延寿塔，工程进行到第八层时"奉旨停修"，拆除改建为八角形、三层高的楼阁——佛香阁。由此可知拆塔建阁确有其事，之所以如此，可能出于风水习俗上的考虑。如果从园林景观的效果来看，塔的细而高的造型比例与万寿山山形及中央建筑群不甚谐调，与园外西面玉泉山顶玉峰塔的借景也确犯重复的毛病。据此，改建的原因也就更显然了。

为了更强调前山的中轴线，将它的南端的湖岸向水面凸出成新月状，并在它的东西两侧的长廊上分别对称地建置两座水榭——对鸥舫和鱼藻轩，作为中轴线的左右陪衬。长廊自山麓的东西两端逶迤而汇结于中轴线南端的排云门，作为前山横向联络的纽带，它与中轴线一纵一横构成前山建

6
大报恩延寿寺的延寿塔想象图

筑布局的纲领，还配合着沿湖岸通长的汉白玉石栏杆把山水交接的部位镶嵌起来，更加显示了前山通体的精雕细刻。前山其他体量较小的建筑物和建筑群则自由而疏朗地布置在山脚、山坡和山脊上，以此来烘托中央建筑群的浓密、端庄、华丽。

前山的建筑所构成的这个重点突出、脉络清晰、宾主分明的布局，能寓变化于严整，严整中又有变化。它不仅恰如其分地掩饰了山形的缺陷，而且体现了一种帝王苑囿雍容磅礴的气势和仙山琼阁的画境，却又不失其园林的婉约风姿。这在现存的中国古代园林中，实属独一无二的大手笔。

前山的西面是西堤的一派自然景色，它与前山浓重的建筑点染完全不同，两者形成了强烈的景观对比效果。这条平卧湖上的西堤除了点缀着几座小桥之外，看不到任何高大的建筑物。因此，园外玉泉山的美丽山形以及玉峰塔的玲珑挺秀的体态得以完整、毫无遮挡地收摄作为园景的一部分。玉泉山外的西山群峰起伏，呈北高南低的走势，万寿山的山形正好与这个走势相呼应。而昆明湖南北向的宽度又恰恰能够把西山群峰与玉泉山借景全部倒映湖中。其间界以一线西堤的烟树，遮住了分隔园内外的宫墙。从东堤一带西望，园外借景与园内景物浑然一体，嵌合得天衣无缝。其构图之完整、剪裁之得宜，简直就是一幅绝妙的天然画幅，可谓深得"巧于因借"（《园冶》）的一个"巧"字，是中国园林中运用借景手法的杰出范例之一。

南湖岛位于昆明湖最大的东水域的中心而略近于东堤。它与万寿山隔湖遥遥相对呈宾主呼应之势，是前山前湖景区风景规划中的一个重要环节。岛的北、西、南三面都有很好的观景条件；唯独东面的东堤一带景色平平，为此而在岛的东岸堆叠土山，种植浓密的树丛将东堤遮挡起来，这就是《园冶》中所谓"俗则屏之"的障景手法。岛北端的涵虚堂雄踞于临湖的高台之上，正好隔着辽阔的湖面与对岸的佛香阁遥相呼应构成对景。涵虚堂也是一处绝佳的观景场所，从这里往北往西眺望，万寿山、西堤、玉泉山西山借景和烟波浩渺的湖面通统纳入人们的视野之内，构成一幅将近两千米长

7
自南湖岛西望西堤、玉泉山之借景

的风景画面。从湖东北岸的文昌阁起，沿湖逶迤而西再折而向南连续展开，有如中国山水画的手卷，气魄之大，在中国园林中是极为罕见的。岛的西岸一带以观赏西堤及玉泉山借景为主，南岸以观赏昆明湖南半部的水景为主，因此在这两处地方都预留开敞的观景地段，建筑群澹会轩内也相应地建置了两个面湖的观景场所。

南湖岛与东堤之间以十七孔长桥相连接。这不仅是交通上的需要，也有园林造景方面的精心考虑。长桥与东堤的交接部位并不做一般的简单垂直交接，而是有意识地做成曲线状往北兜转，就势把东堤的南北两段稍稍错开，打破了漫

8
清漪园 十七孔桥
（1871—1872年间拍摄）

长东堤的单调感觉；同时也把岛上以涵虚堂为主的一组建筑群通过长桥、廊如亭、文昌阁的过渡而顺势环抱，与景区的构图中心佛香阁在气势上连贯起来，好像中国草体书法中的飞白之笔，似断而实连。岛、桥和廊如亭三者又复形成一个均衡而有变化的完整构图，仿佛巨臂环舒、横陈水面，把略似三角形的东水域再划分为南北两个既隔而又彼此通透的层次。从湖的最南端的绣漪桥附近北望，水波荡漾之上，在万寿山远景的前面有自东堤伸过来的十七孔桥和南湖岛障隔如屏，显得湖景格外深远。

昆明湖的东北角上靠近东堤的岸边，有二岛相连，一亭居中的知春亭，则是东堤北端的一处重要的风景点缀和观景场所。

9
自知春亭附近北望"水木自亲"之景

后山后湖景区包括万寿山山脊以北的全部地段，在这个东西方向宽而南北方向很浅的狭长地段内绝大部分是山的北坡，水面只有逼近北宫墙的一段河流——后湖。与开阔的前山前湖景区完全不同，这里的山水地貌都比较幽闭，不可能构成大幅度的风景画面，借景的条件也远不如前山前湖景区。所以，这个景区的风景规划是以构成山水的近观小品为主，远眺为辅，着重在创造一个幽静深邃、富于山林野趣的环境，除了后山中部的那一组特殊的藏传佛教佛寺建筑群"须弥灵境"之外，建筑布局比前山疏朗得多，而且大部分都是自成一体的小型园林，或沿山，或倚坡，或临水结合局部地貌而错落布置，大片蓊郁的树林为之掩隐，弯弯曲曲的山道为之联络。可惜这些精致的小园林除谐趣园和霁清轩外，只能凭借焚毁后的断垣残壁依稀辨识当年的规模了。

大园林之中包含着许多小园林，即所谓"园中有园"，是清代大型皇家园林规划的一个突出的特点。18世纪中叶，乾隆主持经营的北方皇家园林中，不仅大量汲取江南风景的意趣和江南造园的手法，还直接仿建江南私家园林，谐趣园的前身惠山园就是一例。但此种仿建并非简单的抄袭，而是"略师其意，就其天然之势，不舍己之所长"，亦即运用北方的建筑形式结合北方的自然条件和种植特点来表现江南园林的情调，但求其神似而不拘泥于形似，可以说是以北方雄健之笔，书写江南柔媚之情的一种因地制宜的艺术再创造。这在客观上促进了南北园林艺术的交融，从而大大地丰富了北方园林的内容。

所谓"后湖"，其实是一条沿万寿山北麓开凿出来的河道，全长约一千米。它的北岸紧逼北宫墙，地势局促，因此，以挖河的土方沿着北岸堆叠为冈阜起伏的土山，把宫墙掩蔽住，使游人看上去，一带青山之外，似乎还有无限的空间。这些冈阜的走势又与南岸的天然坡脚呼应起来，从水面上看出去，颇有"两岸夹青山，一江流碧玉"的意趣。更为巧妙的则是利用峡口、石矶把河道障隔成为六个段落，每段水面的形状又各不相同，但却略近于湖泊的比例，形成一串具有各种景观特色的小湖面。经过这种分段收束、化河为湖的精心加工之后，漫长的河身得以免于僵直单调的感觉，增加了开合变化的趣味。居中的一段河床较窄，两岸建置店铺

10
苏州街遗址

市肆，这就是当年清漪园内摹仿江南河街的苏州街。

昆明湖西北端沿万寿山西麓延伸的一段水面是两个景区之间的过渡。这段水面以西堤和长岛穿插间隔成酷似江南的水网地带。从这里往东穿过半壁桥，即依次进入后湖的六个小湖面，两岸桃柳掩映中露出一座半座的临水码头或建筑物，有着非常浓郁的江南水乡情调。无论泛舟湖中，或沿岸步行，最得山复水转、柳暗花明之趣。这里因而成为园内的一处十分引人入胜的水景。

凡是到过颐和园的游人，没有不被那些千姿百态、光耀璀璨的建筑物所吸引的。的确，颐和园内的建筑不仅群体组合的方式变化万千，个体形象也极其丰富。这些为数众多的个体建筑物几乎包罗了中国古代全部木构架建筑的主要形式——殿堂、楼阁、厅馆、轩榭、亭、廊、舫、牌楼、门等；此外，还有砖石结构的无梁殿、塔、桥、牌楼、台、城关，以及大量的建筑小品。它们不仅是构成园林景观的不可或缺的内容，其本身甚至就足以成为人们鉴赏品玩的对象。

中国古代的木构架建筑，在世界建筑中是一个历史悠久、具有独特技术和艺术风格的建筑体系。它的特点简单来说就是以柱、梁、枋所构成的木框架作为屋身，支承着坡屋顶的全部重量，外墙只起间隔内外的作用。建筑物因此能够完全开敞，也可以完全封闭，门窗的装设不受外墙的制约。屋身下面是为了防潮和防水而设置的基座。中国建筑外观形式的多样变化以及封建时代官式建筑的等级制度，主要就表现在屋顶、屋身、基座这三部分的做法、用材、样式、色彩和装饰上面。

清代北方的官式建筑，即宫廷、苑囿、陵寝、庙宇、邸宅内的建筑物都严格地分为殿式、大式和小式三个等级。重要的殿堂一般采用最高一级的殿式做法，例如排云殿：屋顶为黄色琉璃瓦件、两重檐；屋身的梁枋上施以和玺彩画，这种彩画的色调为金、红、青、绿相间，图案以龙凤为主题，枋的上面有斗栱承托着檐部；基座为汉白玉石贴面的须弥座，四周设置汉白玉的望柱栏杆。但在园林里面的殿式建筑却又有灵活变通的余地，出现许多变体，如仁寿殿和东宫门的屋身是典型的殿式做法：和玺彩画、斗栱、雕镂精致的菱花隔扇式门窗；但屋顶为青灰瓦件，基座为不设栏杆的方形座则是次一等的大式做法，外观也就不像排云殿那样华丽

11
排云殿

了。除了这少数重要殿堂外，园内其余大多数的殿堂、厅馆、轩榭都采用一般的大式做法：青灰瓦件的卷棚式屋顶；屋身露明的梁枋上施以苏式彩画，这种彩画的色调以青绿为主，当中的半圆形包袱线（又名搭袱子）内描绘着花鸟、山水、人物等写实题材；枋的上面没有斗栱承托檐部；门窗的棂子一般为纵横木条拼镶成的步步锦几何图案。这类建筑比起排云殿、仁寿殿，外观较为朴素，是属于普通等级的建筑物。至于那些辅助性的建筑，甚至梁枋都不施用彩画，而代之以普通的髹漆，外观更简单，则是最低等级的小式做法了。

中国古代的许多风景名胜地区一般都有高大的楼阁建筑，这几乎成为传统。这些楼阁建置在濒临江湖的开阔地段，居高临下，作为观赏风景和宴饮的场所，也是风景区内最主要的点景建筑。如武昌的黄鹤楼、南昌的滕王阁、洞庭湖的岳阳楼等都因历代文人游览登临，咏诗题文而闻名于世。颐和园内的一些重要楼阁也仿照这种做法，建置在临水的制高点或景界特别开阔的部位，佛香阁就是典型的例子。有的甚至直接摹仿历史上著名楼阁的形式，如南湖岛上的涵虚堂，其前身望蟾阁就是一座摹仿黄鹤楼形制而建成的三层高阁。

亭是中国园林中不可缺少的点景建筑，也是游人在游览过程中稍事休息和驻足观景的场所。颐和园的亭一共有四十余座，形象很少重复雷同。平面有方形、圆形、多角形、套环形、菱形等，屋顶有单檐和重檐。屋身完全敞开，两柱之间的上部安装着用细木条拼成各式图案的花楣子，下面装设供游人坐憩的坐凳栏杆。亭一般是单幢地建置在山顶、半山或临水的岸边，作为园景的点缀，或者与附近的大建筑物互相呼应构成对景；有的建置在游廊的中间、尽端或转折处以丰富游廊的形象；有的建置在桥上则为桥亭。

廊作为建筑物之间的联系，建筑群之间的联络，甚至

12
颐和园西堤桥亭

作为游览路线的一部分。廊也是组织园林景观、分隔园林空间的一种重要手段。造园匠师们为着适应这种种的需要而创造了各式各样的廊，这在颐和园内几乎很多地方都能看到。最普遍的是两面空透的游廊，柱间全部装设坐凳栏杆，便于游人随时坐憩以观赏园景。此外，还有四合院里面连接于正房、两厢和正门之间的抄手游廊，弯弯曲曲的曲廊，半边以墙封闭的半廊和当中以墙分隔为双层空间的里外廊，顺坡势起伏的爬山廊和阶梯状的叠落廊等。

由于廊的联络和联系，从园东面的玉澜堂起沿万寿山

13
半廊

南麓直到园西面的石丈亭，这长达一千多米的主要游览路线上，全程都不必经过露天。其中主要的一段即全长七百五十余米的著名长廊，这在中国园林中可算是最长的游廊了。游人漫步廊中，既可免于烈日暴晒和雨雪沾湿，两旁的景物由左右立柱和上下楣子栏杆剪裁又成为一幅幅连续的画面掠眼而过，颇有步移景异、应接不暇之趣，这是别具一格的动观游览的效果。

　　颐和园水面广阔，多利用桥作为水景的点缀。桥的造型设计都能够把交通和造景结合起来考虑。全园共有大小桥三十多座，无论拱桥、平桥或亭桥，形象都不雷同。拱桥有多拱的如十七孔长桥，有单拱的如玉带桥，它们的桥拱很高，以便舟船通行。平桥的桥身较低，接近于水面，具有一种亲切的尺度感，多用于不通舟船的小型水面，也起划分水面层次的作用，如谐趣园内的知鱼桥。亭桥是仿自扬州的一种建筑形式，西堤上的豳风桥、镜桥、练桥、柳桥都是亭桥，但桥身和亭的形象却各不相同；它们与界湖桥、玉带桥分布堤上，就好像串缀在桃红柳绿的西堤上的六颗明珠，与水中倒影上下掩映，景色非常动人。

舫，顾名思义，就是船形的临水厅堂。江南地区水网密布、舟楫往来的形象构成了江南水乡的景观特色。因此，江南园林中亦多有以建筑物摹仿船的形状建置在水畔岸边，作为园林水景的一种很别致的点缀，可在里面坐憩宴饮，观赏园景，仿佛身居停泊的舟中。石舫（清晏舫）就是这样的一种仿自江南园林的建筑形式。

颐和园共有四座主要的园门——东宫门、北宫门、西北门、东南门，园内的建筑群和小园林也设置各自的正门和侧门，这许许多多门的样式都不是千篇一律的。重要建筑群的正门一般采取殿堂建筑的形式，例如东宫门、排云门。最简单的是在墙上开各种形状的洞框的洞门，洞框上面加以雕砖、石刻或瓦件装饰，叫作墙门。但最为丰富多彩的则是那些各种各样的垂花门。垂花门因檐下左右下垂的两个莲形小柱而得名，这本来是北方普通住宅的第二道宅门，在颐和园里面却运用于不同的场合因地制宜地创造出近十种的变体，长廊入口处的邀月门即是其中之一。仁寿门把牌楼、衙署仪门和祠庙棂星门的形式巧妙地结合起来，于典丽中又透露着亲切的意味，作为园林和宫廷区的第二重门，给人的印象很

14
仁寿门

深刻。

　　塔是中国佛教建筑的一种特殊形式，也是中国锦绣山河和大地风景的重要点缀。在山林深处、河湖岸边乃至广阔的原野上，都可以不时地看到突起的塔的挺拔秀丽的形体，或是近处的巍峨高耸的塔影。这些已经成为中国风景轮廓线上最为典型的特征了。作为大型天然山水园林的颐和园当然也少不了塔的点缀，后山东部的多宝琉璃塔和中部的许多西藏式的喇嘛塔就是后山后湖景区内的几处重要的点景建筑物。前山前湖景区内虽然没有塔的建置，但园外西面玉泉山顶的七层玉峰塔却作为借景而借入园内,构成园林景观的主要内容之一。

细心的游人会发现凡是比较重要的建筑物的正面当中设门的地方,檐下必悬矩形木制的匾,左右立柱上必挂长条形木制的联。这匾和联乃是中国园林建筑的一种独特的装饰部件,但其主要用意在于题词。匾上的题词也就是该建筑物或该处风景的命名,一般只三五个字。好的匾题往往能够点出建筑和风景的主要特征,如"湖山真意""画中游""夕佳楼""千峰彩翠"等。联上的题词是两句字数相等而对仗工整的词句,长短不拘,描写风景或者抒发作者对景物的感受。好的联句很有助于人们对园林景观的鉴赏和领会,甚至作为佳句而传颂一时。然而,这一类的匾题和联句在颐和园内只占少数,大多数则是反映封建统治阶级的思想意识,或者臣下对帝王的歌功颂德、阿谀奉承的滥调。这样的匾联,除了作为建筑的装饰,就再没有什么意义了。

颐和园里面既有为数众多的建筑物,还有大量的建筑小品。所谓"建筑小品"一般指体量较小的露天陈设物而言。皇家的颐和园,建筑都很讲究排场,需要各种式样的露天陈设作为庭院、广场的点缀或重要殿堂前后左右的陪衬,因此,这里的建筑小品就远较一般私家园林为多。露天的陈设需要经得起雨淋日晒,故以石造的居多,如石碑、石幢、石兽、石礅以及各种小型石雕等等,多不胜数,它们本身就是一件精美的工艺品。铜铸镏金的缸、炉、珍禽奇兽只能用

15
石墩

于宫廷性质的建筑群如排云殿、仁寿殿、乐寿堂等处，对称规整地排列在庭院内或正门、正殿的两侧。这类建筑小品作为皇家园林的特征之一，在私家园林里面是见不到的。此外，还有以造型优美的单块的石头作为庭院内的陈设物，乐寿堂院内的青芝岫就是一例。

　　中国园林的植物配置，讲究树木花卉的四时生态，讲究植物的自然形象与建筑、山水的配合关系。而大型天然山水园则更着重于从植物的配置来突出不同景区的性格，像西方古典园林中常见的笔直的林荫道（Boulevard）、几何体的植物整体（Topiary）、图案式的植坛（Parterre）是完全没有的。颐和园的植物配置除了遵循上述原则之外，也还有它自己的特点，概而言之：山地以松、柏树为主，水边以柳树为主，水面多植荷花，其他的树种和花卉则因景而异穿插栽植。

耐寒的松、柏树是北方的乡土树种，北方和中原的名山多有奇松古柏。中国历代的诗文都赋予松柏以人格化的比拟，以它们作为"高风亮节""长寿永固"的象征。这些都符合于帝王封建统治思想的需要，因此在皇家的宫廷和园林中广泛栽植。另外，松柏的生态是四季常青，在常绿树中它们的色彩较为凝重，大片成林最适合于作为山地的色彩基调。柳树近水易于生长，姿态婀娜而色彩偏于清丽；与水景的潋滟相配合，最能体现江南水乡的妩媚多姿。

万寿山上虽然广植松柏，但前山和后山却又有所不同。前山是一个开阔的大景区内的主要观赏对象，也是建筑物荟萃、宫殿佛寺集结之地，故以纯粹的大片松柏树林作为绿化种植的主体，既有"长寿永固"的寓意，也能恰如其分地突出前山景观的特点：苍松翠柏的暗绿色基调与中央建筑群的亮黄色琉璃瓦屋顶、红色的墙垣、金碧辉煌的彩绘形成极其强烈的对比效果，从色彩上更渲染了前山景观的恢宏华丽。后山以山林野趣为主调，多为近观赏的小品风致，故以松柏树与桃、枫、杨、槐等落叶树相间植，姿态多样，树形参差，配合着丘壑的起伏和疏朗的建筑布局，创造出一种与前山全然不同的幽邃气氛。山道盘曲于坡陇间，迂

16 后山道路

回于密林中，在道路的转折处常以姿态优美的单株树木结合一组小型叠石作为对景，益发增加了山道的曲折幽致、移步换景的妙趣。

重要的殿堂建筑群如仁寿殿、排云殿等处的庭院中，为适应建筑布局的严整性，松柏树也按建筑群的中轴线对称规整地成行成列栽植。居住建筑的庭院则以花木为主，如乐寿堂前遍植牡丹、海棠、玉兰等，一派花团锦簇，烘托出浓郁的居住气氛。有些地方着重突出植物的寓意，前山的松柏纯林就是一例，此外，如长廊东西两侧沿山坡处建置的国花台，当年栽植山东省进贡的象征富贵的牡丹花，排云门前栽植象征帝王所期望的"太平祥瑞"的太平花。有些地方则以植物点出风景的特色，如知春亭小岛上栽植柳树和桃树，桃柳报春信，点出"知春"之意。谐趣园以垂柳、荷花突出春夏之景；玉琴峡附近的竹林藤萝配合着山石峋峻、流水叮咚，更点染了这座小园林的诗情画意。此外，有以植物配置作为障景的，有作为风景画面的剪裁手段的，有作为建筑物与自然环境之间的过渡的，等等，不一而足。

如果说追求享受园林之乐趣是帝王奢侈生活的一个主要内容的话，那么他们倾注大量物力财力所经营的皇家园林，从总体规划直到局部的设计处理必然会在不同程度上体现他们的意图，反映封建统治阶级的思想意识，这是不言而喻的。而以佛寺作为园林的主要建筑，则更是其他园林所不经见。佛寺建筑不仅在颐和园的全部建筑物中占很大的比例，而且还是两大景区的中心建筑群。所以，这座园林在宫廷色彩之外，还弥漫着浓厚的宗教气氛。但随着时代变换，岁月流逝，那些过去留下的封建烙印，有的正在逐渐消失其色彩，有的已完全不为人们所认识。今天的游人所看到的，则是一个宏大丰富而完整的园林艺术作品，一份由那些名不见经传的造园匠师和其他劳动人民所创造的优秀的古代文化遗产。它正以其巨大的艺术魅力吸引着千千万万的中外游人。

颐和园是中国园林艺术中极为珍贵的瑰宝,它作为世界园林艺术中最优秀的作品之一,也是当之无愧的。

原载《颐和园》,朝花美术出版社,1981年

# 颐和园的前山前湖

颐和园的前身清漪园始建于清乾隆十五年（1750），是北京西北郊的五座大型皇家园林即所谓"三山五园"中最后建成的一座。乾隆年间正值清代北方园林建设的极盛时期，在乾隆皇帝亲自主持下兴建、扩建的"三山五园"继承了我国历来皇家园林的传统，又大量汲取当时江南私家园林在造园艺术和技术方面的成就。而清漪园则除此之外，还取法我国山水风景区的景观构成的许多原则而运用于园林造景。这一点，固然由于它的园址的地貌基础提供了先决条件，但园林的规划也是促成其实现的积极因素。

清漪园是一座以万寿山、昆明湖为主体，以佛寺为中心的天然山水园。在建园之前，万寿山原名"瓮山"，它的西面屏列着南北走向的玉泉山、西北面为香山余脉的红山口。介于瓮山南麓和玉泉山东麓之间的是一片连绵的湖泊，元代叫作"瓮山泊"，明代和清初叫作"西湖"。湖的东岸正对着瓮山的中央，西面纵贯长堤。堤以西的水面较浅，水位

明代和清初西湖附近地形示意图

也不稳定。其范围根据现状地形、文献记载和附近聚落的命名如南坞、北坞、船营等尚可以大致判断出来。

乾隆九年（1744），圆明园初步建成后，在当时的北京西北郊已经有四座大型的皇家园林了，这就是"三山五园"中的圆明园、畅春园、静宜园、静明园。前两者均为平地造园，着重在以写意的手法再现江南水乡风致和园林之美。静宜园位于西山区香山之东麓，涧壑起伏，峰岭层叠；既多幽邃荫翳之地，又是居高临下开阔向阳之区，这是一座颇富

2
清漪园示意图

于"幽燕沉雄之气"的大型山地园林。静明园依傍着两峰平地突起的玉泉山，虽说山麓临湖，但湖面很小，山的朝向也不太理想。而瓮山则具有面南的好朝向，它与西湖大水面所形成的北山南水的地貌结构如果加以适当改造则可以成为天然山水园的很好的建园基址。这个基址距离皇帝长期居住的圆明园很近，又介于圆明园与静明园之间。此三者若在规划上连贯起来，即能构成一个功能关系比较密切，景观又可以彼此互为资借的整体——一个包含着平地园、山地园和山水园的庞大的多种形式的园林集群，可谓一园建成，全局皆活。对于这一点，自诩"园林之乐，不能忘怀"的乾隆当然能够理解并且早已有所属意。所以，在圆明园建成而且还明确表态"不肯舍此重费民力建园"之后不久，又复利用西北郊的一项水利工程需要扩大西湖作为蓄水库和建佛寺为母后祝寿这两件事情，在瓮山和西湖的基址上建成了第五座皇家园林——清漪园。乾隆仿效汉武帝在长安昆明池训练水军的故事，命健锐营兵弁在这里习船战之术并改湖之名为"昆明湖"；利用浚湖的土方堆叠改造瓮山的东半部，改山之名为"万寿山"。在"三山五园"中，清漪园规模虽不算最大，性质也不过相当于圆明园的附园，但其天然湖山的园林景观却卓然突出于西北郊而独具一格，因此深得乾隆的赞赏——

何处燕山最畅情，无双风月属昆明。
侵肌水色夏无暑，快意天容雨正晴。
倒影山当波底见，分流稻接埂边生。
披襟清永饶真乐，不藉仙踪问石鲸。
——乾隆《昆明湖泛舟》

咸丰十年（1860）清漪园毁于英法联军；光绪十五年（1889）重建，改名"颐和园"，建筑物虽有新的增减，但总体的规划格局并未改变。

万寿山山脊以南的前山前湖景区，山脊以北的后山后湖景区和宫廷区构成了颐和园总体规划的三个基本单元。前山前湖景区面积二百五十五公顷，占全园面积的百分之八十。前湖即昆明湖，前山包括万寿山南坡和山麓沿湖的一带平地。水面面积共二百二十六点七公顷，岛堤面积共九点三公顷，山地面积十一公顷，平地面积仅七点五公顷。就地貌的内容而言，水面占去景区的绝大部分，山地和岛堤次之，平地极少。就地貌的结构而言，呈北山南湖的形势。这是一个以舟游、山地游览和环湖回游为重点，以开朗景观为主调的景区。

关于这个景区的规划情况，拟就以下五个方面分别做一些简单的论述：

## 地形处理

天然山水园的地形处理，即在天然地貌结构的基础上所进行的改造加工和调整。

治水与建园相结合，必须大力进行地貌改造。由于西湖水浅旱季多有干涸，雨季又易于泛滥，乃着重疏浚西湖使其成为主要水库并往东拓展直抵瓮山东麓，再把玉泉山泉水集中通过玉河而直接导引入于西湖之中。这样做，不仅扩大了水库面积，也调整了原湖东岸正对瓮山中央的尴尬局面，把湖与山的连属关系密切起来。经过这一番整治之后，西湖水面重心东移，原东岸的龙王庙保留为湖中的一个大

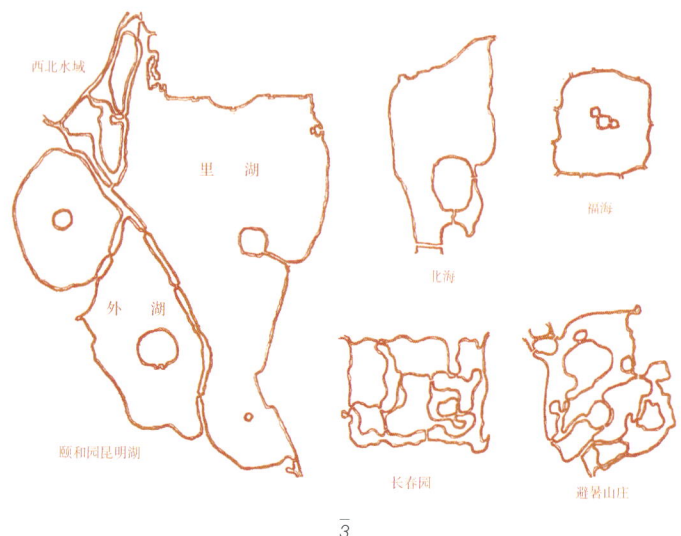

清代皇家园林湖的岛堤布列的三种形式示意图

岛——南湖岛,湖与山的连属关系就更紧密贴切了。

万寿山前山东西长约一千米,山顶最高处高出于地平面约六十米。山的坡度比较陡峭,沟壑较少,山形呆板而缺乏起伏之势;这是它的先天缺陷,虽经浚湖土方在东半部堆叠亦未能加以弥补。

山南的前湖即昆明湖,状似桃形,东西最宽处一千六百米、南北长一千九百三十米,在清代诸皇家园林中要算最大的水面了。因此,前湖的岛堤布置既不同于圆明园福海或大内御苑北海之仅以一个或一组岛屿作为湖的构图中心,也不同于避暑山庄湖区或长春园之以洲、岛、桥、堤的穿插而将湖面划分为若干不同形状、有聚有散、彼此通透的水域，而是采取第三种形式即综合的形式：里湖、外湖类似于前者，西北水域类似于后者，它们都相对独立而自成一体，包含了天然水景的各种主要的典型内容。

最大的里湖濒临于前山，东西最宽处一千一百米、南北纵深一千九百三十米。这个水域的长宽予人以一种辽阔的感觉，而湖中大岛南湖岛和小岛知春亭、凤凰墩，又使得湖面不至于过分空疏。西堤和东堤交汇于湖南端的长河水路入口，从东西两面把里湖围合成为一个略似三角形的水体。它的中心线正好与前山的中心线大致对应重合，从而更突出了二者的连属关系和它们在景区内的主体地位。

外湖较小一些，宽五六百米，纵深一千八百五十米，以支堤划分为南北两部分，各有中心岛屿藻鉴堂和治镜阁形成相对独立的两处水景而作为前山—里湖主体的陪衬。在功能上，外湖还有调节里湖水量，保证后者水位稳定的作用。

西北水域则是岛堤穿插而成的水网地带，较多曲折幽邃的气氛。沿万寿山西麓的一段水面利用长岛划分港汊，摹拟江湖交汇处的水口源头，以表现浩瀚里湖的源远流长；同时，对比于前山东麓的土山余脉的堆叠，则又显示前山东西两端虚实相生的动态均衡和山嵌水抱的态势。

就景区的整体来看，山屏列于北，湖横陈于南，呈北实南虚之势。东堤之外是一片无垠的平畴田野，点缀着大小园林和村舍聚落。西堤之外则是一片水域，呈东实西虚之势。西面的虚景又以玉泉山的实景作为收束，更远的西山群峰作为屏障，南面的实景则一直往南延伸而消逝于天际。这个环境不仅景界极为开阔，而且虚实结合，远近融糅，具有天然山水风景的典型性格。

为了充分利用这个环境，当年建造时甚至一反皇家园林的惯例，在山前的沿湖均不设围墙，把园景的范围无限深远地扩张出去。由此看来，乾隆经营清漪园的初衷，恐怕更偏重于创造一处以佛寺为中心的风景名胜区而不仅作为园林来考虑。直到光绪重建颐和园时，才把沿湖的围墙修筑起来。

所以说，前山前湖景区进行地形处理的主要目的之一是尽可能地突出天然风景的景观特色。

前山的借景收纳了西、南、东三面的园外群山、田畴、园林、村舍聚落；前湖的借景则以西面和西北面的园外群山为主。

在开拓前湖的时候，即已考虑到它的南北纵深和南湖岛的位置恰恰能够把屏列于园西面的玉泉山的优美山形完整地收摄进来，并全部倒映湖中。南北走向的一线西堤增加了湖面的层次和进深，从而消失了园内外的界限；景区的北山南湖的地貌结构，又正好与玉泉山后面的西山峰峦起伏所形成的北高南低的走势呼应起来。这样，玉泉山和西山就很自然地成为前湖水域和前山西半部的园林成景的有机组成部分了。

红山口位于万寿山的西北面而与后者成犄角之势，前湖的东西向的面阔往西越过万寿山西麓约三分之一。这样，西湖和西北水域一带又得以把红山口的双峰作为借景而加以收摄。

前湖的岛屿布列还分别与园外的这两处借景取得联络而构成相应的几何对位关系——南湖的知春亭岛与玉泉山主峰之间的东西对景、西湖的藻鉴堂与红山口主峰之间的南北对景。这两条对景线互成正交，作为景区内绝大部分建筑布局的东西轴线和南北轴线的定向基准。

为最大限度地利用园外借景创造条件，这就是前山前湖景区进行地形处理的另一个目的。

## 建筑布局

清代皇家园林的建筑布局多采取大分散、小集中的成群成组的方式，单体的比较少；但无论群组或单体，都着重在建筑美与自然美的结合，既突出自然风致，往往又以建筑为中心而成景。因此，清代皇家园林十分注重建筑与局部地貌、地形环境的关系。在开阔地段建置的建筑群组一般都作为风景点的形式，即以点缀风景或观赏风景为主或者兼而有之。风景点建筑群的院落布置都是外敞的即内外通透的空间。在幽邃地段建置的建筑群组多为自成一体的小园林的格局，院落布置采取内聚的空间。某些特殊地段，小园林也兼

214

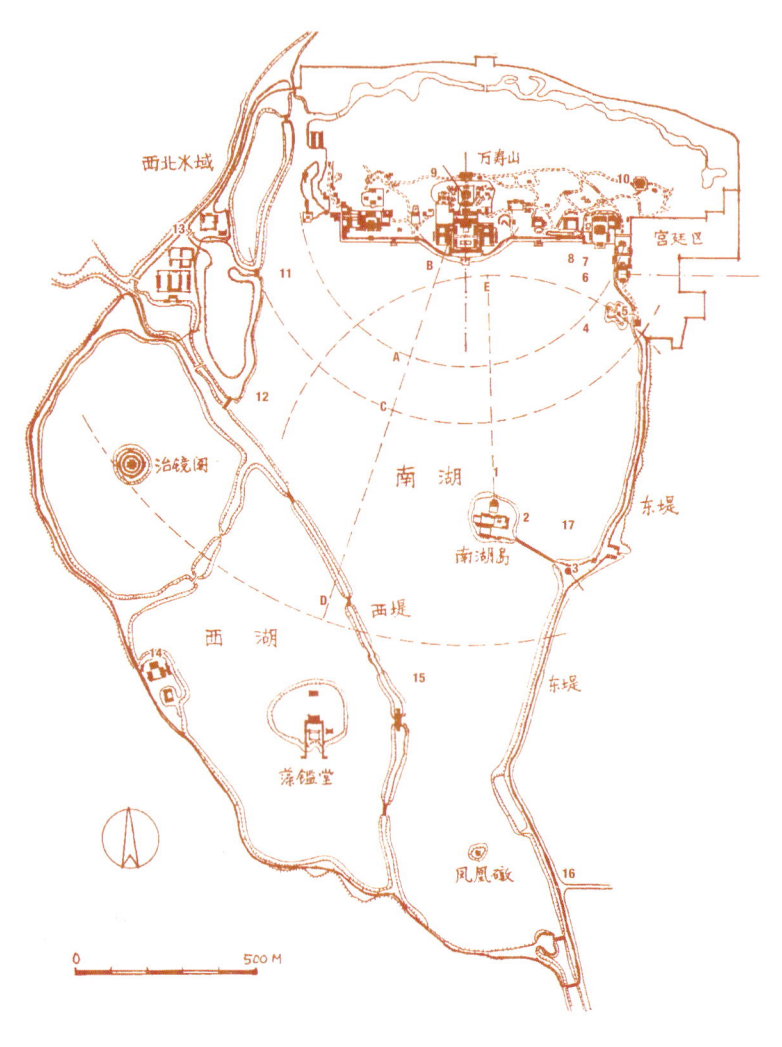

万方安和

| 1. 涵虚堂 | 6. 藕香榭 | 11. 豳风桥 | 16. 绣漪桥 |
| 2. 十七孔长桥 | 7. 夕佳楼 | 12. 玉带桥 | 17. 铜牛 |
| 3. 廓如亭 | 8. 水木自亲 | 13. 耕织图 | |
| 4. 知春亭 | 9. 佛香阁 | 14. 畅观堂 | |
| 5. 文昌阁 | 10. 景福阁 | 15. 景明楼 | |

4
前山前湖景区平面图

有风景点的作用。单体建筑如亭、塔之类则多半以风景点的形式出现。

前山前湖景区是一个开阔的自然环境，湖面占去绝大部分。建筑布局也相应地采取以风景点为主、小园林为辅的方式。景区内的绝大多数建筑群和单体建筑都作为风景点而沿着景区的主要舟游区里湖呈环状布列：从里湖的中心岛屿南湖岛起始，过长桥经东堤的北半段，折而西经前山，再转南循西堤而结束于景区最南端的绣漪桥，构成一个螺旋形的环带，也就是景区内的陆地回游的干线之所在。这个建筑布局具有四个特点——

一、主次分明疏密相间。前山虽仅占全园面积的极小一部分，却集中建置了大量的建筑物。这是由于前山接近东宫门和帝、后的寝宫，交通往返方便，又有面南向阳的朝向和俯瞰观景的极开阔的视野，自然就成了园内建筑物荟萃之地和风景点环带上的重点和高潮之所在。这个环带通体的建筑布局也因此而呈现出"密处不容针，疏处可走马"的十分鲜明的疏密对比，显示一种起伏跌宕的韵律。

二、风景点作为个别的建置，侧重在建筑美与自然美的谐调；作为总体的布局，却十分突出建筑美与自然美的对比。前山是浓密的建筑集群之所在；而它的西面则为远山近水和西堤烟树的一派自然景色，除了隐显于堤上的小巧玲珑的桥梁之外，几乎看不到任何建筑物。前者浓艳的建筑气氛与后者清丽的自然情调，彼此衬托对比而相得益彰所构成的

5
"湖山真意"之借景

风景画面乃是园内动人的景观之一。

三、为了不遮挡玉泉山、红山口之借景，不破坏以这些借景作为主要内容的风景画面构图的完整性，在西堤、西北水域、西湖（外湖）一带都不建置体形高大的建筑物。前山山坡、山脊和湖沿的许多风景点的选址，都把园外借景的收摄取舍、画面剪裁作为主要的因素加以考虑；甚至道路的某些转折安排也力求与园外借景取得一定的呼应关系。

四、我国的风景名胜区内，一般都有在山际水畔、景域开阔的枢纽地段上建置楼阁的传统。这些楼阁不仅是点景的重要手段、观景的主要场所，甚至成为整个风景区的构图中心。风景区往往以楼阁而著称于世，楼阁亦因风景区而负盛名。如像武昌的黄鹤楼、南昌的滕王阁、洞庭湖滨的岳阳楼、滇池畔的大观楼等都是历史上著名的楼阁，历代文人多

| | | | |
|---|---|---|---|
| 1. 大报恩延寿寺 | 8. 对鸥舫 | 15. 乐寿堂 | 22. 含新亭 |
| 2. 宿云檐 | 9. 长廊 | 16. 画中游 | 23. 清音山馆 |
| 3. 旷观斋 | 10. 蕴古室 | 17. 云松巢 | 24. 昙花阁 |
| 4. 买卖街 | 11. 听鹂馆 | 18. 邵窝 | 25. 赤城霞起 |
| 5. 石舫 | 12. 山色湖光共一楼 | 19. 写秋轩 | |
| 6. 石丈亭 | 13. 无尽意轩 | 20. 圆朗斋 | |
| 7. 鱼藻轩 | 14. 养云轩 | 21. 餐秀亭 | |

6

清漪园时期的前山建筑平面图

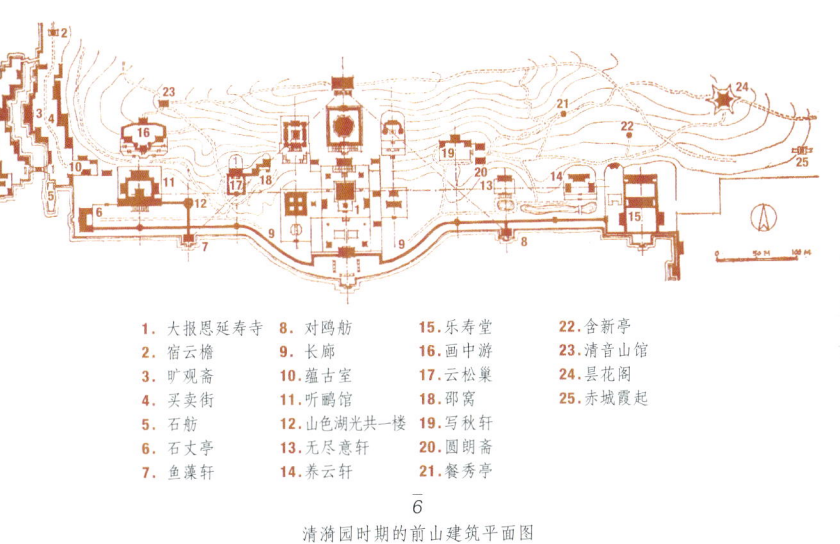

有登临题咏的。前山前湖景区也仿效这种做法，选择类似的枢纽地段建置各种形式的楼阁：前山的佛香阁、昙花阁、宿云檐，南湖岛的望蟾阁，西堤南段的景明楼，西湖的治镜阁。这些楼阁也分别成为在景区的一定范围内起着构图中心作用的主要风景点。

光绪重建颐和园，由于国库空虚，经费支绌，景区的外湖和西北水域、里湖（南部）水域一带的许多风景点和建筑群如景明楼、藻鉴堂、凤凰墩、治镜阁、"耕织图"等都没有恢复，而把建设的重点放在前山和宫廷区。清漪园时期的前山建筑情况，可以根据《日下旧闻考》和乾隆《御制诗》再参照有关的"样式雷"图纸而大致复原其概貌。颐和园时期的前山，有的建筑按原样修复，有的改变原来的名称，有

的则全部或部分改变原来的形式、内容，还有少数新添建的，但建筑布局总体的格局并未做根本性的变异。

清漪园和颐和园时期的前山建筑情况及其异同见表一，以资对照。

## 表一 清漪园和颐和园时期的前山建筑对照表

| 清漪园时期 | 颐和园时期 |
| --- | --- |
| 大报恩延寿寺 佛寺建筑群 | 排云殿、佛香阁 举行典庆的朝堂及宫廷佛寺 |
|  | （以上沿南北中轴线建置） |
| 旷观斋 单体建筑 | 临河殿 原旷观斋的南翼部分 |
| 买卖街 建筑群 仿苏州河街市肆的形式。"其间的商肆有天章号、云合号、鸣佩斋、集锦楼、艺蕙轩、裕 | 小有天、斜门殿、穿门殿…… |

7
颐和园时期的前山建筑立面图

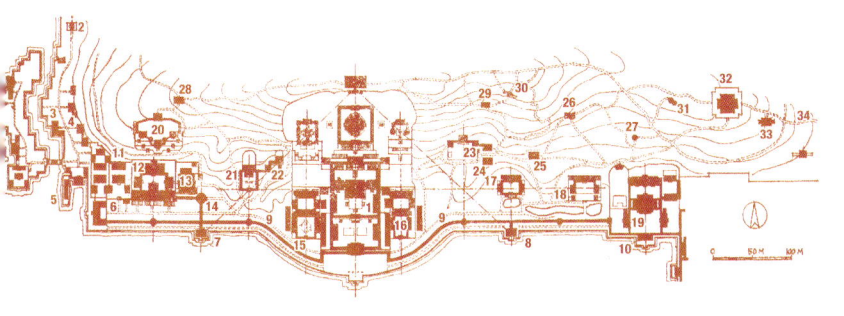

| | | | |
|---|---|---|---|
| 1. 排云殿、佛香阁 | 9. 长廊 | 18. 养云轩 | 27. 含新亭 |
| 2. 宿云檐 | 10. 水木自亲 | 19. 乐寿堂 | 28. 湖山真意 |
| 3. 临河殿 | 11. 西四所 | 20. 画中游 | 29. 重翠亭 |
| 4. 小有天、斜门殿等 | 12. 听鹂馆 | 21. 云松巢 | 30. 千峰彩翠 |
| 5. 清晏舫 | 13. 贵寿无极 | 22. 邵窝 | 31. 荟亭 |
| 6. 石丈亭 | 14. 山色湖光共一楼 | 23. 写秋轩 | 32. 景福阁 |
| 7. 鱼藻轩 | 15. 清华轩 | 24. 圆朗斋 | 33. 自在庄 |
| 8. 对鸥舫 | 16. 介寿堂 | 25. 意迟云在 | 34. 赤城霞起 |
| | 17. 无尽意轩 | 26. 福荫轩 | |

8
颐和园时期的前山建筑平面图

| | |
|---|---|
| 丰当等。其肆中人皆以内侍等充之，是乃点缀街市之景"（吴质生《万寿山名胜窍实录》） | |
| 石　舫　单体建筑 | 清晏舫 |
| 石丈亭　三合型的单体建筑。中庭特置湖石一块名"丈峰"，取米芾拜石之意。建筑物的南、西两面临水敞开，可以凭栏观赏湖景。所谓"蠡窗眄烟波，苍茫复浩渺"（乾隆《御制诗》） | 石丈亭 |
| 鱼藻轩　单体敞轩 | 鱼藻轩 |
| 对鸥舫　单体敞轩 | 对鸥舫 |
| 长　廊　东起乐寿堂，西起石丈亭，当中汇结于大报恩延寿寺之山门。全长七百二十八米，共二百七十三开间，东西廊间各建二亭 | 长　廊 |
| | 水木自亲　乐寿堂的倒座殿。其前为船码头，有燃放焰火的拱形铜杆 |
| | （以上沿湖岸建置） |
| 蕴古室　三合院建筑群 | 西四所　多进四合院建筑，为宫内嫔嫱侍御的住所 |

| | |
|---|---|
| 听鹂馆　四合院建筑群。内有二层的小戏台，供上演小型曲艺之用。相传乾隆经常在此粉墨登场，演唱他自己编写的"御制腔" | 听鹂馆 |
| | 贵寿无极　听鹂馆的东跨院 |
| 山色湖光共一楼　三层单体楼阁。附近丛植竹林，乾隆《御制诗》有"渭竹环临水，岩楼出竹梢"的描写 | 山色湖光共一楼 |
| 罗汉堂　大报恩延寿寺的一部分 | 清华轩　四合院住宅式的寝宫 |
| 慈福楼　大报恩延寿寺的一部分 | 介寿堂　四合院住宅式的寝宫 |
| 无尽意轩　三合院建筑群 | 无尽意轩 |
| 养云轩　三合院建筑群 | 养云轩　慈禧住园时作为各妃子及福晋命妇等会亲休息的地方 |
| 乐寿堂　四合院建筑群皇太后到大报恩延寿寺拈香礼佛时休息的地方 | 乐寿堂　慈禧的寝宫（以上沿山麓建置） |
| 画中游　小园建筑群 | 画中游 |
| 云松巢　曲垣围绕的单体厅堂 | 云松巢 |
| 邵　窝　小园建筑群 | 邵　窝 |
| 写秋轩　建筑群 | 写秋轩 |
| 圆朗斋　建筑群 | 圆朗斋 |

**餐秀亭**　单体亭子。其西面的山石间勒有乾隆御题"燕台大观"四字

**含新亭**　单体亭子

**清音山馆**　单体敞轩

**昙花阁**　单体建筑。取佛经"优钵昙"（莲花）之意。其平面亦作莲花形。据乾隆《御制诗》"佛阁名称优钵昙，清供暮霭与朝岚。普览顾力三千遍，不及色空空处参"，可知阁内供奉佛像，是一座特殊形制的佛殿建筑

**意迟云在**　单体敞轩

**福荫轩**　平面为书卷形的单体建筑

**含新亭**　旁有剑峰石二块，系移自畅春园之物。亭北松径山石间有慈禧所题"翠岫"及"小有天"刻石

（以上沿山坡建置）

**湖山真意**

**重翠亭**　单体亭子　亭西山石间勒慈禧题"栖霞"二字

**千峰彩翠**　城关式单体建筑

**荟　亭**　套环形的单体亭子

**景福阁**　单体建筑

**自在庄**　单体建筑。竹篱茅舍，

|  |  |
|---|---|
|  | 仿山村路旁的茶社 |
|  | （以上沿山脊建置） |
| 宿云檐 | 宿云檐 |
| 赤城霞起 | 赤城霞起 |
|  | （以上为东、西二城关） |

## 园林景观

前山前湖的园林景观主要表现为一系列连续展开的大幅度风景画面。这些画面的构成内容不仅有园内的湖、山、岛、堤以及其上的建筑和绿化种植，还包含园外的诸般借景。因此，游人无论在山上或泛舟湖中或漫步岛堤岸边，都能得到仿佛置身画境、如游画中的感受。

前山全部展露于前湖的北面而成为景区内最主要的观赏对象。若以山水画做比喻，则"凡一图之中，楼阁亭宇乃山水之眉目也，当在开面处安置"（郑绩《梦幻居画学简明》）。前山正是整个景区的"开面"之处，在功能上又是建筑物荟萃之地。而山的呆板和缺乏起伏的外形也需要以较多的楼台殿宇做足够分量的着力点染，方能适当地掩饰和弥补这个地貌的先天缺陷。为此，造园匠师大胆地运用了一个突

前山的中央建筑群,自排云门北望之景

出重点、烘云托月的手法,在前山的中央部位,也就是与里湖的中心线对应重合而构成整个景区的主轴的部位——上建置一组体量大而形象丰富的中央建筑群——排云殿、佛香阁。这组建筑群及其前身大报恩延寿寺都是全园内最显要最庞大的建筑群,从湖岸一直到山顶密密层层地将山坡覆盖住,以其华丽的殿堂台阁和空间序列构成了一条贯穿前山上下的中轴线。它的东西两侧又各有对称配置而体量较小的建筑群形成次要轴线的陪衬。园内最大的建筑物——高达四十米的佛香阁是中轴线上的重点建筑物,园内园外的许多地方都能看到它的巍峨形象。二十一米高的巨大石砌台座从半山腰把它托举起来,使其顶部超过山脊。佛香阁益发显得气宇轩昂,凌驾于一切之上而成为前山乃至整个景区的总揽全局的构图中心。为了更强调这条中轴线而将它的南端湖岸向水面凸出呈新月状,并在它的东西两侧的湖岸边对称地建置两座水榭——对鸥舫和鱼藻轩,与中轴线相呼应而形成侧翼的两个控制点。沿山麓建置的长廊分别自西端的石丈亭和东端的邀月门逶迤而挽结于中央建筑群的排云门,犹如贯穿前山的横向纽带,与纵向的中轴线和次要轴线相配合而构成了前山建筑布局的纲领。它的七百余米连续展开的形象平行于沿湖岸通长的汉白玉栏杆,把湖山交接的部位镶嵌起来,也显示前山的尺度和通体的精雕细刻。

中轴线上的中央建筑群色彩浓艳、体量大、严整、对称而密集,外轮廓具有正三角形的类似于金字塔的稳定感。其他的建筑,愈往山的东、西方向展开则布局愈见疏朗自由、体量小、形象活泼而不拘一格;有的还分别与长廊上的亭轩取得相应的轴线对位关系,散而不乱。因此,前山的全部建筑作为一个总体立面来看具有一种退晕式的渐变韵律,以此来烘托中央建筑群的密集、端庄、典丽。

除中央建筑群外,前山其他的建筑物大体上是沿湖岸、山麓、山坡和山脊而建置。沿湖岸的多为单体建筑,点缀长廊的横向形象,便于人们观赏湖面的平远水景。沿西半部山坡略具沟壑的地段建置的均为开敞的小园型风景点,尽量利用山势、结合局部地貌的起伏而展示建筑群的高低错落、虚实层次的立面形象,如画中游、邵窝、写秋轩等。沿东半部山坡陡峭地段建置的多半为单体的亭轩,以山石堆叠和植物配置来衬托它们的点景效果。而所有的山坡建筑都占据着"面势昆明万景收"（乾隆《御制诗》）的位置，都是观赏湖面的深远水景的良好场所。沿山脊的建筑物，体量不宜过大，不宜密集，故均为亭轩之类的单体点景建筑。它们的视点高，视野的展开面大，收摄俯瞰的景观画面不仅包括昆明湖的全部和园外借景，还远及天际，颇具"江天一览"的气势。其中有的甚至可从之环眺四面之景，如"千峰彩翠"。

沿山麓的建筑则比较隐蔽，一般都是作为居住或其他用处的普通的院落建筑群。

沿湖的长廊不仅是前山的重要点缀，也是一条主要的游览路线。在这近千米的游程上都不必经过露天，侧旁的湖景由左右立柱和上下的楣子栏杆剪裁成为一幅幅连续的框景画面掠眼而过，这种游动观赏的效果又自别具一格。

另外，在前山的东麓和西麓还仿照我国山地风景区的做法，各建城关"赤城霞起"和"宿云檐"作为进入后山的两处隘口。

总的说来，前山的建筑布置善于利用坡度陡峭的地形特点而因势利导，显得通体脉络清晰，重点突出，宾主分明；既恰如其分地发挥了各个风景点的点景和观景的作用，又强调出总体的严整之中有变化，寓变化于严整的立面效果。这个庞大的风景点集群不仅掩饰弥补了山形的缺陷，化不利的条件为造景的积极因素，而且体现了帝王苑园的雍容华贵的气派和仙山琼阁的画意却又不失其园林的婉约多姿。这在现存的古典园林中，实为独一无二的大手笔。

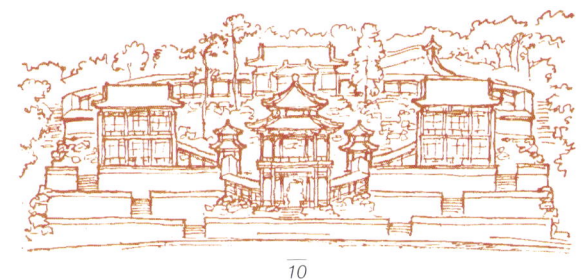

10
"画中游"的立面形象

11
从山顶俯瞰湖景及园外之景

前湖横陈于前山之南而成为山上俯瞰的观赏对象，其景观之佳否主要取决于湖中岛堤的布列及其上的建筑安排。

里湖是直接濒临于前山的主体水面，位于湖中央而略偏近东堤的绿荫葱翠的南湖岛是距离前山最近的一个大岛。在岛的北岸临水的高台上，当年曾建置一座三层的高阁——望蟾阁，光绪重修时改建为单层的涵虚堂。这座建筑物与佛香阁隔水构成宾主呼应的对景关系，南湖岛因此而成为整个前湖湖面上的构图中心，其他较远的两个大岛则居于陪衬的地位。造型精美的十七孔桥一端连接于里湖岛，另一端连接于东堤并点缀以一座八角形重檐的廓如亭。这岛、桥、亭的组合犹如半边屏障，把里湖分划为南北两个既分隔又通透的水域，前者近方，后者狭长。这岛、桥、亭的组合又呈现为一个精雕细刻的完整形象，配合着蜿蜒的一线西堤，纵横平卧湖面之上，益以烘托出前者之于整个前湖的点睛的作用。自前山俯瞰，但见湖面有岛的配列、堤的穿插，点线结合，中心突出，主次分明。而西堤自北而南的走向，南湖水体自北而南的逐渐收束，南湖岛与凤凰墩一北一南体量大小的递减，又造成一种透视的假象，显得湖面的纵深比实际的更大一些。所有这一切结合环湖展开的无限深远的园外田畴平野，构成了一幅旖旎壮阔如锦似绣的风景画面，给予游人以极大的美的享受。

岛、桥、亭组合而成的这个完整形象也是里湖和东堤一带的观赏对象和成景的主题。从图12的示意可以明显看出三层的望蟾阁外形矗直，对于南湖岛本身能够充分发挥建筑物的点景作用，对于岛、桥、亭的构图则又突出了整体的均衡感。而单层的涵虚堂外形低平，点景效果既差，构图的均衡也有所削弱，因而景观效果就远逊于前者。

南湖岛面积一点一七公顷，是螺旋形风景点环带的起始点。因此环岛均有极好的观景条件，能够收摄风景点环带上连续展开有如手卷的全部风景画面。

12
自前山俯瞰湖景

　　岛北岸的涵虚堂雄踞高台之下，是前湖中最重要的一个风景点。从这里往北往西眺望，建筑浓重点染的前山与西堤北段的自然景色，烟波浩渺的水面通统纳入视野之内。当年的三层望蟾阁摹仿武昌黄鹤楼，它的前临浩瀚湖水，面对前山的形势也很像黄鹤楼之于长江和隔岸的龟山。若登上阁之顶层，可以环眺四面八方之景，所谓"却欣八面珠帘卷，水色山光取次拈"（乾隆《御制诗》），气魄当更为宏大。

　　岛的西岸以观赏西堤及玉泉山借景为主，南岸则观赏南湖南半部水域的水景，在这两处地段都相应地建置风景点澹会轩码头和鉴远堂。岛的东面东堤一带之景，平平无甚可观，故以堆山和丛林作为障景而加以适当的障隔。

　　知春亭岛靠近东堤的北端，亭建于光绪年间。由于此

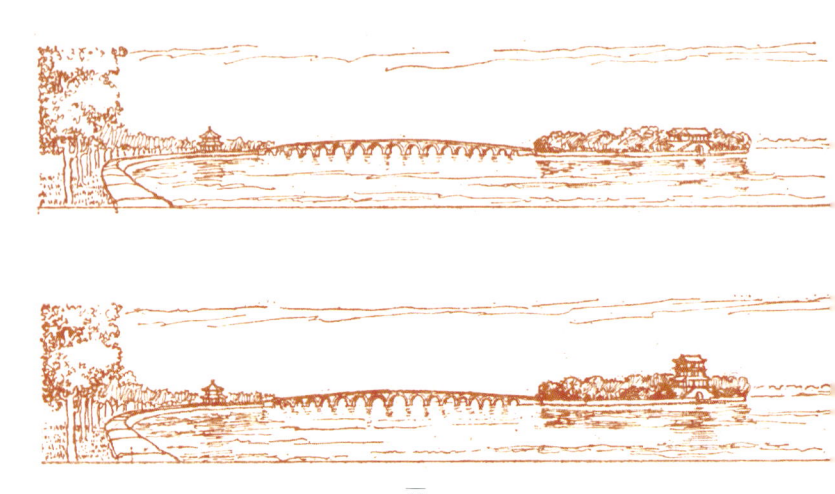

13
南湖岛、十七孔长桥、廊如亭之构图

岛堆筑在岸线的凹入部位而又略为突出于湖面少许，因而变岸上的单面观赏为岛上的北、南、西三面环眺，而且面面得景俱佳。知春亭隔水与东岸的文昌阁相呼应，从而又增加了东堤北端景观的层次。所以，此岛、亭虽小，却是宫廷区附近的重要风景点，它与南湖岛的涵虚堂、前山的佛香阁互相成景，构成一个控制里湖北半部水域的风景点网络。

前山和南湖岛是南湖范围内的主要观赏对象，许多风景画面都以它们作为主景。观赏效果的佳否，固然取决于这些风景画面本身的构图经营的优劣，但在一定程度上也取决于其主景的位置是否适应于人的视觉的客观标准——视距、水平视角、垂直视角。

在大型的天然山水园中，影响观赏效果最大最直接的

颐和园的前山前湖

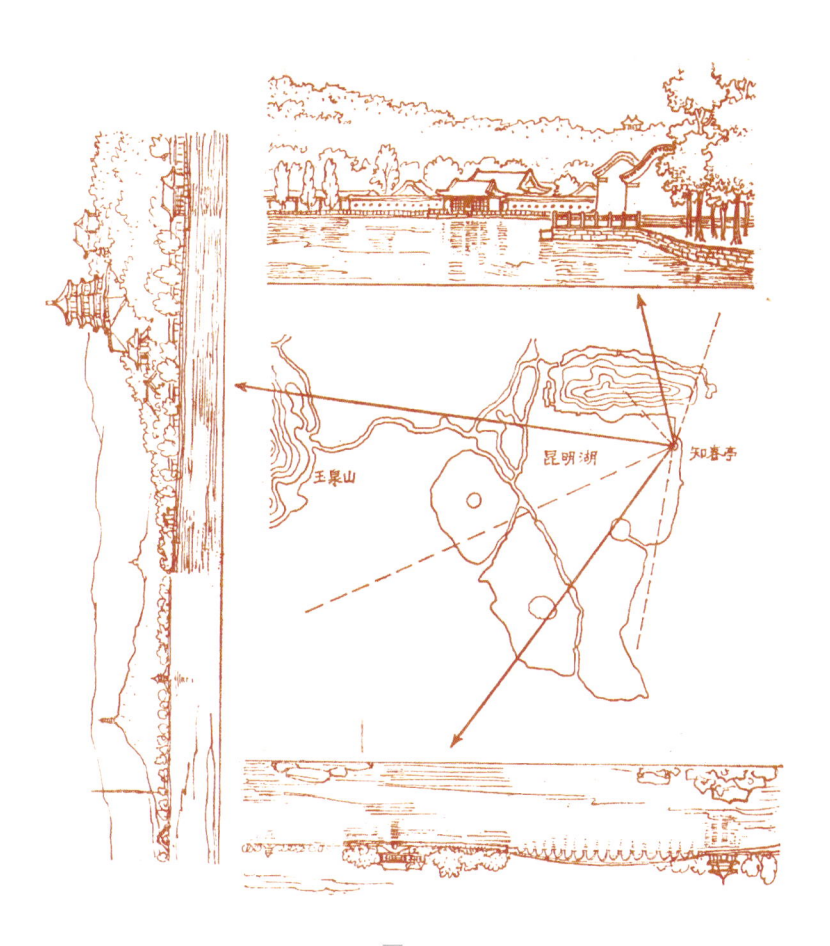

$$\overline{14}$$
知春亭270°环眺之景

视觉标准是视距。一般说来，视距在二百米以内，人们能够看清单体的建筑物，二百米到六百米之间，能看清单体建筑的轮廓，六百米到一千二百米之间，能看清建筑群，视距若大于一千二百米，则只能约略辨识建筑群的轮廓。其次是垂直视角。良好的垂直视角的上限为27°，如果在10°以下，则建筑物和建筑群的透视遮挡可以忽略不计，其形象接近于正、侧立面的效果。至于水平视角，通常以60°夹角为正常情况；但在颐和园的前山前湖景区内，景面展开较阔，多为四面或多面环眺之景或手卷式的多点透视的长景，故水平视角的制约性并不太大，有时甚至可以不予考虑。

里湖的北半部——北水域东西宽一千一百米，南湖岛与前山之间平均距离七百五十米。

以湖中的视平面为基准面，则佛香阁总高度定为八十米。当垂直视角为10°时，相应的视距为四百五十四米。在图4上以此作半径，佛香阁为圆心，画出圆弧A。当垂直视角为27°时，相应的视距为一百五十七米，以此为半径，佛香阁为圆心，画出圆弧B。以六百米视距作半径，佛香阁为圆心，画出圆弧C。在圆弧A与圆弧C之间的环状范围内，适宜于观赏以中央建筑群为中心的前山建筑的立面效果（正立面或侧立面）。在这个范围内，60°水平视角的景面大致相当于前山的总面阔。在圆弧A与圆弧B之间的环状范围内，适宜于观赏以佛香阁为中心的中央建筑群或者佛香阁本身。而在圆弧C与圆弧B之间则都是以前山景观为对象的良好的观赏范围。它包括北水域的绝大部分，西堤北段，宫廷区附近的东堤北段。从这个范围内的任何部位来观赏以佛香阁为中心的前山之景，一般都能得到好的或比较好的观赏效果。试举若干观赏点为例：

### 表二　观赏点的观赏效果

| 观景点 | 佛香阁总高度（米） | 视距（米） | 垂直视角 |
|---|---|---|---|
| 豳风桥 | 76 | 600 | 7°13′ |
| 北水域之中心 | 80 | 500 | 9°5′ |
| 知春亭 | 79.5 | 530 | 8°32′ |
| 夕佳楼 | 75 | 450 | 9°27′ |
| 藕香榭 | 79 | 460 | 9°45′ |
| 水木自亲 | 79 | 400 | 11°10′ |

这些观赏点的垂直视角都在10°上下，故佛香阁是以立面形式而出现于景面之上，视距也正好在能看清佛香阁建筑轮廓的范围之内。

再以一千二百米视距作半径，佛香阁为中心，画出圆弧D。在圆弧C与圆弧D之间的环状范围内，只能观赏前山建筑群的总体效果了。这个范围包括里湖的中部、西堤的中段和外湖的北部。

涵虚堂距离佛香阁八百米，距离前山建筑群平均七百五十米。隔湖观赏前山之景，在这个视距的景面上出现的单体建筑轮廓虽已模糊，但作为前山点染手段的建筑群则仍然清晰可辨其形象。所以，涵虚堂并不宜于观赏佛香阁或者中央建筑群本身，却适合观赏前山整体之景和以前山整体作为主题的连续展开的长景画面。

以涵虚堂为圆心，六百米的视距作半径画出圆弧E。在圆弧E所形成的扇形范围内观赏以涵虚堂为主体的南湖岛北岸之景，都能够得到良好的或比较好的观赏效果。这个范围包括里湖北水域的绝大部分、东堤北段以及西堤中段。

从上面的分析看来，里湖北水域内及其四周的大部分地方，都具有观赏前山和南湖岛的合适的视觉标准，也就是说，这里的舟游和环湖回游的观赏效果大体上是良好的。

前山与南湖岛所属范围而成的北水域的西向透视面，恰好能够把玉泉山的全部优美山形和远处西山峰峦的大部分作为借景而收摄到人们的视野之内并倒映湖中而了无遮挡。其前界以一线西堤的中景，而作为近景的前山中央建筑群和隔湖作为近景陪衬的南湖岛均位于六百米视距之内。前后层次分明，园内之景与园外借景浑然一体，嵌合得天衣无缝，其构图之佳妙、剪裁之得体，犹如一幅幅天然图画，这是中国园林运用借景手法的出色范例。宫廷区附近沿湖的几处风景点——"水木自亲"、夕佳楼、藕香榭、知春亭、文昌阁等，都是观赏这些天然图画的最好的场所。

里湖的南半部——南水域是一个狭长形的水域，最宽处仅六百米，最窄处三百米，长约一千一百米。景明楼和小

15
自藕香榭西望之景

岛凤凰墩是南水域中的两个主要风景点。

　　景明楼位于西堤南段的转折部位，两层楼阁两面临湖，取李白"两水夹明镜"的诗意而得名。此楼被毁后迄未重建，如今仅存遗址[1]。当年登楼极目四望，可以环眺湖光山色的全貌，乾隆的《御制诗》颇能点出其得景之佳——

> 堤亘湖心上有楼，昆明烟景座中收。
> 春秋无尽风兼月，左右何需女与牛。
> 鱼頳鸟昕自飞跃，波光云景相沈浮。
> 岳阳记语当前景，吾亦同之廑先忧。

---

1　1991年得以重建。

这座楼阁摹拟岳阳楼及其水天相接的环境，所谓"比拟岳阳应不让，范家记语最廑吾"（乾隆《御制诗》）。它北距南湖岛约五百五十米，距前山一千三百五十米。若从景明楼或者南水域泛舟北望，自东堤伸出的南湖岛十七孔长桥的半边屏障，作为主景而呈现在五百五十米的视距上；在一千三百五十米视距上的前山则退居于背景的地位，以其模糊的建筑群体衬托出近景南湖岛清晰的建筑轮廓，显得湖面的层次分明而湖景分外深远。如果没有这半边屏障的近景，则前山及其上模糊不清的建筑群势必作为主景而展现在视距所及的景面上，南水域将会显得空疏而且缺乏层次，从长河水路甫入园即一览无余，观景的效果当大为减色。

由此看来，当年之所以堆筑南湖岛并不仅仅为了保留一座龙王庙，建置精雕细刻的汉白玉十七孔长桥也不仅仅为了交通联系的需要，而是有着园林规划和造景方面的考虑的。

凤凰墩已淤为平地。岛上原来建敞阁一座，名"凤凰楼"，周围景色如画，"佛席一时憩，开窗四面凉；如观子昂画，饶是益清香"（乾隆《御制诗》）。这里正当长河水路的出入口，水面荷苇、夹堤垂杨，可以想见当年画舫往来、桨声欸乃的江南水乡风光。

外湖就整个前湖而言是作为里湖的客体陪衬；就其本身而言，则又是相对独立的两处水景，以藻鉴堂和治镜阁两个岛屿作为各自的构图中心，当然也是建筑点染的重点所在。岛与湖岸之间的距离都在六百米视距之内，故隔岸观赏能看

16
自景明楼北望

清单体建筑轮廓，比之里湖，更具近人的尺度和亲切含蓄的气氛。外湖南部水域的中心岛屿藻鉴堂是昆明湖中的最大岛屿，面积二点六一公顷，隔水与西堤上的景明楼构成对景呼应。岛的北岸堆叠土石假山，山上建敞厅一座以观赏前山一带的水景及红山口、玉泉山之借景。主要建筑物集中在南半部，正房五开间两层楼，上层匾额题为"春风啜茗台"。此台即楼前的高台，是乾隆游湖时舍舟登岸与词臣们品茶观赏湖景的地方。当年品尝一种仿自无锡的特制"三清茶"，乾隆曾赋诗以记其事——

因迥得高台，春风小憩来。
竹炉仿惠上，凤饼出闽隈。
第一泉犹近，彼双符慢催。
试看文武火，绝胜圣贤醅。
咏为三清句，香生大邑杯。

17
自藻鉴堂南部水域向东北望景明楼

**君谟因事纳，遐想信忠哉。**

在宛似江南的环境里面，以"天下第一泉"的玉泉山泉水，仿效烹制"天下第二泉"的惠山茶，帝王享受园林乐趣的"雅兴"真可谓无所不用其极了。高台的东西两边各有廊庑伸入水中形成环抱之势，所谓"宛在构崇基，回廊曲抱池"（乾隆《御制诗》），其布局和形象颇类似于圆明园中的"方壶胜境"。

位于外湖北部水域中心的治镜阁面积零点六公顷，岛上的建筑物已经不存在了，当年却是一组形制很特殊的圆形城堡建筑群。据《日下旧闻考》的记载，城堡共有内外两重

18
自藻鉴堂北望西堤之景

城墙，各设四门。内城之上建二层楼阁，这在前山前湖景区的总体规划上显然是作为控制前湖西半部水域的一个风景点。登临楼阁之上，可以隔水四面环眺丰富多样的景观，正如匾题所谓"南华秋水""北苑春山""晖朗东瀛""爽凝两岭"，视野极为开阔。乾隆时期，外湖一带作为训练水军的地方，船舰往来，帆樯林立。治镜阁之所以建成水上城堡的形式，恐怕还有显示军事上的象征性的一层意思。

畅观堂建置在西湖（外湖）西岸的一块隆起的小台地上面，是景区极西处的一座开敞的小园林建筑群。远处的万寿山、红山口、玉泉山自北而西略呈弧形环抱，畅观堂台地的位置大致就处在这个弧形的焦点上，近处则是大片湖水和宛若江南的田野风光（见图4）。台地四周景观各异，尤以西、北和东北面得景最佳。因此，建筑群的开敞部分就集中在这里，以便隔着养水湖和稻田荷塘收摄玉泉山借景，隔着外湖及其上纵横布列的岛堤而观赏前山主景和红山口借景。在这些风景画面上，山水俱全，远近层次分明，连贯起来又构成

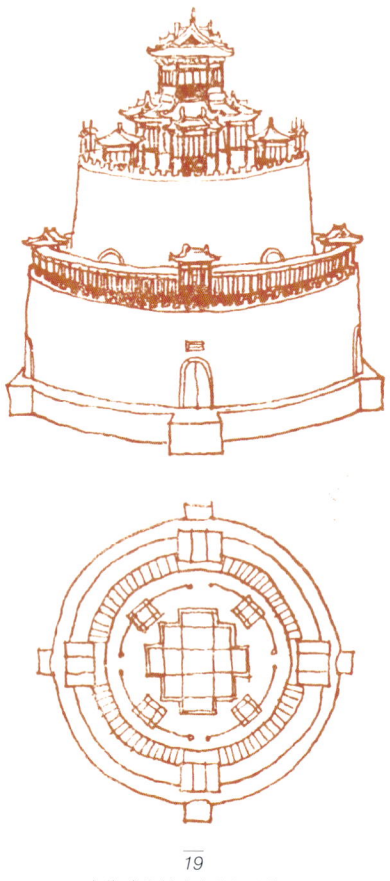

19
光绪时绘制的治镜阁重修图

一幅绮丽壮阔的手卷。诚如乾隆《御制诗》的描写——

> 左俯昆明右玉泉，背屏治镜面溪田。
> 四围应接真无暇，一晌登临属有缘。
> 骋目不遮斯畅矣，栖心惟静总宜焉。
> ……

因此，每年秋收时节，乾隆例必率词臣们到此饮酒赋诗，观看农民的田间劳作，名为"观稼诗会"，以示帝王重农耕之意。

西北水域包括西堤北段以西的三个小水体和万寿山西麓的河湖交汇处的一段水面。这个水域由于岛堤的穿插而酷似江南的水网地带，不过现在的地形已不完全保持原来的样子，南半部的改变更大。

清漪园时期，在这个水域的南面、玉河北岸一带，曾建置一组大建筑群名叫"耕织图"，由延赏斋、蚕神庙、织染局、水村居等几处较小的建筑群组合而成。乾隆《御制诗》有"玉带桥西耕织图，织云耕雨学东吴"之句，可知这是仿照江南农村民居的形式，为显示帝王重农桑之意而建置的，包括庙宇、住宅、染织作坊、蚕房、桑园等各种性质的房屋和设施。每年由苏州、江宁、杭州三地的织造衙门选送技工百余名来此值班，谓之"南匠"。生产出来的小批量丝绸产品作为贡品交纳内务府。"耕织图"以江南民居风格的建筑而修建在酷似江南的水网地带。建筑与环境两者相结合所创造的景观自然充满着浓郁的江南乡土气息，加之这一带环境幽静，水禽出没于蒲菰芦苇之中，完全是一派水乡野居的情调，故而深为乾隆所喜爱，经常以延赏斋作为书斋，到此读书、观画、钓鱼。光绪重建颐和园，没有恢复"耕织图"，就连遗址也被划出园子去了。

西北水域的北部，东倚万寿山，西邻大片田畴，是玉河支流、后湖、前湖三者的交汇处，曲折而狭长的长岛和西堤北端把这一带水面穿插而成纵横港汊。长岛与山麓沿岸的买卖街之间形成一条弯弯曲曲的河道，河道的南端和北端各建桥梁一座，把长岛与买卖街连为一体。这就是典型的江南水乡镇集的前街后河的景观，与南部的"耕织图"的水村野居风格又不相同。

长岛犹如水上的小园林，大部分建筑物都是摹仿江南临水房屋的形式。岛的两岸，楼阁之间粉墙漏窗穿插着几处码头船埠，浮现在宁静的水面上，江南情调尤其浓厚。

西北水域的建筑布局能够充分结合地貌景观的特点，再现江南的市镇、河街、水村、野居的形象，可以说，这是一处江南水乡的全面缩影。它与前山的富于宫廷色彩的典丽景观迥然不同，却能够因地制宜、各得其所而和谐地荟萃于一园之内。

## 名景摹拟

乾隆时期，在北方皇家园林里面摹仿江南风致而造景的做法十分盛行。许多园林景观都力图体现某些江南名景的意趣，或者以它们作为创作的蓝本，其中规模最大、最出色的莫如昆明湖之对杭州西湖的直接摹拟了。

杭州西湖是我国著名的风景名胜区。乾隆及其祖父康熙都曾南巡到过此地，对那"水光潋滟晴方好，山色空蒙雨亦奇"的旖旎景观赞赏不已。清皇室曾在圆明园的福海沿岸仿照杭州"西湖十景"的半数建置风景点，但福海宽不过六百余米，周围的人工堆山也都是平冈小坂。要在这种地形的基础上再现西湖的景观，只能以缩移的方式求得写意的效果，可毕竟缺乏身临其境的真实感受；而长宽达千余米的昆明湖及其周围的远山近峦则早在明代和清初就已经被认为是一处颇具杭州西湖风貌的公共游览胜地了。著名的文人也为此而留下不少诗文的咏赞，例如，沈德潜的《西湖堤散步诗》——

左带平田右带湖，晴虹一路绕菰蒲。
波间柳影疏兼密，云际山容有忽无。
遗臭丰碑旧阉竖，煎茶古寺老浮屠。
闲游宛似苏堤畔，欲向桥边问酒垆。

文人的吟咏和群众的口碑往往能点出风景的精华所在，乾隆在建园之初即抓住这一主旨作为规划的重要构思而加以发挥。他事先曾派如意馆的画师到杭州收集有关材料，事后所写的《万寿山即事》一诗也明白道出这个意图——

面水背山地，明湖仿浙西。
琳琅三竺宇，花柳六桥堤。

西堤以及堤上六桥的修筑，无疑是杭州苏堤的直接摹仿。西堤全长约二千六百米，自北而南呈三折形蜿蜒于湖面上，凡转折处均建置显眼的建筑物作为点缀。沿堤六座桥梁的形式都不雷同，其中的五座为仿自扬州的亭桥形式。北段的第一桥原名"柳桥"，光绪重建时与堤南端的第六桥易名而为"界湖桥"。往南的第二桥原名"桑苎桥"，光绪时因避咸丰讳（咸丰名奕詝）而改名"豳风桥"。第三桥即著名的玉带桥，汉白玉的桥拱很高，通体曲线流畅，造型优美，是为西堤北段转折处的醒目点缀，也是昆明湖通往玉泉山的玉河水路的出入口，所谓"卧波玉蛛接长堤，舟过前川径向西"（乾隆《御制诗》）。堤中段的第四、第五桥即镜桥和练桥，中段与南段的转折处建置重要风景点景明楼。堤南段的第六桥原名界"湖桥"，光绪时与第一座互相易名后称"柳桥"。清漪园时期，沿堤还仿苏堤之意建八座小草亭名"八扇亭"，作为皇帝游园时布岗设哨之处，现已不存。

20
颐和园西堤六桥之界湖桥

如果把西堤在昆明湖中的走向、它与万寿山的位置关系，拿来和苏堤在西湖中的走向、它与小孤山的位置关系两相比照，则可以看出杭州西湖之为昆明湖规划的蓝本，乃是显然的事实。到过杭州的游人如果漫步于西堤之上，面对着眼前的一派波光山影，大概都会联想到千里之外的苏堤而或多或少地产生仿佛置身于南国风物中的感受。这种有身临其境的鉴赏情趣，在圆明园的福海是不可能得到的。

杭州西湖的苏堤，一带笔直，它的北、西、南三面群山环抱，重峦叠嶂，于婉约中透露着磅礴气势。昆明湖的西堤蜿蜒曲折，其形象比之杭州苏堤又多了几分妩媚的韵致。从堤上隔水遥望玉泉山及西山之借景，仿佛在苏堤上隔

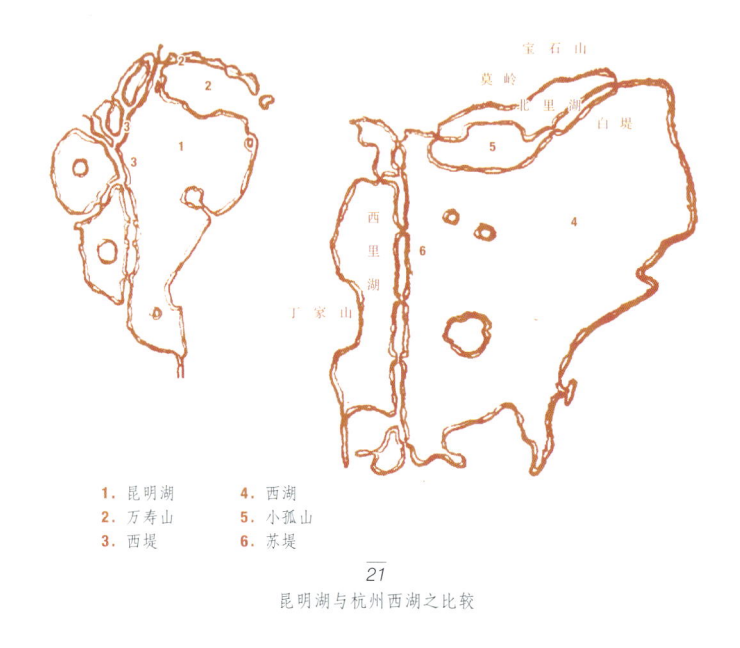

1. 昆明湖　4. 西湖
2. 万寿山　5. 小孤山
3. 西堤　　6. 苏堤

21
昆明湖与杭州西湖之比较

着西里湖观赏北高峰南高峰群山之景。而玉泉山和西山轮廓清丽，层次分明，前后映衬益彰湖光山色的空灵神秀。昆明湖之于杭州西湖，则又妙在似与不似之间，其更引人流连玩味，益增园林的诗情画意。

凤凰墩是前山前湖景区内的另一处江南名景的具体摹拟。据乾隆《御制诗》的描述，南湖的南水域中堆筑这个小岛的用意在于摹仿无锡城西北、惠山下大运河中的黄埠墩的景观。江南大运河水势南流至此而河面骤广，黄埠墩正当其中流之砥，岛圆而小故名墩，中有佛寺，风帆左右带以垂杨，当年风景十分佳丽，往来过客多有登临游览的。乾隆巡

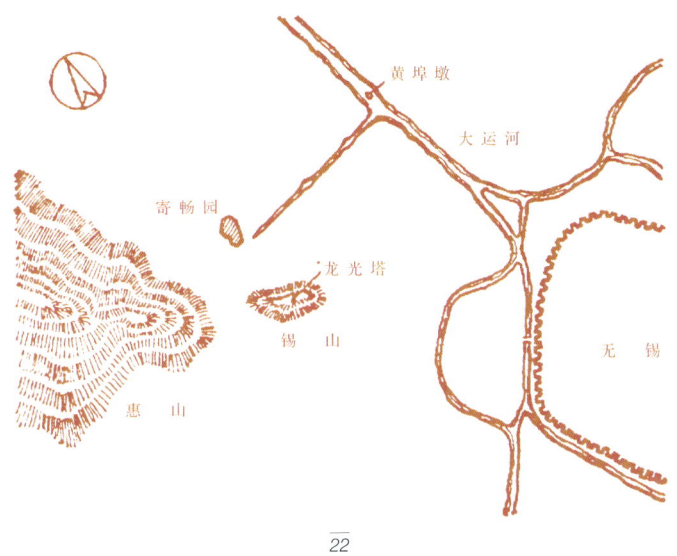

图 22　黄埠墩附近环境总平面示意图

幸无锡时即从小路经此岛转入支渠登御码头进入寄畅园（图22），对此处景物印象很深，曾题诗以记其事。黄埠墩的西面远处屏列着惠山、锡山及山顶的龙光塔，而凤凰墩的西北面远处则屏列着西山玉泉山及山顶的玉峰塔。若把这两个地处江南和北方的景观加以比照，则可看出凤凰墩之摹拟黄埠墩，不仅岛屿的大小和位置很相像，就连周围的环境也颇有神似之处，其造景的渊源乃是十分明显的。

## 象征寓意

　　皇家经营的园林也像宫廷建筑一样必然要直接或间接

地反映封建统治阶级的思想意识，前山前湖景区在园林造景方面的许多象征寓意就是这种思想意识的集中表现。

秦汉时期的帝王为着祈求长生不老而在御苑中凿大池、筑三岛以象征传说中的东海三仙山。此后，"一池三山"便成为历代皇家园林造景的一种主要模式，一直沿袭到清代，昆明湖就是典型的一例。这个神仙境界的象征不仅表现在湖中的三个大岛——南湖岛、治镜阁、藻鉴堂的突出地位和鼎足而三的布列关系，也体现在三个岛屿本身的景观和建筑形象上面。南湖岛的主要建筑物如望蟾阁、月波楼等的题名，乾隆《御制诗》"霄映漪光碧，波含倒影红。隔湖飞眺者，望此作蟾宫"的描写都明确点出其仙山琼阁的造景意图。藻鉴堂南部建筑群之类似于圆明园的"方壶胜境"很可能也有同样的神话寓意。治镜阁的水上城堡楼阁则未始不是海市蜃楼形象的再现。

清代皇家诸园中，圆明园的福海和大内御苑三海也有类似"一池三山"的布局（见图 3）。但前者已成废墟，后者由于地形的改变仅剩下琼华岛一个局部。而颐和园的昆明湖则是完整地保存着我国造园的这个最古老的传统，体现了最古老的传说中的神仙境界的硕果仅存的例子了。

昆明湖西岸的"耕织图"与东堤上的铜牛隔水对称的布置寓意于传说中的银河和牛郎织女。据乾隆的《御制诗》中的"镇水铜牛铸东岸，养蚕茅舍列西涯。昆明汉记不期合，课织重农要欲佳"，可知这是仿自汉代长安的昆明池的做法。西汉元狩三年（公元前120），武帝在长安修建昆明池，除亭台楼观之外，还在池上雕刻石鲸以象江海，雕刻牛郎、织女以象天河，牛郎织女的雕像保存至今，当地群众称之为"石父""石婆"。乾隆仿效汉武帝的做法，不仅在园林的景观上面表现了另一个古老的神话传说和帝王重视农桑的象征，而且还有以古代名君标榜自己的更深一层的寓意，这从昆明湖的命名之渊源于昆明也可以看得出来。

龙王庙（南湖岛）与凤凰墩在南湖中占据着一北一南的分位，形成一大一小的布列，这就很明显地表现了龙、凤象征帝、后的意思，以至于道光年间因为公主多于皇储而奉旨拆毁凤凰墩上的建筑物。

前山西麓的城关宿云檐供关圣帝君像，昆明湖东岸的城关文昌阁供文昌星君像。这是封建皇权的左文右武的象征。

前山中轴线上的大报恩延寿寺则以佛寺作为整个景区的构图中心，佛寺在园林中居于如此显要的地位，实不多见。乾隆在《大报恩延寿寺记》中写道："以兹寺为乐林、为香国，万几之暇，亲奉大安辇随喜于此。前临平湖，则醍醐之海也。后倚翠屏，则阿耨之山也。"甚至把整个前山前湖比拟作为佛经中的梵天乐土。这不仅显示帝王的崇弘佛法，而且突出了建寺为母祝寿，所谓"以孝治天下"的寓意。

另外，前山之广植松柏以象征"长寿永固"，排云殿前广植太平花以象征统治阶级所期望的"太平祥瑞"，如此等等，不一而足。

景区的园林造景所表现的这样驳杂的象征寓意，正好说明了儒、道、释作为封建统治的精神支柱在皇家园林规划的构思中也占有着一个重要的位置。

从上述五个方面的情况看来，颐和园的前山前湖景区虽然经过清代晚期的重建，但原规划格局未变，仍不失为清代皇家园林盛期的作品，不能因为局部建筑的更易而过分贬低它的艺术价值。

前山前湖景区的地形、地貌结构决定了它的开朗的景观主调，而园林规划也相应地在"开朗"二字上做足了文章。因此，这个景区在造园艺术方面颇有许多独特的成就，对于今天的新园林——尤其是大型的新园林——的规划设计能够提供一定的借鉴和参考。应该说，这正是我国园林传统的、精华的一部分。

景区的西部和南部一带当年都是出色的水景，规划设计均极见功力。可惜这些地方如今处于荒废或半荒废的状态。若能认真加以整理，把长期埋没的园内"风景资源"重新开发出来，是可以恢复许多精彩的园林景观的。

原载《建筑史论文集》第五辑，清华大学出版社1982年4月

收入本书时有删减

# 杭州的西湖与北京的颐和园

自魏晋南北朝以来，山水风景区与山水园林一直是同步发展。前者往往作为后者的总体和局部创作的依据，后者也经常从前者得到开发建设上的某些启示。历史上多有在大型园林里面具体地摹拟某处山水风景的记载，而摹拟范围之广泛、成就之高则莫过于清乾隆时期建成的几座大型皇家园林。所谓"莫道江南风景佳，移天缩地在君怀"，正是这些园林的写照。其中最出色的一例，当推颐和园的前身清漪园。

到过杭州西湖和北京颐和园的游人，大概都会感受到它们的湖山布局、岛堤配列颇有相似之处。如果仔细观察，又会发现苏堤在西湖中的走向及其与孤山的位置关系，和西堤在昆明湖中的走向及其与万寿山的位置关系如出一辙；而苏堤之有六桥与西堤之有六桥亦绝非偶然的巧合。此两者地处南、北，一是举世闻名的风景名胜区，一是大型的皇家宫苑，它们之间确实存在着某种特殊的渊源关系，堪称我国风景和园林建设史上的一段佳话。

清漪园建园之前，昆明湖原名"西湖"，万寿山原名"瓮山"，历来就是北京西北部的一处公共游览地。杭州西湖风景佳丽，名气很大，全国各地因此而出现许多比附于杭州西湖的风景。俗话说："天下西湖三十六。"乾隆皇帝这位"山水之乐，不能忘于怀"的盛世之君，于乾隆十五年（1750）在瓮山西湖的基址上着手兴建清漪园之初，即确定了具体摹拟杭州西湖的造园立意，他在事后所写的诗中也挑明了这个意图——

  面水背山地，明湖仿浙西。
  琳琅三竺宇，花柳六桥堤。

清漪园之摹拟杭州西湖，却并非简单地抄袭。用乾隆的话来说，乃是"略师其意……不舍己之所长"的艺术再创造。正由于这个原则能够自始至终贯彻在园林的地形整治、总体规划乃至局部的景点设计之中，清漪园之于杭州西湖固然有某些形似的地方，但更多的则贵在神似而不拘泥于形似。另外还结合环境地貌的特点和皇家宫苑的要求，发扬"己之所长"，做出了许多卓越的创新。清漪园在造园艺术上因此而获得多方面的成就，达到相当高的水平，被乾隆帝誉为"何处燕山最畅情，无双风月属昆明"。

建园前的瓮山西湖，原始地貌虽然呈北山南水的态势，但山与水的连属关系却很不理想。工程浩大的地形整治即着重在改善此种尴尬的关系，使之改造成为山嵌水抱的格局。这样的格局于具体仿写杭州西湖的岛堤布列的同时，还概括了自然界山水成景的最佳地貌，体现了阴阳相生相含的最高哲理——太极观，突出了皇家宫苑传统的"一池三山"的模式。

杭州西湖景观之精华，在于环湖一周所形成的有如长卷展开的大幅度烟水迷离的风景画面。昆明湖的规划亦"略师其意"，着重在环湖景点的布局：从湖中的南湖岛起始，过十七孔长桥经东堤北段，折而西经万寿山前山，再转南循西堤而结束于湖南端的绣漪桥，形成一个漫长的螺旋形"景点环带"，犹如一幅奇长无比的山水画卷。这个环带上的景点建筑或疏或密，倚山面水，各抱地势，因而长卷画面的通体有起结，有重点，有疏密，呈现出起伏跌宕的韵律。如果把西湖与昆明湖的环湖景观做一对比，前者的景点建筑自由随宜地半藏半露于疏柳淡烟之中，显示人工意匠与天成自然之浑然一体；而后者的景点建筑则以其一系列的显露形象和格律秩序，于天成的自然之中更突出人工的意匠经营。

杭州西湖湖面辽阔，但三面近山怀抱，一面是城市屏障，因而总的地貌景观便呈现为以湖面为中心的一定程度的内聚性和较强的封闭度，南宋人林升写过一首著名的题壁诗——

　　山外青山楼外楼，西湖歌舞几时休？
　　暖风熏得游人醉，直把杭州作汴州。

诗人独具慧眼，看出了当时西湖的自然环境结合于人工建置的特色：多层次的山外青山配以小体量的分散的建筑物，从而构成互不遮挡、楼外见楼的景观效果。据文献记载，南宋临安的园林、别业、僧寺的大多数均环湖建置，"俯瞰西湖，高挹两峰"，以其小巧的建筑体量和分散的布置依托于广阔湖山的背景。这个特色似乎已成为约定俗成的传统，历代一直沿袭下来。西湖风景遂得以始终保持着湖面的辽阔感和湖山总体的亲切近人的尺度，避免了过于浓重的人工雕琢意味。西湖北岸宝石山顶的保俶塔则无异于湖山整体的构景中心，它与南岸雷峰塔所形成的对景线起到了控制全局的作用，虽属人工点染，却是惜墨如金。

颐和园的万寿山屏列于北，昆明湖横陈于南，呈北实南虚之势。湖以东是一望无际的田畴平野，湖以西则水泊连绵直抵玉泉山麓，衬托着远处的西山群峰。南面和东面的虚景一直往东和南延伸而消逝于天际，景观的开阔度大，外向性亦强，昆明湖的面积不到西湖的一半，万寿山却比孤山高出一倍多，它的南坡即前山居于全园主景的位置上，自然成为全园规划的关键所在。皇家园林的规划，强调重点、轴线，运用景点布局的格律和几何关系来表现宫苑之端庄和皇家的气派。而前山的山形呆板，较少起伏之势，这样的先天缺陷虽经地形整治亦难于根本改善，尤其需要借助于建筑形象的浓重点染来加以掩饰弥补，以建筑的较大体量的高低错落来创造人为的起伏层次。因此，造园匠师在这里大胆地运用突出重点、烘云托月的手法，于前山的中央部位建置一组体量庞大、形象丰富的中央建筑群（即现在的排云殿、佛香阁，当年的大报恩延寿寺）。采取"屋山"的做法，从湖岸到山顶密密层层地将山坡覆盖住，以其华丽璀璨的殿堂台阁构成一条贯穿前山的中轴线犹如金碧重彩的渲染。佛香阁是中轴线上的重点建筑物，中央建筑群的几何对位关系又把它的重点作用做了适当的烘托。它那巨大的体量，具有雕塑感的形象巍然耸立在半山腰的高台之上，顶高超过山脊，显得气宇轩昂，凌驾一切而成为整个前山和昆明湖的构图中心。靠近中央建筑群两侧的景点采取轴线对称但形象不对称的布置，其余的愈往东往西方向展开，愈见疏朗自由而不拘一格。因此，万寿山前山的建筑布局，作为景点集群的正立面宏观效果便呈现为一种退晕式的、多层次烘托的渐变韵律，既显示出宫廷端庄、典丽的皇家气派，又不失园林的婉约多姿。

由于西湖地貌景观的较强的内聚性和较大的封闭度，如果把它当作一个大型天然山水园，它的成景和得景虽也居高临下、视野开阔，但一般都难于超出其本身景域范围之外，也就是说，较少借景的可能。颐和园则不然，园林的规划充分利用地貌景观的外向性和开阔度，最大限度地创造各种借景的条件。举凡园外的玉泉山、西山、平畴田野、僧寺村舍，乃至当年的静宜、静明、畅春、圆明诸园，都能够收摄作为园景的组成部分。若论借景之广泛、内容之多样，在清代的皇家诸园中实为首屈一指。尤其是从不同的角度、不同的位置上远借玉泉山西山之景，都能与园内之景浑然一体，嵌合得天衣无缝，可谓园林运用借景手法的出色范例。

以上所举仅就其大的方面而言，亦足见颐和园的园林造景如何汲取杭州西湖的风景精粹而"略师其意"，再结合于本身特点，"不舍己之所长"而做出的卓越的艺术成就。从这个历史佳话，也足以说明中国的山水风景与山水园林之间的密切关系。我们不妨把西湖风景名胜的总体当作一个未经自觉规划但却历经千百年而自发形成的大型天然山水园，那么，颐和园也就可以视为一处经过自觉规划而一气呵成的风景名胜区，或者说，一个园林化的风景名胜区。

细心的游人，如果能就两者的异同做适当的参照，对比的鉴赏，则会在似与不似之间得到一种似曾相识的美的感受。这不仅有助于在更高的层次上领略西湖风景和颐和园园林景观之美，而且能借此一斑以窥全豹，也有助于对中国传统风景名胜和造园艺术的更深刻的认识。

原载《风景名胜》1989年6月

# 避暑山庄和圆明园的建筑艺术

我国园林就其历史发展的过程而言，最具代表性的有两种类型：一类是专为帝王修建的兼作行宫的园苑；另一类是南北各地私家所经营的小型园林或庭园。前者规模大，园内的建筑物多而分散；后者规模比较小，建筑物集中，以其小巧精致、平易怡人而见称于世。据文献记载，远在周代即已有帝王经营的大型园苑，文王做灵台、灵沼、灵囿是最早的例子，以后一直到明清数千年来几乎每一朝代都有若干园苑建成。较著名的如像汉长安的上林苑，唐长安的曲江、芙蓉园，宋汴梁的艮岳万岁山，等等，有的占地在百公顷以上并包括许多天然山川在内。自宋代以后，这一类园苑由于因袭以太液池和池中象征蓬莱三仙山的三个小岛为主体的统一的总体布局方式而渐趋于公式化。公式化的倾向不免使得园林中所再现的自然风致流于呆板僵硬，因而或多或少地阻碍了它们在造园艺术上创造性的发挥。在另一方面，从汉代即已发展起来的贵族士大夫以及民间经营小型园林的传统，到两晋时受当时风行于知识界的个性放任、接近自然的清谈思想一定程度的影响，再经唐宋文人画风格上的感染，逐渐舍弃矫饰豪华的习尚，而在园林设计中追求朴实的自然美，至明代遂达到这方面艺术造诣的高峰。明清两代在山清水秀人文荟萃的江南地区，私家造园之风很盛，其中有的甚至是直接由文士画家参与规划设计的；当时，在广泛的实践基础上还出现了我国第一部造园艺术的理论专著——计成所著的《园冶》。这些园林大都保存至今，为我国小型园林中之精品。在北方，从清康熙帝在位时起就大规模地进行园林建设，到乾隆时期而臻于极盛，分别修建完成北京的静宜园、静明园、清漪园、圆明园、长春园、绮春园——所谓三山三园，以及承德的避暑山庄（又称热河行宫）等处。其中以避暑山庄和圆明、长春、绮春三园最著名，它们不仅范围之大是世界上所罕见，并且在造园艺术方面也有极卓越的成就，摆脱了过去大型园林那种"一池三山"式的僵化了的布局方式而大量吸取民间园林特别是江南园林的意趣；这里面有直接摹仿的，有经过某些艺术加工而再现出来的。它们既不失其雄浑开旷的气魄，又有江南水乡庭园风貌的婉约多姿，在建筑艺术方面亦兼具南北风格之长，因此而成为我国造园史上划时代的里程碑。

避暑山庄位于承德武烈河西岸。清康熙四十二年（1703）兴建，全部完成于清乾隆五十五年（1790）。全园占地五百余公顷，园内的自然地形很复杂，有平原、湖沼和山岳，而山地占去全园的一半以上，建筑物的布置比较疏朗，是在自然美的基础上创造建筑美和庭园美的。这座园苑的建筑和绿化在新中国成立之前虽曾遭到相当大的破坏，但大体完整地保存下来，尽管尚需大力修葺复原。圆明园在北京西北郊海淀区挂甲屯之北，与长春园、绮春园鼎足而立互相紧邻着，当中只有一墙之隔，习惯上圆明园即泛指此三园而言。它是清康熙四十八年（1709）兴建，完成于乾隆中期，总面积较避暑山庄小一些。二者建造时期相去不远，故在造园手法和建筑风格诸方面都有许多相同之处。不过，圆明园地势平坦没有冈峦溪谷，论自然形胜远不如避暑山庄，于是不得不人为地创造自然环境，利用当地多泉水这一有利条件，大量开凿湖沼溪河，使得园内上百处的建筑大部分都能与水有联系，因水流而得佳景。所以，圆明园不仅建筑和庭园，甚至自然环境也都是经过人们精心设计和巧妙安排的。由于这三者综合而产生的艺术成就，使得它的声誉超越国界远播欧洲，被当时的西方人称为"万园之园"。清咸丰十年（1860）经英法帝国主义侵略军的焚烧劫掠，全园遭到毁灭性的破坏，到今天仅余依稀的遗迹可辨了。所幸有不少关于它的工程图纸、烫样、绘画、文献等保存下来，通过这些间接资料，尚不难获得比较全面的了解。

关于这两座园苑的情况，本文不拟做全面的论述，只是概括地谈谈它们在园林规划设计中的一个重要方面，即建筑艺术方面的若干特点。

第一，要提出的是集锦式的总平面布置。园林风貌的特色，首先表现在它的总平面布置上。一般大型的园苑，由于占地广大，其中的建筑物平均分布还是适当地集中，就成为园林规划最先要考虑的问题之一。这也就是避暑山庄和圆明园不同于其他园林——特别是西方园林——的主要之处。在这两座园苑中，为了强调风景的重点突出，同时照顾到建筑上的功能区分，而把上千幢的建筑物分别集中为许多建筑群；它们都自成一独立的单位，大都有自己的墙垣庭院和出入口，在功能上和建筑艺术上亦各有其特色。其中除大部分是游乐性的庭园建筑外，还有宫殿、住宅、祠庙道观、图书馆、操场、戏楼、码头船坞等，圆明园的长春园内甚至还有西洋风格的几组建筑群。〔谐奇趣、海晏堂、远瀛观等，那是乾隆帝由于猎奇而命当时在北京的外国教士设计建造的，属巴洛克（Baroque）式。〕这样的布置方式实际上是大园之中又包含了若干小园，故名之为"集锦式"。这些建筑群大小不一，分布园内各处；它们之间并没有明显的建筑体形上的轴线可循，与我国公共建筑传统的总体布置方式恰恰相反，而只是借助于道路，有时借助于回廊和桥堤使之互相联系起来。因此，道路、回廊、桥堤在大型园林中便具有很重要的意义。它们不仅解决交通问题，也不仅是游人观赏的对象，实际上是贯穿全园使其成为一个有机的整体的若干纽带。园内道路一般都不宽，没有广场和林荫道之类，而且无例外地避免笔直，有意布置得曲折有致，并顺应地势的高下参差适当地穿插点缀以碑碣、塔幢、亭榭之类的小建筑物以及假山叠石、石笋、花卉树木等。这些无形的纽带很自然地引导人们从一处建筑群走向另一处建筑群，从这一个体形环境走向彼一个全然不同意趣的体形环境，从而产生的那种时间上的渐近过程，很能激发人们对周围环境低回品味仔细咀嚼的复杂的鉴赏情趣。这就是我国的这类园林最富于感染力的一个方面。那些比较重要的建筑群连同四围的自然风光都有恰如其分而很富诗意的命名，即所谓"景"；如避暑山庄的七十二景，圆明园的四十景，它们是构成园苑风致的骨干，而其中一部分就是直接摹自江南风景和江南园林的。

第二，宫与苑的分置。避暑山庄和圆明园同时也是行宫，皇帝要在这里度过一年中的大部分时间。所以，它们不仅有供游乐的苑，而且有皇帝上朝和居住的宫，二者是严格分开的。宫较之苑的部分要小得多，仅仅是园内许多建筑群中的一组，但因它紧接园门，是进入苑中必经之处，故地位相当重要，其平面布置仍然沿袭我国宫殿建筑传统的对称均齐的格局，但形式却朴素得多。正殿与宫门居于中轴线上，配殿分列两旁，与紧邻的居住部分组成若干进的院落和跨院；院子不大，庭中灰砖墁地，满植各种花木，房屋都是灰瓦卷棚式的，如避暑山庄的正殿 —— 澹泊敬诚殿，甚至不施彩画油饰，通体呈现楠木的本色，显然较北京城内的宫禁具有更多的生活气氛和园林情调。宫的正门也就是园苑的主要出入口，如圆明园的大宫门和出入贤良门，避暑山庄的丽正门，前面分别罗列影壁、石狮、牌楼和朝房等附属建筑物，形成一重或数重广场。这种由于封建制度的实际需要而产生的布置方式，对园林空间的创造却有着另外一种意义，即在外界与园苑本身之间利用建筑形体来形成一个过渡部分，先不使人们一览无余，而是经过比较严肃封闭的体形环境，进而至豁然开朗的另一天地。这是一个极其强烈的对比手法，因此而引起的情绪上的共鸣，一开始便增强了人们对园林的感受。所以，作为圆明园风景中心的后湖和前湖，就紧接于正殿——正大光明殿之后。避暑山庄正宫部分之所以建筑在高坡上，亦即试图从总体规划方面有意识地强调这一对比效果；若穿过它的正宫部分，从最后一进居高临下的万壑松风殿往北放眼望去，山陂下一派美丽的湖光山色突然呈现在眼前，其动人心弦之处是每个游人所永不能忘怀的。这种对比手法亦被广泛运用于皇家园林甚至民间的小型园林，成为我国造园设计的独特手法之一。

第三，建筑所起的重要决定性作用。我国的园林建筑不同于一般的建筑物，它除了满足生活和公共活动方面的实际需要之外，尚有更积极和重要的意义，那就是它对园林的总体与局部的风景构图所起的重要的作用，有时甚至没有任何实用意义而完全成为赏玩的对象。所以，建筑物在大型园苑中往往是风景构图的中心，没有它们也就不称其为景了。因此，我国传统的木构建筑的一些特点也就更有利于它们在这方面的作用，如因柔和生动被誉为"如鸟斯革，如翚斯飞"

紫碧山房平面示意图

的屋顶、灵活轻巧的木框架结构、颜色丰富而鲜明的彩画油饰和粉刷、精致的细部装修、多种多样的建筑材料等，使得建筑物无论在体形上或色彩上都能适应种种复杂的自然环境、地形情况而创造建筑美与自然美的高度的统一。这两座园苑内的许多建筑群即充分地运用了这些特点，在一正两厢的传统布置的基础上追求种种不规则的曲折变化之趣。如圆明园内的"方壶胜境"、眉月轩、问月楼、紫碧山房、双鹤斋等处，以及避暑山庄山岳区内的大部分建筑都是如此。个体建筑物也有许多独创的形式，例如圆明园内的清夏斋作"工"字形，涵秋馆作"口"字形，"淡泊宁静"作"田"字形，"万方安和"作"卍"字形，眉月轩作偃月形，湛碧轩作曲尺形，以及三卷四卷五卷的殿堂式样，四角六角八角十字流杯的亭子，抓山叠落各式游廊等，不胜枚举。可以看得出，过去的造园匠师们在建筑设计和规划方面绝不草率从事，对每一座建筑物的位置、外形、轮廓线、色调、体形的虚实关系等都经过缜密的考虑推敲，不仅赋予它们本身以丰富的表现力，并且因它们的存在使周围的自然环境获得了一种精致的艺术加工；因此几乎每一佳景都以建筑为重心，离开建筑物也就无以言园林之美了。上文提到避暑山庄内自"万壑松风"以北所看到的一幅动人的鸟瞰最足以说明这一点。那是一片明镜似的湖水和星罗棋布的大小岛屿，到处林树荟郁，但最先吸引人们注意的却是那些分散在岛堤间的色调鲜明的大小平桥和长虹般的拱桥，以及绿树丛中露出的一座半座亭榭楼阁。这些建筑为数并不多，但由于它们的位置安排得当，形体与色调也绝非偶然的造作，却仿佛天生地造似的与周围景物浑然成为一体。经过这些建筑物的点染，眼前的画面就显得凝练而生动，不再是粗糙原始的天然风致，乃是经过人为的精心修饰而又不落痕迹的。这是我国造园艺术所追求的最高境界，亦即《园冶》一书中所说的"虽由人作，宛自天开"。而"人作"与"天开"二者间的矛盾的统一，往往就有赖于建筑设计得是否得当了。

第四，建筑物与地势的配合。天然的或人工经营的山和水是形成园林自然环境的基础。因此建筑物能否恰当地因山就水充分利用它们的特性就成为园林设计水平高下的决定因素之一。避暑山庄山岳区内的那十几处建筑群，虽然都只剩残址废墟，但仍能看出它们在总体规划上配合地形的意图。山岳区北部沿松林峪一带，山势高，冈峦挺秀，四望都是动人的自然景色，所以，这里的建筑要求有开阔的视野，有意要看得远，看得多，看得尽。如像广元宫、敞晴阁、山近轩、旃檀林、放鹤亭、水月庵等这几处建筑群，大都是雄踞峰顶山梁之类的制高点上，显得本身气度凝重，同时互相之间又都能够看得到，风景构图上有彼此呼应的效果。而山岳区的南半部梨树峪一带多小丘陵盆地，景界不大，不宜于远眺；故建筑布置的原则与前者恰相反，就近利用溪流、山岩、树木、花卉等，诱导人们往近处看，往身边的细致处看，另具一种亲切宁静的气氛。这里的"梨花伴月"遗址，西临溪流，东居山坡，建筑物分作高低数台，以阶级形的游廊联系起来。周围山景平平，而当年就是以其建筑及附近的万树梨花取胜的。碧静堂正好在两条溪流三道小丘相汇的所谓"个字中轴"之上，利用这一难得的地形，将亭榭桥廊围绕这两条小溪布置得错落变化，极富风趣。其他如像含晴斋、创得斋、秀起堂、鹫云寺等处，都是架岩跨涧，因地制宜，充分显示它们本身精致的建筑美。

圆明园的情况有所不同，园内随处都是湖沼溪河，因而大部分的建筑物也都是借助于水这一自然物以加强其表现力。例如："上下天光"的主要部分以木桩支撑于水面上，两旁各有九曲木桥与岸相接；"濂溪乐处"是正方形的回廊，一边倚岸，其余三边架临水面，回廊环抱着一个荷池，既可看

2
碧静堂平面示意图

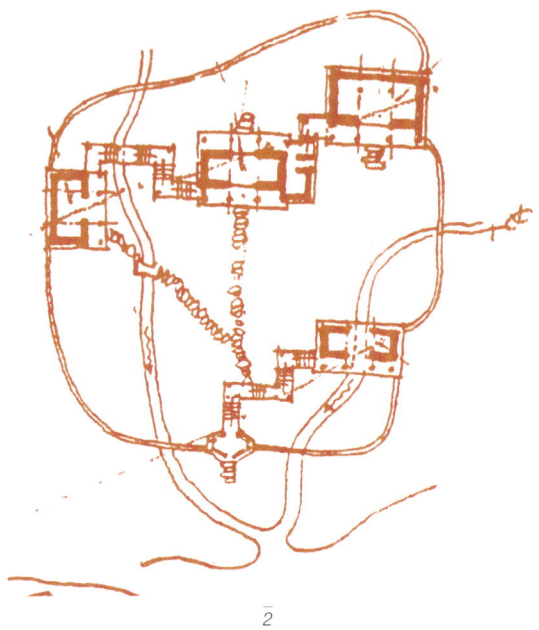

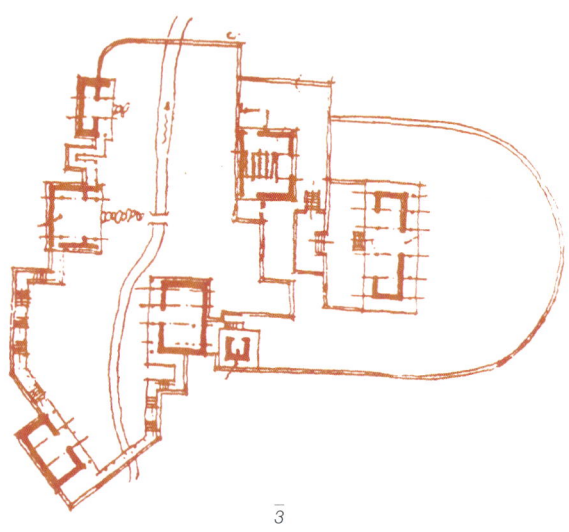

3
秀起堂平面布置图

湖景，又能赏荷花；"万方安和"共有三十三开间，好像水面上漂浮着的"卍"字。其他如"澡身浴德""坐石临流""方壶胜境""接秀山房"等处，都是利用如镜的湖面或淙淙的溪流这些自然环境而获得建筑设计上很多富于独创性的意趣，这在其他的园苑中，尚不多见。

第五，借景。所谓"借景"就是有意识地借园外之景以丰富并陪衬园内之景，或借附近之景以增益本身之景，也就是《园冶》中所说的 ——

> ……园林巧于因借，精在体宜。……借者，园虽别内外，得景则无拘远近；晴峦耸秀，绀宇凌空，极目所至，俗则屏之，嘉则收之，不分町疃，尽为烟景。斯所谓巧而得体者也……

不过要真正做到"俗则屏之，嘉则收之"并非容易的事，必须于进行园林设计之先，将周围环境做一通盘的研究，通过建筑物的位置的恰当选择和一些高超的建筑处理手法来决定远近诸景的取舍，这是最为难能可贵的。一般说来，借景主要依据于空间构图上的前后层次关系。所以，地势起伏越大，借景的可能性也越多。避暑山庄内随处都可看到这种情况。山岳区松林峪的那几处建筑群是达到互为因借的构图效果的最好范例。而园墙外的美景，诸如四围环抱的秀丽的群山峰峦，以及沿山麓自北而西依次排列着的那几座富丽辉煌

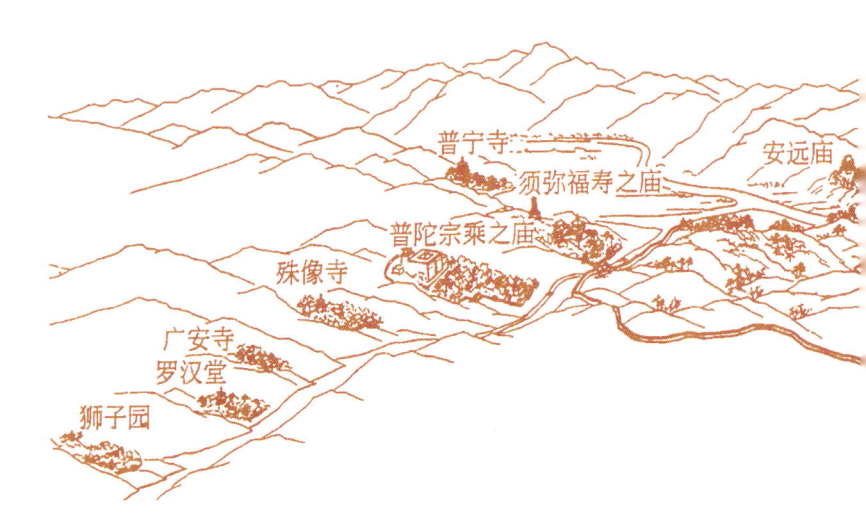

的大建筑群——外八庙，在很多地方都被从不同的角度收入园内风景画面之中，特别是那奇突挺秀的棒锤峰（磬锤峰的俗称），甚至还被命名为"锤峰落照"，而列为"避暑山庄七十二景"之一。

第六，自然美、建筑美与绘画美的综合。绘画和我国造园艺术的关系很密切，可以说唐宋以来山水画中"外师造化，内法心源"这一现实主义的传统，通过另一种方式同样表现在一些卓越的造园设计里。历来的许多画家、文学家大都具有很高的造园艺术方面的素养，而造园匠师们也往往把追求画意视为一种很高的格调。画意主要得之于风景构图的佳否，关键在如何把自然原有的东西，通过各种建筑物位置的安排经营和它们本身的设计，统一在一系列的宾主分明、具有连

避暑山庄及外八庙鸟瞰图
(选自汪菊渊《中国古代园林史》)

贯性的画面之中。这画面却是动态的随时变幻着的，予人一种仿佛置身画幅中的感受，避暑山庄湖泊区的规划就是一个很成功的例子。由湖区中央的静寄山房北面的长桥上极目四望，周围一圈无异于大幅横轴的山水长卷，而整个画面又以金山亭作为构图中心。金山亭是一座八角形的三层楼阁，姿态玲珑挺拔，位于一小半岛上，恰当全湖区的最高点；岛上树木繁茂，三面临水，当年沿岸还建有许多回廊水榭，与最大的岛屿——如意洲隔水相对。远处是烟霭中若隐若现的永佑寺舍利塔与金山亭遥相呼应，更远则是武烈河彼岸的群山。每当晨昏，湖上微有烟霞弥漫，金山亭好像是从地面抽长出来似的，与半岛一起所形成的幽美的轮廓线，突出于湖面涟漪水波之上，这时，一幅生动的渲染画便以它为中心而展示在眼前，令人流连忘返。其他像如意洲北面的烟雨楼一带，也都能给人以类似的感受。上面曾提到园林中自然美与建筑美的综合，但优秀的园林设计，如避暑山庄，却除此之外还运用很多艺术上经营位置的构图手法，掺入了绘画美的意趣，实际上是这三者完整无间的综合。画意的追求不仅表现于总体布置，在有些庭园局部设计中也能见到。譬如，假山叠石与花木配合形成的构图，宜于近观犹如小品册页，十分楚楚动人。源远流长的中国建筑体系几千年来一直以木结构为主，这是由于漫长的封建社会的特殊历史条件的制约；从世界建筑发展的总趋势看来，难免有保守性的表现。但就木结构本身而言，在建筑的技术方面却得以成长到了极精致、细密、高超的程度，以至于某些砖、石建筑物都要摹仿木结构的外形。中国传统木构建筑的造型因露明的木梁柱、构件、装修而形成具有线条美的表现力；保护木构外表的髹漆则赋予建筑内外檐以丰富的色彩美。总之，在建筑的艺术方面也因此而获得很高的成就，显示一种画意的特殊魅力。历来的诗文、绘画中咏赞、状写建筑的不计其数，甚至以工笔描绘建筑物而形成独立的画科——界画，恐怕也是世界艺术史上绝无仅有的事例。所以有学者认为，西方古代建筑是雕塑性的，中国古代建筑是绘画性的，此论不无道理。当然，这样的建筑再配以山池花木而做画理的经营，所创造出来的具有自然美、建筑美和绘画美的综合性的园林景观，其能达到一种更为高超的艺术境界，自是不言而喻。

造园是一种综合性的艺术创作，文字的阐述很难免于抽象；而且除建筑之外，绿化（树木花卉的培植）、山水（园林的地貌基础），也是其重要的组成部分，实际上二者是紧密关联不能割裂看待的，但因限于篇幅不能多所论列了。关于避暑山庄和圆明园建筑方面可述的特点很多，上面所谈到的不过是其中最主要的一些，也是我国造园艺术不同于西方园林而独具民族风格的优秀传统的一部分。不过，这一切的设计其出发点是以供少数人游乐享受为原则，规模尽管大，却根本上不同于我们今天群众性文化休闲公园的要求。作为传统来接受，会发现很多不合于现实生活甚至相矛盾的地方。然而它们所完美地体现出来的浓厚的民族情调，却深为人民所喜爱，这就需要今天的造园家、建筑家们从中汲取造园的理念、技法和素材，从而结合现实情况，创造性地加以运用了。

原载《文物参考资料》第六期，1957年

# 玉泉山静明园

静明园是清代著名皇家园林"三山五园"之一，位于北京西北郊的玉泉山。

北京的西面，太行山余脉自南蜿蜒而北，"强形巨势，争奇拥翠，云从星拱于皇都之右"，这就是西山。西山在北京的西北又分为两支：一支直北走，再折向南即天寿山；另一支以香山为枢纽折向东翼，结局于青龙桥附近。这后一支所形成的相对独立的小山系诸峰连绵迤逦，好像屏障一样拱列于广阔的西北郊平原的西缘和北缘。在平原的腹心地带，两座小山双双平地突起。靠西一座山形秀美的即玉泉山，它的东邻并列着万寿山和明澈如镜的昆明湖，西面远处衬托着起伏如黛的西山群峰。就西北郊整体的自然环境所构成的地貌景观而言，玉泉山实居于一个重要的关键部位。

玉泉山呈南北走向，纵深约一千三百米，东西最宽处约四五十米。山的主峰高出于地面不过五十米，但它的两个侧峰南北拱伏，与主峰相呼应而构成略似马鞍状的轮廓。从东面的昆明湖一带看去，山形尤为清丽。当年山上林木翁郁，多奇岩幽洞，到处泉流潺潺。山不在高，有景则名。自从元明以来，它一直就是京郊的一处颇有名气的游览胜地。

玉泉山的名望不仅在其风景之优美，还在于它那丰沛的泉水。早先，这里的泉眼很多，"沙痕石隙随地皆泉"[1]，每遇石缝即迸流如溅雪。其中最大的一组泉眼在山的南麓，泉水从石穴中涌出，潴而为湖，喷出的水柱高达尺许，很像济南的趵突泉，这就是著名的玉泉。以玉泉而得名的"玉泉垂虹"为元明以来的"燕山八景"之一。另一组泉眼在山的东南麓，名叫裂帛泉。据明人的描写："泉迸湖底，状如练帛……涣然合于湖……湖方数丈，水澄以鲜……漾沙金色"[2]，"裂帛湖泉仰射如珠串，古榆荫潭上，极幽秀"[3]。第三组泉眼在山的东面，"山有玉龙洞，洞出泉；(昔人)甃石为暗渠，引水伏流，约五里入西湖，名曰龙泉堂"[4]。此外，环山和山上还有不少小泉眼。这些大小泉眼的出水量都很旺盛，若把它们汇聚起来，对于供水比较困难的北京来说，确乎是一处不可多得的水源。因此，玉泉山在历来北京的城市供水工程中都占有十分重要的地位。

就水质而论，玉泉山之水亦属上品。清乾隆皇帝曾将国内的几处名泉加以评比，认为"水之德在养人，其味贵

---

1 《日下旧闻考》卷85引《燕都游览志》。
2 刘侗、于奕正：《帝京景物略》，北京出版社，1963年。
3 《日下旧闻考》卷85引《长安可游记》。
4 《日下旧闻考》卷85引《长安客话》。

甘，其质贵轻。然三者正相资，质轻者味必甘，饮之而蠲疴益寿，故辨水者恒于其质之轻重分泉之高下"。为此特制银斗"较之，京师玉泉之水斗重一两，塞上伊逊之水亦斗重一两，济南珍珠泉斗重一两二厘，扬子金山泉斗重一两三厘，则较玉泉重二厘或三厘矣。至惠山、虎跑则各重玉泉四厘，平山重六厘，清凉山、白沙、虎丘及西山之碧云寺各重玉泉一分。是皆巡跸所至，命内侍精量而得者"[1]。评比结果，玉泉的水质最轻。由于水的含铁量和杂质比较少，溶有一些气体如二氧化碳之类，既轻又甘甜可品，故命名为"天下第一泉"。经过皇帝的亲自品评和赐名，玉泉山的"玉水"更是身价百倍，被专门指定为宫廷的饮用水。每日运入内廷八十罐，以四分之三供应各宫之茶房，余则交膳房。逐日运水均有内监轮值专司其事，甚至皇帝到外地巡行亦随带玉泉水供日常饮用。

玉泉山既是北京郊外的风景游览胜地，又能提供北京城以丰沛的高质量的水源，所以历史上的几个朝代对于这里的风景建设，也往往结合于水利的开发而做通盘的考虑。

公元1153年，金代建都中都，城址在今北京城的西南。金章宗曾把中都郊外的两处地方开辟为风景区，一处在东北郊高梁河下游湖泊地带，修建行宫大宁宫，另一处即香山和玉泉山一带。玉泉山上建行宫芙蓉殿，具体位置大约在山的

---

[1] 乾隆《玉泉山天下第一泉记》，见《日下旧闻考》卷8。

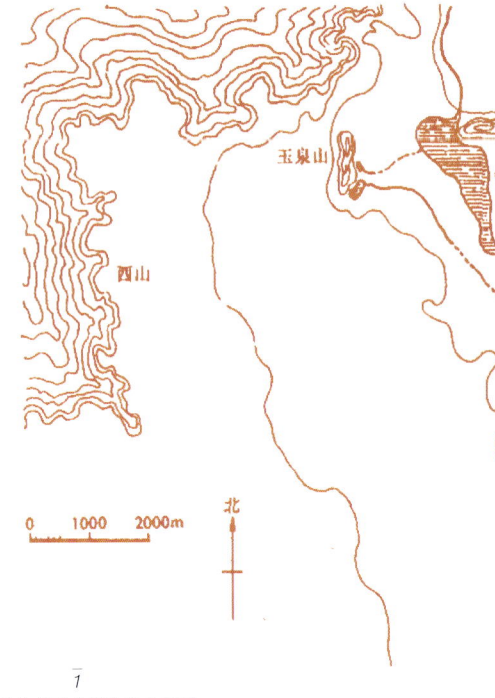

元大都及其西北郊平面示意图

南坡，玉泉附近，又叫作玉泉行宫。这是玉泉山最早的风景建设，金章宗曾多次到此避暑游玩[1]。

此时，除修建大宁宫外，还同时扩大湖泊范围，并以浚湖的土方堆筑琼华岛。宋嘉定八年（1215），蒙古军攻陷中都城，城内宫殿悉数被毁；而地处东北郊的大宁宫幸得保存，元中统元年（1260）元世祖到中都时曾驻跸于此。元至元四年（1267），以大宁宫为中心另建设新的都城大都，琼华岛及其周围开拓后的湖泊乃包入大都的皇城之内而成为御苑太液池。原先的高梁河水源已感不足，遂改引玉泉山之泉水经由新开辟的渠道——金河，从和义门（今西直门）南

---

[1] 《金史·章宗纪》："明昌元年八月幸玉泉山，六年四月幸玉泉山。承安元年八月幸玉泉山。泰和元年五月幸玉泉山，三年三月幸玉泉山，七年五月幸玉泉山。"

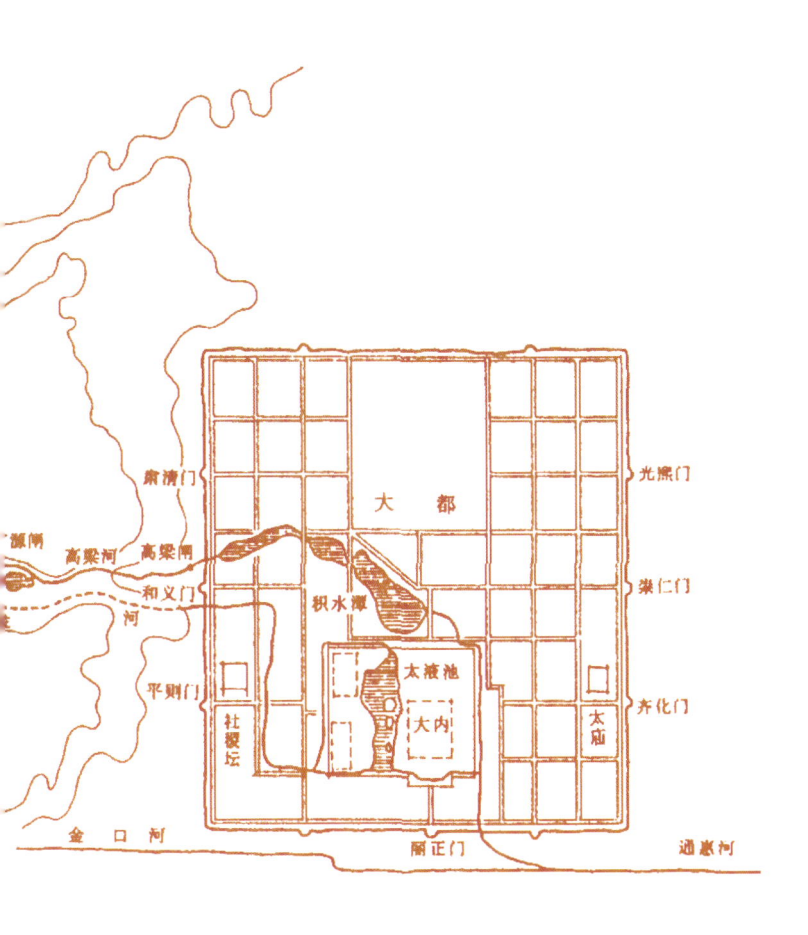

之水门导入城中，流经宫城而注入太液池[1]。这条金河是当时皇家宫廷的专用水道，独流入城而不与他水相混，凡与其他河道交叉的地方一律架设渡槽跨越，百姓不准随便取用金河之水，甚至"濯手有禁"。

大都城未建之前，中统二年（1261）元世祖根据郭守敬的建议，原拟利用玉泉山水接济金代大运河以通漕。大都城建成后，由于玉泉山水已直接引入皇城作为宫廷专用水源，

---

1 《元史·河渠志》："金水河其源出于宛平县玉泉山，流至和义门南水门入京城，故得金水之名。"

这个建议未能实现[1]。一直到至元二十八年（1291），经郭守敬亲自踏查并精密测量地形，决定另引大都城西北六十里外的昌平神山白浮泉水，西折而南注入于玉泉山东面的天然湖泊瓮山泊。在瓮山泊的南端开凿一条平行于金河的输水干渠长河与高梁河衔接，从和义门北之水门入城流经积水潭，再沿宫城的东墙外南下注入通惠河以接济大运河的上源，积水潭与太液池之间遂完全断流。

所以说，早在元代玉泉山之水已经纳入于北京城的供水体系了。但玉泉山本身的风景建设似乎不太多，只有几处石洞见于文献记载。

明代，西湖与昌平白浮之间的那一段水道因年久失修而淤塞，并且由于昌平修建皇陵也不能再加使用。乃于成化年间改引玉泉山之水汇入西湖，经长河流入城内的积水潭（什刹海），再分为两股：一股南流入太液池之北海以供给宫廷御苑用水，另一股东南流入通惠河以补给大运河上源。原来的金河遂废弃不用了。

自从明成祖迁都北京后，由南方迁移来的农民在西北郊平原东部多泉眼沼泽的海淀一带开辟水田、鱼池、藕塘，官僚贵戚也纷纷占地兴造私家园林。于是，这一带逐渐形成宛若江南水乡的自然景观。西北郊风景区的范围往东扩大了，玉泉山所处的地位就益显重要，山上及其附近的风景建

---

1　侯仁之：《元大都城与明清北京城》。

设亦随之而兴盛起来。

正统年间，明英宗敕建上华严寺和下华严寺于山之南坡，嘉靖二十九年（1550）被瓦剌军焚毁。寺的附近有五个石洞，"深者二三十步，浅者十余尺"[1]。其中最大的两个一在山腰名华严洞，"一在殿后曰七真洞或云即翠华洞，洞中石壁镌元人耶律丞相一词"[2]，设石床供游人憩坐。上、下华严寺也是山上的一处风景点，明人曾这样描写——

> 门外寒流浸碧虚，玉泉山上老僧居。
> 芙蓉云锁前朝殿，耶律诗存古洞书。
> 曲洞正当虹饮处，好山相对雨晴初。
> 笑攀石磴临高顶，浩荡天风袭客裾。[3]

华严寺的东面约半里许为金山寺，旁有石洞名玉龙洞。泉水自洞中流出汇潴为池即龙泉湖。此外，沿山的南麓尚有崇真观与观音寺，玉泉湖的西岸有补陀寺，寺内石洞名吕公洞，其上为观音洞与一笑庵。

玉泉山不大的范围内荟萃着如此众多的寺庙，可以想见其浓郁的宗教气氛，颇有几分名山的味道了。这些寺庙大多与石洞相结合而形成玉泉山景观的特色，为西北郊他处所无。而洞景本身的幽奇也颇能引人入胜，例如吕公洞——

---

1 《日下旧闻考》卷85引《文义集》。
2 《日下旧闻考》卷85引《长安客话》。
3 倪岳：《游玉泉华严寺》，见《帝京景物略》。

> 石洞知何代，门当玉涧湾。
> 潮音疑可听，仙驾杳难攀。
> 暗穴深通海，危亭上据山。
> 吟身贪纵步，遥带夕阳还。[1]

除寺庙之外，山上还建置许多供游赏之用的建筑物，如玉泉湖畔吕公岩上的看花台与卷幔楼，裂帛湖畔山坡上的望湖亭，等等。望湖亭是明代北京西北郊著名的风景点之一，从亭上俯瞰西湖，得景之佳诚如袁中道所谓"见西湖明如半月，又如积雪未消"[2]。凡到西湖的游人差不多都要登临其上一览湖光山色之胜，明代的皇帝亦多次驻跸于此。当时的文人对此处风景留下不少的诗文题咏，如——

> 一半湖光影树，一半湖光影山。
> 四月林中未有，林端黄鸟关关。
> ——王樵《望湖亭》
>
> 为览西湖胜，来登最上亭。
> 云生拖练白，日出拥螺青。
> 葭菼高低岸，鸥凫远近汀。
> 泉源何所藉，佛土与山灵。
> ——刘效祖《登望湖亭》

---

1 程仪政：《吕公洞诗》，见《日下旧闻考》卷85。
2 孙承泽：《春明梦余录》卷86。

孤亭斜倚玉泉隈，槛外明湖对举杯。
一顷玻璃山下出，半岩紫翠镜中开。
云连阁道笼春树，雨过行宫绣碧苔。
尽说昆明雄汉苑，无如此地接蓬莱。

—— 于慎行《望湖亭》

泉水乃是玉泉山突出的构景要素，在文人墨客的题咏中就多有记述泉流景观的——

跳珠溅玉出岩多，尽日寒声洒薜萝。
秋影寒空翻雪练，晓光横野落银河；
潺潺旧绕芙蓉殿，漾漾今生太液波。
更待西湖春浪阔，尊罍再听濯缨歌。

—— 曾棨《玉泉山》

浮花溅玉落崔嵬，径出千岩去不回。
白日半空疑雨至，青林一道指烟开。
月分秋影云边见，风送寒声树杪来。
流入宫墙天汉静，何如瀛海绕蓬莱。

—— 林环《玉泉山》

对于著名的裂帛湖，袁中道《裂帛湖记》一文中生动地描写其"泉水仰射，沸冰结雪，汇于池中；见石子鳞鳞，朱碧磊砢，如金沙布地，七宝妆施，荡漾不停，闪烁晃耀"；袁祈年《裂帛湖》诗则韵之为——

> 蠕蠕泉脉动，太古无停时。
> 虫鱼莫能托，非但寒不宜。
> 听如骤雨急，观如沸鼎吹。
> 水性怒自得，物性扰已亏。
> ……

以上等等，均足以说明玉泉山之水景，自有其不同于一般的特色。

明代至清初，玉泉山一直是北京西北郊风景区的一个重要组成部分。它的林泉山石之幽致，园亭寺宇之盛概，最为时人所称道。诗文中经常把它与西湖相提并论而描绘那一派动人的北国江南的景观——

> 峰头乱石斗嵯岈，水底浮光浸碧霞。
> 绝似苏门山下路，惜无修竹与桃花。
> ——王恽《重游玉泉诗》
> 湖上归鸦去雁，湖中暮雨朝霞。
> 全画潇湘一幅，楚人错认还家。
> ——傅淑训《玉泉山》

玉泉山静明园

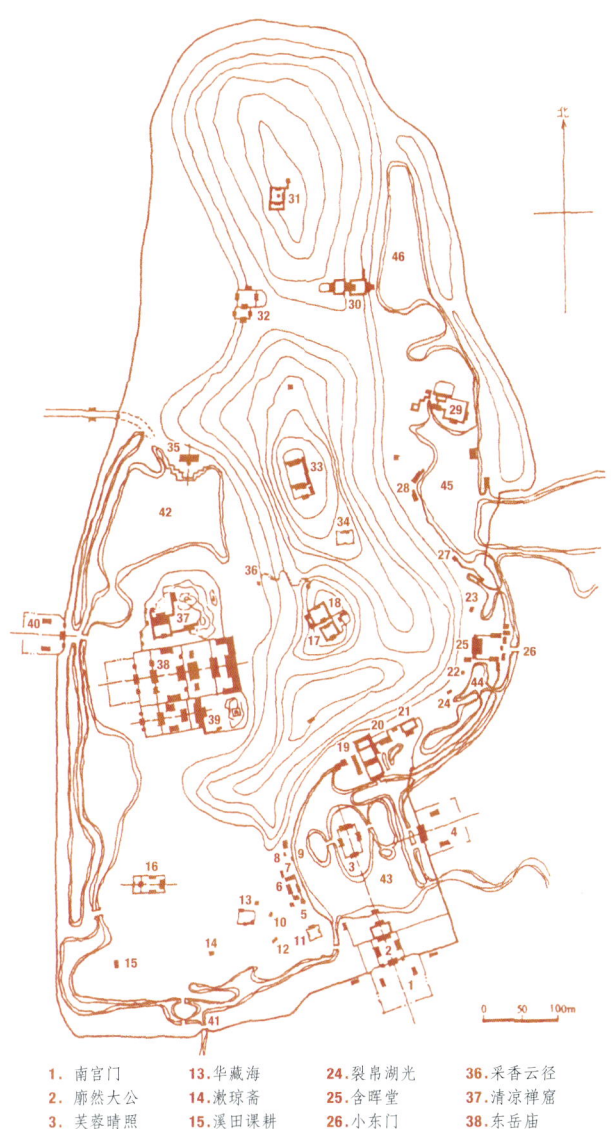

| | | | |
|---|---|---|---|
| 1. 南宫门 | 13. 华藏海 | 24. 裂帛湖光 | 36. 采香云径 |
| 2. 廓然大公 | 14. 漱琼斋 | 25. 含晖堂 | 37. 清凉禅窟 |
| 3. 芙蓉晴照 | 15. 溪田课耕 | 26. 小东门 | 38. 东岳庙 |
| 4. 东宫门 | 16. 水月庵 | 27. 写琴廊 | 39. 圣缘寺 |
| 5. 双关帝庙 | 17. 香岩寺 | 28. 镜影涵虚 | 40. 西宫门 |
| 6. 真武庙 | 18. 玉峰塔影 | 29. 风篁清听 | 41. 水城关 |
| 7. 竹炉山房 | 19. 翠云嘉荫 | 30. 书画舫 | 42. 含漪湖 |
| 8. 龙王庙 | （华滋馆） | 31. 妙高寺 | 43. 玉泉湖 |
| 9. 玉泉趵突 | 20. 甄心斋 | 32. 崇霭轩 | 44. 裂帛湖 |
| 10. 绣壁诗态 | 21. 湛华堂 | 33. 峡雪琴音 | 45. 镜影湖 |
| 11. 圣因综绘 | 22. 碧云深处 | 34. 丛云室 | 46. 宝珠湖 |
| 12. 福地幽居 | 23. 坚固林 | 35. 含远斋 | |

静明园平面图

而其东邻的瓮山（万寿山）则被形容为"童童无草木"，是一座不甚起眼的光秃秃的童山，这足见当时玉泉山风景之佳丽，远在瓮山之上。

清康熙中叶，三藩叛乱平定，全国初步统一。明末以来大动乱之后出现一个安定的局面，经济有所发展，政府财力也比较充裕，有条件进行离宫别馆的营建活动。康熙十九年（1680）就玉泉山改建为行宫，命名"澄心园"，置总领一人管理园务；三十一年（1692）改名"静明园"。[1]从此以后，玉泉山就由一处公共游览地变成为皇家独占的园林了。

康雍时期，静明园的范围大致在玉泉山的南坡和玉泉湖与裂帛湖一带。

乾隆十五年（1750），就瓮山和西湖兴建清漪园；大约与此同时又对静明园进行了大规模的扩建，把玉泉山及山麓的河湖地段全部圈入宫墙之内。十八年（1753）再次扩建，置总理大臣兼领清漪、静宜、静明三园事务，命名"静明园十六景"，即：

廓然大公　芙蓉晴照　玉泉趵突　圣因综绘
绣壁诗态　溪田课耕　清凉禅窟　采香云径
峡雪琴音　玉峰塔影　风篁清听　镜影涵虚
裂帛湖光　云外钟声　碧云深处　翠云嘉荫

---

1　《大清一统志》："静明园在西直门外玉泉山下，康熙十九年建。初名澄心，三十一年更名静明。"

乾隆二十四年（1759）全部建成，五十七年（1792）全园进行一次大修，这就是玉泉山风景建设的全盛时期。

乾隆时的静明园，南北长一千三百五十米，东西宽五百九十米，面积约六十五公顷。园门六座：南面的正门南宫门五开间，悬挂乾隆御书的"静明园"匾额，门外东、西朝房各三开间，左、右照门二，其前是三座牌坊所形成的宫前广场；东面的东宫门五开间，门外南、北朝房各三开间，左、右照门二；西面的西宫门三开间，门外南、北朝房各三开间，左、右照门二；此外，另设小南门与小东门和西北夹墙门。

乾隆初年，北京西北郊的海淀附近陆续兴建和扩建的园林愈来愈多，大量的园林用水使得这里的耗水量与日俱增。当时园林供水的主要来源除流量较小的万泉庄泉水之外，还必须仰给于玉泉山汇经西湖之水；而后者正是明代以来通惠河赖以接济的上源，如果上源被大量截流而去，则势必直接影响大运河通州到北京的一段漕运的畅通。为了彻底解决这个问题，乃于乾隆十四年（1749）冬开始进行一次大规模的西北郊水系整理工程。工程开始之前，乾隆曾派人详细考察了通惠河上源的情况，亲自撰写《麦庄桥记》一文勒碑于长河之麦庄桥畔。文中谈道：

水之伏脉者其流必长，亦如人之有蕴藉者其德必广……如京师之玉泉汇而为西湖，引而为通惠，由是达直沽而放渤海。人但知其源出玉泉山，如志所云"巨穴喷沸，随地皆泉"而已。而不知其会西山之伏流，蓄极溢涌，至是始见，故其源不竭而流愈长……

这就是说，西湖之水源除了来自玉泉山诸泉眼，尚有西山一带的大量"伏流"可资利用，不能白白地浪费掉。开源与节流必须同时考虑，于是确定了水系整理工程的两个主要内容——

一、结合兴建清漪园来拓展、疏浚西湖作为蓄水库，经扩大后的西湖改名昆明湖。

二、完善玉泉山与香山一带的泉水和涧水拦蓄汇聚的措施。

为此，乾隆在扩建静明园的同时疏浚了玉泉山西面的含漪湖，南面的玉泉湖，东面的裂帛湖、镜影湖（龙泉湖）、宝珠湖以及串联于它们之间的河道，形成一个完整的河湖水系环绕于山的东、南、西三面。把全部的山泉涓滴不遗地汇聚起来，再由小东门北面的五孔闸流经玉河通过玉带桥而导引入昆明湖中。另外，还把寿安山和香山一带拦蓄的大小零星山泉和涧水通过石渡槽导引入玉泉山的水系。这样，不仅大大增加了昆明湖的上源水量，同时也构成静明园本身山嵌水抱的形势，突出了这座园林的山景与水景两者相得益彰的景观特色，并且创设了环山的水路游览线。

静明园附近水道湖泊分布图

清漪园建成后，乾隆命在玉泉山东面的一带洼地上开凿养水湖作为昆明湖的辅助水库。乾隆二十四年（1759），为了扩大农田灌溉，又在静明园南宫门的南面就原来的一个小河泡南湖开拓为高水湖，将静明园内之水经由南宫墙的水城关导入高水湖中，汇合由石渡槽引来之水以灌溉附近日愈开辟的水田[1]。高水湖因水成景，于是拆卸畅春园西花园内的

---

1　乾隆二十四年御制《影湖楼》诗序："迩年开水田渐多，或虞水不足，故于玉泉山静明园外接拓一湖，俾蓄水上游，以资灌注。湖之中筑楼五楹，惟舟可通。适因落成，名之曰影湖而系以诗。"

《都畿水利图卷》中昆明湖、高水湖、养水湖一带之景象

先得月楼迁建于湖的中央，命名为"影湖楼"[1]。影湖楼四面环水，是一处以水景取胜的绝好的风景点。在楼上观赏玉泉山与万寿山以及远近的田畴湖泊，面面得景俱佳，正如乾隆所描写的"玉峰塔影近窗外，万寿山光远镜中"[2]。每当水城关启闸时，放舟顺激流而下也是非常有趣的水上游览活动，乾隆曾赋诗以咏其事——

　　围墙命启闸门扃，顺水放舟势建瓴。

---

1　乾隆二十七年五月二十四日内务府大臣三和、英廉奏折："……查得静明园南宫门外开挖湖面建造楼座等项工程业经完竣……再拆卸西花园内先得月楼三间挪至南湖中间添建二梢间，盖造改为影湖楼一座计五间、月台一座、前后马头二座。"
2　乾隆二十五年御制《影湖楼》诗。

顷刻湖心楼便到，影来远近列峰青。

——丁亥《放舟至影湖楼得句》

　　高水湖于乾隆二十五年（1760）竣工[1]，与养水湖连成一片。湖东岸设闸门，湖水暴涨时可以提闸通过金河（可能即元代金河故道的北端）宣泄于长河之中。高水湖是因兴修水利而创为风景的，乾隆非常喜爱这"本因蓄水计，而成揽胜所"的景观，誉之为"此是玉泉胜常处，静明两字注真诠"[2]。高水湖与养水湖这一带优美的景致，我们可以从乾隆时的宗室画家弘旿所绘的《都畿水利图卷》中略窥其大概[3]。

　　玉河不仅是玉泉山与昆明湖之间的输水干渠，也是静明园与清漪园之间的水上交通和游览路线；当年在玉带桥的西面建船坞，静明园小东门外设码头。码头东面不远的河堤上建置闸桥一座，这是控制养水湖与玉河之间水流量的枢纽。闸桥对于养水和昆明二湖的宣泄调节至关重要，故在它的东西两边各建石牌坊一座：东坊额曰"湖山罨画""云霞舒卷"，西坊额曰"烟柳春佳""兰渚蘋香"。闸桥以东的玉河南岸建界湖楼，楼高两层，五开间。从楼上可以观览玉河两岸的烟水迷离之景，乾隆《界湖楼六韵》诗有句云，"烟

---

1　乾隆二十六年十二月十八日，内务府大臣英廉奏折："……静明园宫门外开挖南湖工程用银十五万九千余两，已于上年三月内完竣……"
2　乾隆三十一年御制《泛舟至影湖楼》诗。
3　弘旿，字恕斋，为康熙帝玄烨之孙。生年不详，卒于嘉庆十六年。弘旿所绘《都畿水利图卷》，纸本，浅设色。其描绘范围西起香山、玉泉山，东至通州大运河。

楼成接待，月牖得延俄。蝉树周遭唱，渔船欸乃歌"，足见这一带风景如画，宛若置身江南水乡[1]。

玉河两岸，当年田畴湖泊的旖旎风光把清漪园与静明园在景观上连为一体，所以乾隆到静明园游览时最喜欢走这条水路：从昆明湖石舫东面的寄澜堂码头登舟，经玉带桥下绕过"耕织图"缓缓逆水而进。沿途景物美不胜收，他曾不止一次地对此赋诗吟咏——

>　　玉泉山色望非遥，溯水寻山荡画桡。
>　　花识清明齐放陌，柳笼烟霭近低桥。
>　　　　　　——《自玉河放舟至玉泉山》
>　　聊因习众水围收，几曲遥源一溯游。
>　　夹岸菜花香递送，黄于金菊绿于油。
>　　　　　　——《由玉河复至玉泉》

这条水渠的源头为玉泉活水，故经冬亦长流而不冻冰。

高水湖与养水湖直接承纳玉泉山以及由石渡槽引来的香山之水，但它们所能容蓄的水量毕竟有限。而香山一带每遇夏秋霖雨季节，山洪暴发，有冲决石渡槽，东泻而淹没农田的危险。因此，乾隆三十七年（1772）命于香山之东，昆明湖以西开挖两条排洪泄水河。一条东北行，至安河桥注入

---

[1] 吕长生：《读弘旿〈都畿水利图卷〉》，载《中国历史博物馆馆刊》总第四期。

清河；另一条东南行，至钓鱼台旧塘汇聚而扩为一湖即今之玉渊潭[1]。这两条泄水河在外围保护着高水、养水、昆明三湖不受山洪泛滥之威胁，从而维持了其附近广大农田的正常灌溉之利。

经过这一番整治之后，北京的西北郊形成以玉泉山—昆明湖为主体的一套完整的、可以控制调节的供水体系。它保证了宫廷园林的足够用水，补给了通惠河上源，增加了储水量，也收到农田灌溉的效益，而静明园则是这个供水体系中的一个重要环节。

石铺的御道自南宫门前的广场往东折而北经过东宫门、小东门前，跨越玉河逶迤而至青龙桥，是为清漪园至静明园之陆路。往西经西宫门则直达香山静宜园。

静明园经咸丰十年（1860）英法侵略军的焚掠破坏，大部分建筑物均已荡然无存。而乾隆年间的有关工程图纸，迄今尚未发现，细致的复原工作是有困难的。不过，一些间接的材料如成书于乾隆二十九年（1764）的《钦定日下旧闻考》记载了园内建筑的详细名录和大致方位；从嘉庆、道光、咸丰朝历年的《静明园陈设清册》中所登录的各殿宇的陈设情况可以约略推断主要建筑物的形式、开间、性质和用途；乾隆的《御制诗》以及其他片段的游记对园内各处的景观也有

---

1 《养吉斋丛录》："又静明园外有高水湖，香山卧佛及西山一带山洞夏秋积雨下注之水皆归入此湖而转入昆明。迨盛涨则昆明宣泄不及，水欲平堤。乾隆壬辰，命于香山东及昆明湖西开泄水河二。"

形象的描写。根据这些材料再参照新中国成立前北平市建设局测绘的遗址图和现状情况，可以做出这座园林的概略性的总平面复原图（图2），对于当年园景的具体内容据此也能够有所想象。静明园的全盛时期，园内共有大小建筑群三十余组。其中寺庙十一所，属于宫廷性质的三所，其余均为园林建筑。静明园是一般的行宫园林，皇帝并不在此长期居住。因此，居住建筑很少，辅助建筑如值房、茶膳房等也不多。除个别的寺院外，建筑物的体量一般都不大，尺度亲切近人，外观朴素无华。乾隆时，大学士张文贞赐游静明园，曾著文追记——

> 初六日癸酉早，上御玉泉山静明园。诸臣俱集，从园西门入。园在山麓，环山为界，林木蓊郁，结构精雅。池台亭馆初无人工雕饰，而因高就下，曲折奇胜，入者几不辨东西径路。攀跻而上，历山腰诸洞直至山顶，眺望西山诸胜……[1]

从这段文字的描写，亦可略窥当年园内景物的一鳞半爪。

如果按玉泉山山脊的走向与沿山的河湖所构成的地貌，则全园大致可以分为三个景区：南山景区、东山景区和西山

---

[1] 张文贞：《赐游静明园记》。

景区。

南山景区的山坡面南，具有良好的朝向。山的主峰与其西南面的侧峰构成所谓"客山拱状，主山始尊"的呼应关系，像屏障一样挡住了西北风的侵袭，小气候冬暖夏凉。沿山麓的平地比较开阔，布列着玉泉湖、裂帛湖以及纡曲萦回的水道。因此，这个景区就成为园内建筑荟萃之地、精华之区，而玉泉湖则又是景区的中心。湖的南岸，紧接于南宫门之北的一组建筑群"廓然大公"是静明园的宫廷区，共两进院落。第一进正殿"廓然大公"七开间，东、西配殿各五开间。据嘉庆年间内务府《静明园陈设清册》载，正殿内的明间设紫檀栏杆楠木地平床，上设五屏照背一座，紫檀宝座一张，两边设鸾翎宫扇一对，高香儿二件。这是清代一般行宫园林正殿的典型室内布置，与清漪园和静宜园的勤政殿大致一样。第二进为后殿"涵万象"五开间，面北有月台临玉泉湖。这组建筑群的布局对称均齐，它与玉泉湖中的乐景阁，南面的南宫门三者形成一条南北中轴线，此乃清代皇家园林规划的标准形制。

玉泉湖近似方形，东西宽约一百五十米，南北长约二百米，略小于圆明园后湖，但却是静明园内最大的一个湖面，湖中三岛布列则沿袭皇家园林"一池三山"的传统格局。中央的大岛上有"芙蓉晴照"一景，四合院的正厅名"乐景阁"，背后衬托着玉泉山峰形似青莲花萼。山上相传为金章宗芙蓉殿的遗址，故以此为景题。乐景阁两层五开间，楼下东、西次间内皮藏图书一百八十部，楼上明间设五屏照背一座，三屏宝座一张，其余各间均设炕床，是皇帝读书和观赏湖景的地方。

湖的西、北两面倚嵌于山的侧翼，西岸的"玉泉趵突"一景即玉泉泉眼所在的地方。泉旁立石碑二，右碑勒乾隆御制"玉泉山天下第一泉记"，左碑勒御书"天下第一泉"五字。西岸的建筑物比较多，其中有龙王庙、双关帝庙，道观真武庙，佛寺观音殿、开锦斋、赏遇楼以及仿照无锡惠山听松庵而建成的竹炉山房[1]等，此外，还有吕祖洞和观音洞两处洞景。这些建筑物的尺度都比较小，能协调于小型山水的规模。它们背山濒水，上下天光互相掩映，又与山顶的体量不大而造型精致的华藏塔遥遥呼应，构成一幅颇为动人的风景画面。

湖北岸因借于水道萦回、岛堤穿插的局部地貌而布置一座园中之园——"翠云嘉荫"，园内竹篁丛生，有两株千年的古栝树郁然并存。小园的西半部是临湖的两进院落，正厅名"华滋馆"，楠木梁柱，装修极考究，是乾隆当年游览静明园时驻跸之所。东半部为跨院甄心斋和湛华堂，曲廊粉垣环抱着一个小庭院的山石水池，环境十分幽静。

湖东岸隔河面对东宫门，河上跨石桥三座。

景区的西部以玉泉山南端的余脉侧峰作为造景的地貌基础；山麓泉眼名"迸珠泉"，附近河道纤曲。自垂虹桥以西濒河皆开辟水田，这就是富于江南水村野居情调的"溪田课耕"一

---

1 乾隆十八年御制《竹炉山房》诗序："南巡过惠山听松庵，爱其高雅，辄于第一泉仿置之。"

5
玉峰塔
(摹自《旧都文物略》)

景之所在。水田的耕作由内务府委派四等庄头一名管理，每年收获稻米均交纳内大仓[1]。侧峰之巅为小型佛寺"华藏海"，正殿内供镱胎三世佛三尊。寺后石塔名华藏塔，八面七级，塔身雕刻释迦出家的故事。"华藏海"的附近布列着"绣壁诗态""漱琼斋""云鹤岑""栖霞室"等几处风景点和佛寺水月庵。

玉泉湖西南山坡上的一组较大的建筑名"圣因综绘"，正厅为五开间楼阁，仿杭州西湖圣因寺行宫的形制。附近还

---

[1] 乾隆十八年二月初四，内务府大臣苏赫讷等奏折："静明园现有稻田菜园并花果树株……奴才等请交该处酌派四等庄头一名，照依圆明园庄头令其承种料理。其每年收获所得稻米，除酌留种粒外其余奏闻亦交该仓收用……"

万方安和

6
自万寿山"画中游"远眺玉峰塔

7
颐和园西堤,借景玉泉山玉峰塔

有若干零星的单体建筑,如楼阁层明宇、方胜楼、清襟楼,单层的亭馆冠峰亭、"福地幽居"等。

南山景区最主要的一处风景点乃是雄踞于主峰极顶的香岩寺,建筑群倚坡势而层叠构筑。寺的东跨院鹤安斋,西跨院普门观,后院建七层八面的琉璃砖塔玉峰塔。这座佛塔仿镇江金山塔的形式,各层供铜制佛像,中有旋梯可以登临其上。极目环眺,西北郊平原的远近湖光山色、平畴田野、村舍园林尽收眼底。此塔也是静明园的制高点,从园内园外随处都能看到"玉峰塔影"之景,它与南侧峰顶的华藏塔,北侧峰顶的妙高塔相呼应而呈掎角之势,恰如其分地把山脊的通体加以点染。玉泉山秀丽的山形因此而益发显得凝练生动有如画意,成为清漪园借景的主要对象,西北郊广大风景区域内成景的主题之一。玉峰塔之于玉泉山,实为惜墨如金而又有画龙点睛之笔。

玉峰塔又名"定光塔",建成于乾隆十八年(1753)[1]。二十四年(1759),乾隆曾写过一首长诗《登玉泉山定光塔二十韵》,其中有句云——

> 仿自金山寺,建依鹿苑规。
> 报恩竟空肖,开化亦奚为。
> 志过题诗彼,落成瞻礼兹。

---

1 乾隆十八年有御制《玉峰塔影》一诗。

……

(御注：于大西天曾仿江宁报恩寺，万寿山仿杭州开化寺，皆欲建塔。既而大西天者毁于火，万寿山者又建而弗成。故并罢之，兼有志过之什，见前集。)

这几句诗连同乾隆的"御注"叙说了一段故事：乾隆于十六年（1751）第一次南巡时，看到江南各地的八角形佛塔甚多，归来后乃参照此类佛塔形制，分别在北京和承德两地的皇家园林里面加以仿建。建于北京的一共三座：北海大西天的琉璃塔仿南京报恩寺舍利塔，万寿山大报恩延寿寺的延寿塔仿杭州开化寺六和塔，玉泉山香岩寺的定光塔仿镇江金山寺塔。乾隆二十三年（1758），大西天的琉璃塔甫完工即不慎而毁于火灾，万寿山的延寿塔即将完工而出现严重的倾圮现象，不得不加以拆除。这是同时发生的两起重大事故，在封建时代向来被视为不祥之兆，乾隆为此写了志过的诗以表示皇帝的"自责"之意。唯独玉泉山定光塔的工程却顺利完成。万寿山延寿塔拆除后改建为三层的楼阁佛香阁，改建的原因之一显然是考虑到它与玉泉山定光塔的彼此呼应关系在造景方面不至于犯重复的毛病。所以说，就西北郊诸园作为一个总体园林集群的景观而言，玉泉山定光塔实际上是决定万寿山改塔建阁的一个重要因素。从现状的景观效果看来，以三层楼阁而代替高塔的做法无疑也是恰当的。

香岩寺以南的山坡上散布着许多石洞：四壁满刻五百罗

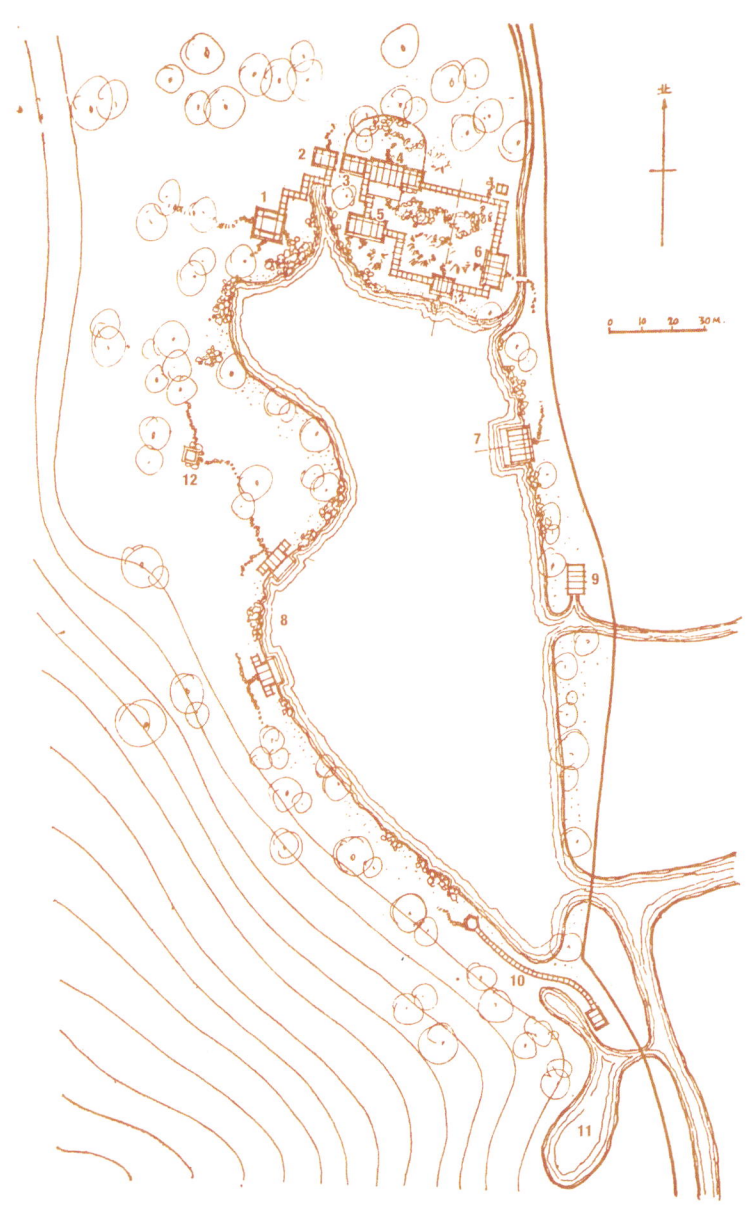

| | | | |
|---|---|---|---|
| 1. 飞云隈 | 4. 风篁清听 | 7. 延绿厅 | 10. 写琴廊 |
| 2. 撷翠楼 | 5. 刱得斋 | 8. 镜影涵虚 | 11. 试墨泉 |
| 3. 近青阁 | 6. 绕屋双清 | 9. 船坞 | 12. 如如室 |

镜影湖水景园平面图

汉像的罗汉洞，供奉观音菩萨像的水月洞以及伏魔洞、华严洞、兹子洞等。华严洞前为明代华严寺的遗址，其后即"云外钟声"一景。从这里"西望西山梵刹，钟声远近相应，寒山夜半殆不足云"[1]。伏魔洞前为伏魔祠，与"云外钟声"同为洞景和寺庙相结合的风景点。

裂帛湖即"裂帛湖光"一景之所在，湖北岸临水的清音斋以风动竹篁、泉涌如漱的声音入景，所谓"数竿竹是湘灵瑟，一派泉真流水琴"[2]，自是别具一格的幽邃小园林。清音斋之北为含晖堂，与南、北厢房组成院落，紧接于它的东面的就是小东门了。

东山景区包括玉泉山的东坡及山麓一带。

这个景区的重点在镜影湖，湖呈狭长形，南北长二百二十米，东西最宽处九十米，沿湖以建筑环列而构成一座水景园，但大部分建筑物集中在北岸。植物配置以竹为主题，"竹近水则韵益清，凉飔暂至，萧然有渭滨淇澳之想"[3]，故命名此处景题为"风篁清听"。这座水景园的主体建筑是湖北岸的"风篁清听"，两层楼五开间。它的南面为临湖的创得斋、如如室和临河的"绕屋双清"，以曲折的回廊串联为小庭院空间。"风篁清听"一面邻近两层的近青阁，一面邻近撷翠楼；撷翠楼架岩跨涧构筑于湖的水口部位，再用曲尺形

---

[1] 乾隆御制《云外钟声》诗序。
[2] 同上《清音斋》诗。
[3] 同上《风篁清听》诗序。

游廊连接于方亭"飞云隈"。这整组建筑群以"风篁清听"为轴心而展开，或倚山，或临水，或跨涧，沿着湖岸的坡地高低错落构成一组主次分明，空间既围合又通透的幽致的园林建筑群。

湖东岸临水建水榭延绿厅五开间，其南为船坞。湖的西岸一带"澄泓见底，荇藻罗罗，轻涤如空中行，泬流沸出若大珠小珠错落盘中"[1]，此即"镜影涵虚"一景；南面沿湖岸之水廊"分鉴曲"和写琴廊，逶迤直达试墨泉。

镜影湖之北为宝珠湖，湖面略小于前者，有泉眼宝珠泉。在湖的西岸沿山坡建置含经堂共两进院落，前面是临水的船厅书画舫和游船码头。游人至此舍舟登岸，循山道可达山顶。

东山景区的山地建筑不多，主要的一组在北侧峰顶，名"妙高寺"。寺前建石坊，额曰"灵鹫支峰"。寺共两进院落，第一进的山门内为正殿江天如是殿，殿内供镴胎三世佛；第二进该妙斋，周围绕以回廊，庭院中央的喇嘛塔妙高塔是园内的另一个制高点，也是玉峰塔的配景。侧峰南面的山坡上散布着楞伽洞、小飞来、极乐洞等洞景。位于马鞍形山脊当中部位的是"峡雪琴音"一景，房屋架岩构筑；"山巅涌泉潺潺，石峡中晴雪飞洒，琅然清圆"[2]，是为观赏山泉景观的好去处。院落的第一进正厅名"丽瞩轩"，东厢房名"俯青

---

1　乾隆御制《镜影涵虚》诗序。
2　乾隆御制《峡雪琴音》诗序。

室"；第二进正厅设小戏台可做小型演出，东厢房名"罨画窗"。俯青室和罨画窗均东向开窗牖，可凭槛俯瞰昆明湖一带平野之景。"峡雪琴音"附近还有丛云室、招鹤庭、翠迎亭等若干单体亭榭，疏朗地点缀于山间。

西山景区即玉泉山山脊以西的全部区域。

山西麓的南半部地段开阔平坦，在这里建置了园内最大的一组建筑群，包括道观、佛寺和小园林。道观东岳庙居中，坐东向西共四进院落。第一进山门的前面是三座牌坊围合成的庙前广场；第二进正殿仁育宫，殿内供奉东岳齐天大圣仁圣帝像；第三进后殿玉宸宝殿，殿内供奉昊王至尊、玉皇大天尊、玄穹上帝像；第四进为后罩楼、泰钧楼。这所道观的规模相当可观，据乾隆御制《玉泉山东岳庙碑》的记载，"东岳为五岳之宗……去京师千里而远。岁时莅事，职在有司。方望之祀，非遇国家大庆及巡狩所至，未尝辄举"，而京郊的玉泉山"峰峦窈深，林木清瑟，为玉泉所自出。滋液渗漉，泽润神皋，与太山之出云雨、功用广大正同……则东岳之祀于兹山也固宜"。他认为玉泉山下之出泉涌流与泰山之"不崇朝而雨天下"具有同样的神圣意义，故而应在这里修建一座东岳庙以便岁时就近祭祀，足见此庙地位的重要了。东岳庙南紧邻的佛寺圣缘寺，规模略小但亦有四进院落。第一进为山门和天王殿，第二进正殿能仁殿，第三进后殿慈云殿，第四进为庭园和琉璃塔。东岳庙之北紧邻一座小型的寺庙园林——清凉禅窟，乾隆的诗文中把它与东晋时白莲社名士们在庐山的结庐营寺相比拟，又把附近环境比之为五台山的台怀镇[1]。据此，可以设想当年这里景观之富于浓郁的名山古刹的气氛。清凉禅窟的正厅名"嘉荫堂"，南面为"挹清芬"和静绿书屋两个小轩。北半部的假山上建楼房霞起楼，方亭犁云亭。这几座亭堂楼阁均以各式曲廊联系，随宜错落穿插于假山叠石之间。

东岳庙之西为西宫门，附近有菜园与桃园，均由内务府分派庄头管理。庙之右转东北，沿山坡磴道盘行，当年"山苗涧叶，霏馥缘径"，这就是鸟语花香的"采香云径"一景。

清凉禅窟北面的含漪湖面积略小于玉泉湖，北岸临水建含漪斋，斋前设游船码头。清凉禅窟之西为临水的飞淙阁，东面的练影堂亦临水，稍南为"挂瀑檐"。此外，山坡一带尚有含峭居、岑华阁、拟玉亭等几座单体的点景建筑物。

循山之西麓往北可达崇霭轩，东厢为含醇室，其北的咏素堂后抱厦神台上供观音菩萨像，庭院内有一石洞。这里环境幽静，观赏山间出没的朝岚夕霭最为佳妙，所谓"铺空白绵常映带，时成清闲时疏旷。以之兴咏咏亦佳，以之散襟襟实畅"[2]。

含漪斋之西即静明园的角门，自香山一带以石渡槽导引过来的泉水在此处折而南汇入于玉泉山水系。角门外面的石铺御道南连大宫门，往西直达香山静宜园。

---

1 乾隆御制《清凉禅窟》诗序："佛火香龛，俨然台怀净域，更不问是文殊非文殊。"
2 同上《题崇霭轩》诗。

乾隆朝是静明园的全盛时期，也是清代皇家园林建设的极盛时期。繁荣的封建经济，皇室集聚的庞大财富，比较安定的政治局面固然为皇家持续地大规模经营园林创造了条件，而作为封建最高统治者，乾隆个人的倡导所起的积极作用似乎也不能忽视。

历史上的帝王，穷奢极侈兴造园苑从而把它等同于声色犬马来享受的，比比皆是。像乾隆那样同时也认真地把它作为艺术创作来看待的，却并不多见。

乾隆平生附庸风雅，喜好游山玩水，具有较高的文化素养。他自诩"山水之乐，不能忘于怀"，曾亲自主持甚至参与皇家园林的规划建设，对造园艺术也颇有一些见解。《园冶》所谓"世之兴造专主鸠匠，独不闻三分匠七分主人之谚乎？非主人也，能主之人也……园林巧于因借，精在体宜，愈非匠作可为，亦非主人所能自主者"，乾隆之于当时的皇家园林，正是兼有"主人"即园主人和"能主之人"即规划设计主持者的双重身份。这对当时皇家园林的发展、造园艺术水平的提高都起着一定的促进作用。

自从两晋南北朝以来，由于政治、社会方面的种种原因和佛道思想的影响，士大夫知识分子普遍地崇尚隐逸，寄情山水。游山玩水成为社会风尚，山水诗文和山水画大量涌现。这些都说明人们对大自然的理解，已经超脱于先秦儒家"比德"的伦理观。透过秦汉方士披覆其上的神秘外衣而触及它的赏心悦目的内蕴和本质，并就此内蕴和本质去探索发掘自然山水的构景规律，自然美遂成为我国传统美学思想的主要内涵之一。这个情况使得我国的风景式造园艺术得以升华到更高的水平上向前发展，它的突出的成就一是借鉴于诗文绘画的某些理论，以缩移摹拟的写意的创作方法而再现自然山水之美，即所谓"文人园林"；二是天然风景名胜区的广泛开发和建设。

乾隆时期的皇家造园正是全面地继承了这些传统，一方面对文人园林的精华——江南私家园林从意境到技巧细节的大量移植借鉴，另一方面利用天然的山岭、湖泊、植被作为造园的基础而施以不同程度的园林化的经营。因此，皇家园林的造园艺术往前推进了一大步，形成我国后期造园史上的一个高峰局面。

乾隆曾六巡江南，遍览江南一带的名园胜苑，把江南私园咫尺山林的小尺度、小天地纳入于北方皇家园林的大范围之中而大幅度地展开，创造了运用风景点、小园林（园中之园）、景区穿错结合的集锦的规划方式。以景即个别的风景点或相对独立的小园林作为规划的基本单元，强调景的主题性或标题性而创为诗情画意的比兴，把文人的趣味与宫廷的气度融汇起来。这些，都有助于南北造园艺术的融糅，丰富了皇家园林的内容。

但是，以私家园林为代表的在较小范围内摹拟天然山水风景的平地造园，尽管通过高超的艺术再现手段，毕竟不能代替真山真水。李渔就曾说过这样的话："幽斋磊石，原非得已，不能致身岩下，与木石居，故以一卷代山，一勺代水，所谓无聊之极思也。"[1]乾隆也发挥过类似的议论："若夫崇山峻岭，水态林姿，鹤鹿之游，鸢鱼之乐，加之岩斋溪阁，芳草古木，物有天然之趣，人忘尘世之怀，较之汉唐离宫别苑有过之无不及也。"这明确地把自然天成之趣悬为造园的最高标准。乾隆曾游历国内许多名山大川，在历代帝王中可谓见多识广者，对自然风致之美有一定的鉴赏能力。他是全国财富的最高占有者，政治地位、经济条件乃至思想感情毕竟不同于一般宦海沉浮的官僚士大夫和患得患失的文人名士。以文人趣味为基调的小园林尽管在几千亩的平地上做大幅度集锦式的展开，如圆明园，亦远非他所谓"山水之乐"的全部内容。再者，满洲贵族早年驰骋山野的骑射传统，乃祖康熙的"自然天成地就势，不待人力假虚设"的造园观也不无影响。因此，乾隆对天然山水园之更饶兴趣，力图把天然风景区结合于园林化的建设，自是不言而喻。"三山五园"中，就有三座属于天然山水园的性质。

　　静明园是这三座天然山水园之中的最小的一座，它以山景为主、水景为辅；前者突出天然风致，后者着重园林经营。在天然风景建设与造园相融糅的规划设计方面，有一些独特的成就值得提出。

　　一、具体而微的名山风景区。山地占去我国国土总面

---

[1]　李渔：《一家言·居室器玩部》。

积的百分之六十五左右，各种不同的地质、地理、植被、气候条件形成了极丰富多样的山岳外貌和内涵。我国历史悠久，佛教和道教不仅是宗教信仰，也构成传统文化的不可分割的一部分。因此，在千百年来历代开发建设的风景名胜区之中，有山岳景观之美又兼具佛道宗教人文景观之胜的名山风景区不在少数，如佛教的"四大名山""八小名山"，道教的"洞天""福地"等。名山风景区具备一般风景名胜区的共性，却另有其作为个性的特色——

第一，建筑以寺观为主体，它们既是宗教活动的中心又是赏景的场所和成景的主题；

第二，一套完整的步行道路系统，兼具香道、浏览线和供应线的多种功能；

第三，以宗教为主要内容的摩崖题刻、石穴、洞景；

第四，比较明确的自成一体的区域格局。

由于这四方面的特色，名山风景区乃成为我国传统的风景名胜区中的一个特殊类型。

玉泉山的秀丽山形、翁郁林木、潺潺泉流自元明以来即以自然景观的优美著称，历代又都有寺院的建置而略具名山的雏形。乾隆经营静明园即就玉泉山的这一传统特色而大加发挥，在长仅千余米、高不过五十米的山地范围内建置寺观十一所，佛塔四座，占园内建筑群组总数的三分之一；还开辟大量的石穴、洞景。众多的佛道宗教建筑比邻修建于一山，固然为了显示乾隆之崇弘佛道，以宗教的兼容并蓄而达到巩固封建统治的政治目的，同时也作为风景建筑而突出山地景观的点缀。这些，结合于其他的风景点和精心规划的登山步道，整个玉泉山即呈现出其完整的区域格局，成为名山风景区的具体而微的缩影了。

二、环山小型水景的创设。襟山带水是自然界山水相属的一种典型景观，"山因水而幽，水依山乃活"是人们从这类自然景观总结出的一条构景规律，静明园则把这一规律借助于园林化的手法而再现出来。

含漪湖、玉泉湖、裂帛湖、镜影湖、宝珠湖这五个小湖之间以水道连缀，萦绕于玉泉山的东、南、西三面，五个小湖分别因借于山的坡势而成为不同形状的水体，结合建筑布局和花木配置又构成五个不同性格的水景园，它们的湖面宽度均在二百米以内，是为隔岸观赏建筑主景的最佳视距。因此，静明园在总体上不仅山嵌水抱，而且创造了以五个小型水景园而环绕、烘托一处天然山景的别具一格的规划方式。

这一条连续的环山水景带也是环山的水上游览线，宛若银丝串缀着五颗明珠，沿山麓紧紧镶嵌，青山碧水相映得景。从山上逼视山脚，透出一角明湖如镜，水光潋滟，倍增山景之幽致。若泛舟水路，五个湖面或倚陡峭的山壁，或傍平缓的山坡，或就山口而汇聚成潭；河道则沿山萦回，时而开朗，时而幽曲。景随境异，很富于江南丘陵水网地貌的婉约情调，又体现了"水道之达，理其山形"的画理。

三、建筑与山形的完美结合。玉泉山是静明园的主体，山地大约占去全园面积的五分之四。因此，山地景观乃成为园景的主调。玉泉山的体量大小与其东邻的万寿山不相上下。但前者山形轮廓秀美，略具峰峦呼应之势，后者山形呆板，缺少起伏；前者的南北走向并不十分理想，后者为东西走向，南面濒临于辽阔的昆明湖。针对各自的具体情况，两者的建筑布局也相应地采取扬长避短、因地制宜的方式：万寿山临湖的南坡上建筑比较密集，尤其在中央部位更以大体量的殿、堂、台、阁密密层层地将山坡覆盖住，着重于建筑物的浓墨重彩的铺陈来渲染万寿山作为昆明湖一带较近距离的观赏效果，同时也弥补、掩饰了山形的先天缺陷。而玉泉山上的建筑则极其疏朗，体量也较小，目的在于以简约之笔而突出山景的自然天成之美。山顶玉峰塔的点缀虽惜墨如金，但由于位置经营合宜而使得整个山体愈显其凝练生动的画意。玉峰塔与玉泉山珠联璧合的完整构图乃成为西北郊广大范围内远距离观赏的对象，成景或借景的主题。塔与山相结合的构图形象是成功的，予人的印象是完美的，这种做法亦得之于江南风景的启迪。

江南的长江下游一带冲积平原上，常有小山丘平地隆起，每多在山的极顶建置寺塔。这种以塔嵌合于山丘所构成的景观十分优美，往往成为江南大地风致的重要点缀，也是江南风光的特色之一，例如南通狼山的支云塔、无锡锡山的龙光塔、苏州灵岩山的灵岩塔、杭州宝石山的保俶塔等。玉泉山上建置玉峰塔的意匠，即取法于此。由于这塔影山光的点缀，北京西北郊平原更增益几分北国江南的风采。乾隆经营清漪园，以玉泉山作为主要的借景从而激发游人对杭州西湖保俶塔的联想。昆明湖中的小岛凤凰墩系摹仿无锡大运河中的黄埠墩；后者的西面远处屏列着惠山、锡山及山顶的龙光塔，前者的西北面远处则屏列着西山、玉泉山及山顶的玉峰塔。若把这两个地处江南和北方的景观加以比照，不难看出凤凰墩之摹拟黄埠墩之景——不仅岛屿的大小和位置很相像，即使周围的环境也颇有神似之处，其造景的渊源乃是十分清楚的。

嘉庆朝，静明园仍然保持着乾隆时期的格局。

道光年间，为了节省内廷开支曾一度撤去园内的陈设而暂时加以封闭。咸丰十年（1860），西北郊诸园遭到英法侵略军焚掠，静明园亦未幸免于难。园内建筑物大部被毁，以后就一直处于半荒废的状态。光绪时曾部分地加以修复，辛亥革命后作为公园向群众开放，在南宫门及正宫的遗址上修建旅馆，利用玉泉之水开办汽水厂。日伪时期修缮加固了玉峰塔，香岩寺亦按原样修复。

到新中国成立前夕，静明园内的建筑如香岩寺、"云外钟声"、伏魔祠、华滋馆、龙王庙、竹炉山房、真武庙、垂虹桥、含晖堂、清音斋、东宫门等，或劫后幸存，或经后期修复；东岳庙和圣缘寺尚残留部分殿宇。此外，佛塔、幽洞、奇石以及"十六景"的大部分尚能看到，玉泉湖、裂帛湖、镜影湖和部分水道亦畅通如初。据笔者当年一度游览后的印象，它在大体上仍不失为保持着原有特色的天然山水园。

新中国成立以来迄今三十余年，静明园一直被部队占用着。附近布岗设哨，人们对之可望而不可即，这不能不说是一件遗憾的事情。如果这座园林能够早日还之于民，向群众开放，不仅可以增加首都郊外的一处游憩胜地，而且对于未来的西北郊风景区的形成也是一个积极的因素。

如前所述，自从明代海淀一带开辟成为私家园林荟萃之地以来，在西北郊这个广大区域的景观构成上，玉泉山实居于显要的甚至是举足轻重的部位。乾隆建成"三山五园"，这个湖泊罗布、阡陌纵横宛若江南的区域内又出现一个包含着多种形式的庞大的园林集群——纯为山地风景名胜区的静宜园，以天然山景为主、小型水景为辅的静明园，天然水景为主、山景为辅的清漪园，大范围内平地起造的圆明园和畅春园，以及众多的小型赐园。它们之间在功能上有陆地和水上的道路联系，在景观上则彼此成景、互为借资，其中尤以静明园、清漪园、圆明园三者的关系最为密切。

如今的西北郊历经百余年的沧桑，情况变化很大。但它那优美的自然景观，宏伟精致的古园林和寺庙，众多的文物古迹仍然吸引着成千上万的中外游人。倘若开放静明园，则目前颐和园游人过多的压力将会有所减轻，还可以增加颐和园与香山之间的一个游览重点，形成颐和园、卧佛寺、樱桃沟、碧云寺、静宜园、植物园、静明园的环形游览线。倘若远期整理圆明园作为遗址园林开放，那么，当年"三山五园"的旧观亦能大致重现。倘若再做进一步的设想：恢复万寿寺到昆明湖的长河水路，昆明湖到静明园的玉河水路，修复乾隆时期训练健锐营兵弁的香山碉堡群、团城阅武楼、实胜寺等古迹，利用香山一带的民居开设简易的旅舍，与此同时还必须立即进行当务之急的两件事情——

第一，制止城市化建设的继续蔓延，严格控制新建筑特别是高层建筑物的兴建。

第二，有计划地植树造林，整理河湖水系，消除污染以保持这一地区的北国江南的传统风貌。

那么，一个更完整的风景名胜区，可作一日游或多日游的旅游观光区将会在北京的西北郊逐渐形成。

1982年3月完稿

原载清华大学建筑系编《建筑史论文集》第七辑，

清华大学出版社1985年12月版

# 出版说明

"大家艺述"多是一代大家的经典著作，在还属于手抄的著述年代里，每个字都是经过作者精琢细磨之后所拣选的。为尊重作者写作习惯和遣词风格、尊重语言文字自身发展流变的规律，为读者提供一个可靠的版本，"大家艺述"对于已经经典化的作品不进行现代汉语的规范化处理。

北京出版社

图书在版编目（CIP）数据

万方安和：皇家园林的故事 / 周维权著 . — 北京：北京出版社，2024.8
（大家艺述）
ISBN 978-7-200-13491-9

Ⅰ. ①万… Ⅱ. ①周… Ⅲ. ①古典园林—介绍—北京 Ⅳ. ①K928.73

中国版本图书馆 CIP 数据核字（2017）第 267045 号

| | | | |
|---|---|---|---|
| 总 策 划： | 高立志　王忠波 | 策划编辑： | 王忠波 |
| 责任编辑： | 王忠波 | 责任营销： | 猫　娘 |
| 责任印制： | 燕雨萌 | 装帧设计： | 李　高 |

·大家艺述·

万方安和
皇家园林的故事
WANFANG ANHE

周维权　著

| | | |
|---|---|---|
| 出　　版 | 北京出版集团 | |
| | 北 京 出 版 社 | |
| 地　　址 | 北京北三环中路 6 号 | |
| 邮　　编 | 100120 | |
| 网　　址 | www.bph.com.cn | |
| 发　　行 | 北京伦洋图书出版有限公司 | |
| 印　　刷 | 北京华联印刷有限公司 | |
| 开　　本 | 880 毫米 ×1230 毫米　1/32 | |
| 印　　张 | 10 | |
| 字　　数 | 184 千字 | |
| 版　　次 | 2024 年 8 月第 1 版 | |
| 印　　次 | 2024 年 8 月第 1 次印刷 | |
| 书　　号 | ISBN 978-7-200-13491-9 | |
| 定　　价 | 108.00 元 | |

如有印装质量问题，由本社负责调换
质量监督电话　010-58572393